NEW YORK

SITES LÉGENDAIRES, EXPÉRIENCES AUTHENTIQUES

ÉDITION ÉCRITE ET ACTUALISÉE PAR

Lorna Parkes, Hugh McNaughtan, Regis St Louis

ommaire

vant le départ

op New York......... 34

Se restaurer........ 121

Shopping.............149

Prendre un verre 167

Upper East Side
Boutiques chics, élégantes demeures et le Museum Mile – une des artères les plus culturelles de la planète. *(plan p. 270)*

Union Square, Flatiron District et Gramercy
Ce parc animé relie les quartiers alentour et leurs excellents restaurants. *(plan p. 266)*

East Village et Lower East Side
Deux quartiers très en vue, attirant à la fois étudiants, banquiers ou marginaux. *(plan p. 262)*

Lower Manhattan et Financial District
Avec des monuments emblématiques et Wall Street, la pointe sud de l'île a aussi les pieds dans l'eau. *(plan p. 260)*

25

Bienvenue à New York

Épicentre artistique, capitale de la gastronomie et du shopping, centre du commerce international, pionnière de la mode et du design, New York, l'une des plus grandes villes du monde, a plus d'une facette et un charme irrésistible.

Peu de destinations peuvent rivaliser avec New York – ou même Manhattan – et ses innombrables attraits et lieux légendaires. Quelque 65 millions de visiteurs foulent chaque année le sol de ce plateau de cinéma : au sommet de l'Empire State Building, dans Grand Central Terminal ou Central Park, ou sur le ferry vers la statue de la Liberté. Le Met, le MoMA et le Guggenheim ne sont que les premiers d'une liste vertigineuse d'icônes du monde artistique. À l'heure où le soleil descend derrière l'Hudson et que les gratte-ciel illuminent la nuit, place au spectacle. Vous ne serez pas déçu !

New York est la ville de tous les possibles, ou presque. Compacte, avec des rues recelant des trésors d'architecture, des cafés en provenance de l'Ancien Monde ou des librairies pleines de cachet, elle séduira les voyageurs. Ici, où cohabitent, dans un joyeux désordre, plus de 200 nationalités, il suffit de traverser quelques avenues pour changer de continent.

Perdez-vous dans la foule de Chinatown, entre les temples bouddhiques colorés et les stands de nouilles fumantes, puis gagnez Nolita, avec ses boutiques et ses cafés. Des *delis* centenaires de l'Upper West Side aux ruelles pavées de Greenwich Village, chaque quartier a sa personnalité. Arpenter ses rues est le meilleur moyen de découvrir la ville.

> *New York est le paradis des voyageurs… préparez-vous à en prendre plein la vue.*

42nd Street, Manhattan

Upper West Side et Central Park

On y trouve le meilleur centre d'arts du spectacle et le parc qui contribue à l'identi[té] de la ville. *(plan p. 270)*

Midtown

Times Square, les théâtres de Broadway, des canyons de gratte-ciel et une foule animée qui ne diminue presque jamais. *(plan p. 266)*

Greenwich Village, Chelsea et Meatpacking District

Rues atypiques, vie nocturne branchée, shopping et galeries d'art. *(plan p. 262)*

SoHo et Chinatown

Restaurants de soupes et de raviolis, vendeurs ambulants, rues pavées et boutiques de célèbres marques. *(plan p. 262)*

Brooklyn

Aujourd'hui célèbre dans le monde entier pour son côté "bobo", Brooklyn ne se limite pas à ce cliché. *(plan p. 272)*

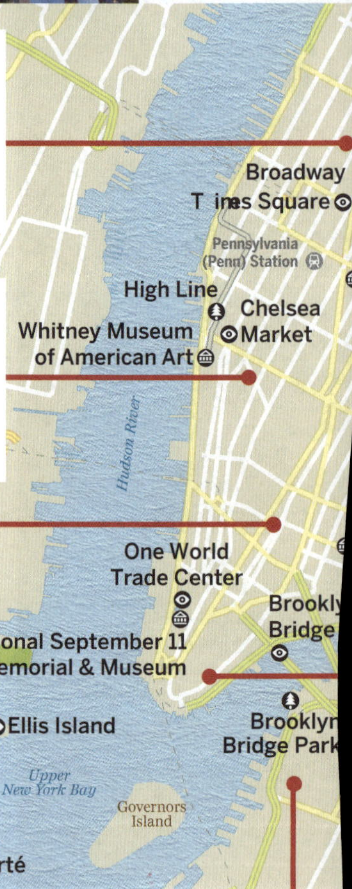

L'agenda

2020

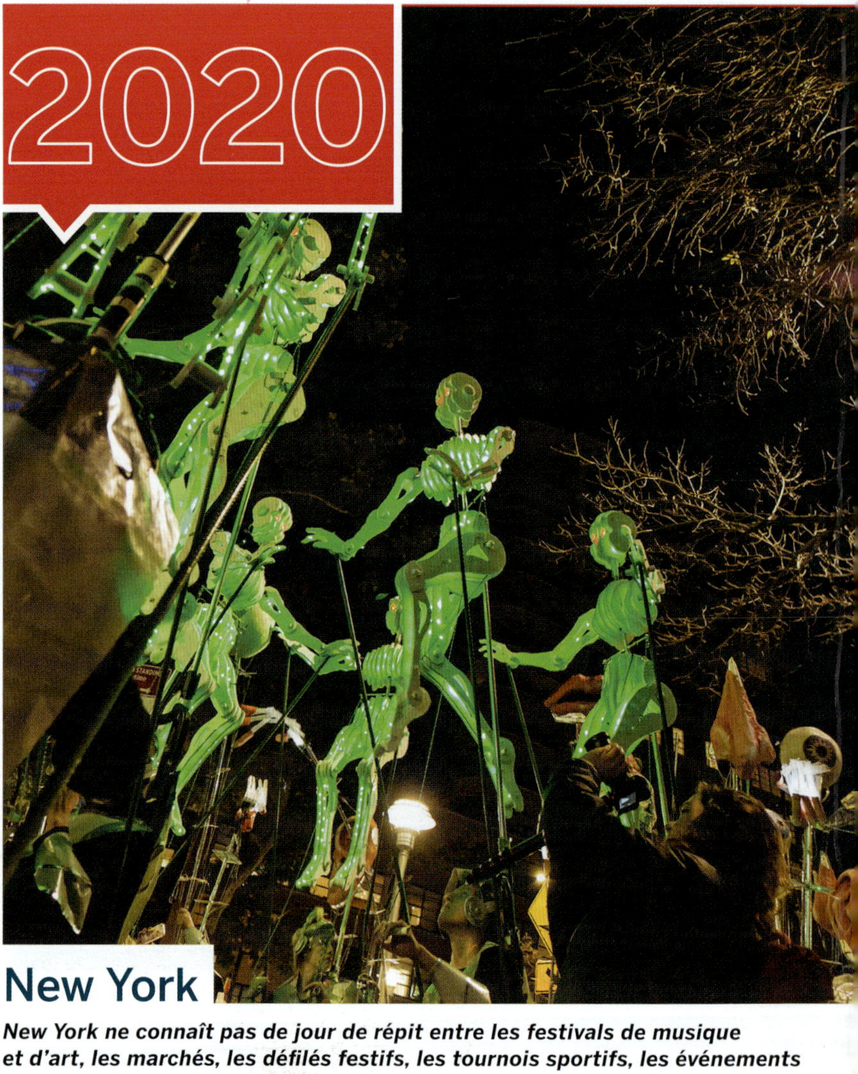

MENTLASTORE/GETTY IMAGES ©

New York

New York ne connaît pas de jour de répit entre les festivals de musique et d'art, les marchés, les défilés festifs, les tournois sportifs, les événements gastronomiques et bien d'autres. Pour les grandes manifestations, organisez-vous à l'avance.

Village Halloween Parade (p. 15) ; SummerStage (p. 10) ; Independence Day (p. 12) ; Tribeca Film Festival (p. 9)

JOHN ANGELILLO/UPI PHOTO/NEWSCOM/ALAMY LIVE NEWS ©

★ Les grands rendez-vous

Tribeca Film Festival, avril (p. 9)

SummerStage, mai à octobre (p. 10)

Shakespeare in the Park, juin à août (p. 11)

Independence Day, 4 juillet (p. 12)

Village Halloween Parade, 31 octobre (p. 15)

À GAUCHE : MIRO VRLIK PHOTOGRAPHY/ALAMY STOCK PHOTO ; À DROITE : SONGQUAN DENG/SHUTTERSTOCK ©

L'agenda

JOHN HUNTINGTON/SHUTTERSTOCK ©

01

Janvier

Après les fêtes de fin d'année, le blues hivernal s'installe. Malgré la nuit qui tombe très tôt, les New-Yorkais mettent à profit les températures glaciales en pratiquant le patin à glace et le ski le week-end dans les Catskills.

Baignade du 1er de l'An — 1er jan

La meilleure façon de commencer l'année ? Se baigner dans l'Atlantique glacé, en compagnie des membres du Coney Island Polar Bear Club (photo).

No Pants Subway Ride — 12 jan

Le deuxième dimanche de janvier, quelque 4 000 New-Yorkais dévoilent leurs gambettes dans les transports en commun. Tout le monde peut participer, et la journée se termine généralement par une fête. Voir le site improveverywhere.com pour les heures de rendez-vous et le reste.

☆ Winter Jazzfest — Mi-jan

Au cours de ce festival musical (www.winterjazzfest.com) d'une semaine, plus de 100 événements sont organisés dans une dizaine de salles à travers la ville (les principales sont autour de West Village).

Nouvel An chinois — 25 jan

La célébration new-yorkaise du Nouvel An chinois permet d'admirer des feux d'artifice et de suivre des dragons ondulants dans les rues de Chinatown. La date varie chaque année en fonction du calendrier lunaire : elle tombe le plus souvent début février.

☆ Broadway Week — Mi-jan à déb fév

En début d'année (puis en septembre), on peut acheter deux billets pour le prix d'un (www.nycgo.com/broadway-week) pour une série de comédies musicales et de pièces de théâtre de choix, notamment nouvelles. En 2019, *Book of Mormon*, *King Kong* et *Mean Girls* étaient au programme.

Winter Restaurant Week — Fin jan à déb fév

Dégustez des plats à prix spéciaux dans certains des meilleurs restaurants de la ville durant cette "semaine gastronomique d'hiver" (fr.nycgo.com/restaurant-week), qui en dure plutôt deux. Comptez 26 $ environ pour un déjeuner 2 services (42 $ pour un dîner 3 services).

2020

Février

02

Entre blizzards occasionnels et températures négatives, il fait bon siroter un verre ou manger un plat chaud à l'intérieur d'un bar douillet ou d'un bistrot.

☆ Westminster Kennel Club Dog Show — 8-11 fév

Chaque année en février, à New York, quelque 3 000 chiens des quatre coins du globe se disputent les premiers prix de cette compétition canine (www.westminsterkennelclub.org). Les meilleures démonstrations ont lieu au Madison Square Garden.

⊙ New York Fashion Week — Mi-fév

Les fameux défilés de mode de la New York Fashion Week (photo ; www.nyfw.com) ne sont malheureusement pas accessibles au public. Mais, que vous soyez invité ou non, être à New York cette semaine-là peut être électrisant, surtout si vous parvenez à vous immiscer dans une after party.

☆ Mardi gras — 25 fév

Les New-Yorkais se lâchent pour les réjouissances du Mardi gras à la mode de La Nouvelle-Orléans, la veille du mercredi des Cendres. C'est l'occasion d'assister à un ou deux concerts de jazz, de participer à une fête de carnaval endiablée ou de goûter à la cuisine cajun

☆ Off-Broadway Week — Mi à fin-fév

Pendant la seconde moitié de février (puis en septembre/octobre), deux billets pour le prix d'un sont proposés pour divers spectacles Off-Broadway de la ville. Il s'agit souvent de productions à l'affiche depuis longtemps, telles que *Avenue Q* et *Stomp* (www.nycgo.com/off-broadway-week).

L'agenda

Mars

03

Après des mois glacials sous d'épais manteaux, le printemps pointe le bout de son nez pour le bonheur de tous – avant que les températures ne redeviennent négatives si l'hiver s'éternise.

☆ Big East Basketball Tournament — Déb mars

En plein "March Madness" (folie de mars), cet important tournoi universitaire de basket-ball (www.bigeast.com) se tient au Madison Square Garden depuis plus de 30 ans. Dix équipes de l'Est se disputent le titre et la possibilité de participer au championnat NCAA plus tard dans le mois.

Défilé de la Saint-Patrick — 17 mars

Une foule d'amateurs de bière et de chahuteurs, parfois un peu éméchés, se mêle sur 5th Ave aux joueurs de cornemuse, aux chars et aux personnalités politiques irlandophiles. Ce défilé (www.nycstpatricksparade.org), initié en 1762, est le plus important et le plus ancien de New York.

☆ Armory Show — Mi-mars

Une semaine durant, le plus grand salon d'art contemporain de New York (www.thearmoryshow.com) présente les œuvres de milliers d'artistes du monde entier sur 3 jetées (Piers 90, 92 et 94) qui s'avancent dans l'Hudson.

☆ BAAD!Ass Women Festival — Mi-mars

Énergie et inspiration sont au rendez-vous de ce festival annuel décalé (www.baadbronx.org) organisé par la Bronx Academy of Arts & Dance. Les cultures LGBTQ+ et Latinx, ainsi que les femmes de couleur sont principalement représentées parmi les musiciens, danseurs, humoristes et autres artistes.

Macy's Flower Show — Fin mars à déb avril

Au printemps, durant 2 semaines, le grand magasin Macy's se pare de fleurs (photo). Celui d'Herald Square accueille d'élégantes compositions florales, de luxuriants jardins miniatures et d'astucieux mélanges entre nature et création humaine.

TD DOLCI/SHUTTERSTOCK ©

04

Avril

Le printemps est enfin là : certains établissements mettent des tables en terrasse et les places débordent de tulipes et d'arbres en fleurs.

☆ Brooklyn Folk Festival — Déb avr

Participez aux jam-sessions et au concours de lancer de banjo lors de ce festival de la communauté locale (www.brooklynfolkfest.com) qui réunit des milliers de mélomanes pendant 3 jours. Au programme : plus de 30 groupes à l'affiche, des ateliers de musique et même un espace de danse pour les familles.

☆ Easter Bonnet Parade — 12 avril

À l'occasion de ce défilé remontant aux années 1870, les participants chapeautés (photo) exhibent leurs superbes atours sur 5th Ave (entre 49th St et 57th St), à Midtown. Mettez votre plus beau couvre-chef et joignez-vous à la parade. Elle se met en marche à 10h en général.

☆ Tribeca Film Festival — Avril

Créé au lendemain des tragiques événements du 11 septembre, le festival du film (www.tribecafilm.com) lancé par Robert De Niro a gagné ses galons dans l'univers du cinéma indé. Le choix est rude : plus de 150 films sont projetés pendant 10 jours.

🍷 NYC Craft Beer Festival — déb avril

Ce festival de bières artisanales (www.nyccraftbeerfest.com) réunit 75 des meilleurs brasseurs indépendants de la ville. Quelque 150 bières locales de saison sont servies pendant ces 2 jours. Depuis 2019, le festival a lieu dans un nouveau bâtiment éclatant tout près de la High Line.

Journée de la Terre — 22 avril

New York est le théâtre d'une journée riche en événements sur Union Square, avec de la musique live, des conférences sur le développement durable et des activités pratiques pour les enfants (www.earthdayinitiative.org). La visite "5K Green Tour" permet de découvrir des entreprises et des sites new-yorkais respectueux de l'environnement.

L'agenda

QUIGGYT4/SHUTTERSTOCK ©

Mai

05

Après les pluies d'avril, place aux arbres en fleurs de mai qui affichent leurs couleurs éclatantes dans toute la ville. Le temps est doux et chaud, sans l'humidité désagréable de l'été.

Cherry Blossom Festival — Déb mai

Cette tradition (photo) qui se déroule sur un week-end célèbre la floraison des cerisiers du Brooklyn Botanic Garden avec des animations, des activités et des repas.

TD Bank Five Boro Bike Tour — Déb mai

Mai est le mois du vélo, avec circuits, fêtes et autres manifestations destinées aux cyclistes new-yorkais. L'événement majeur reste le TD Bank Five Boro Bike Tour (www.bike.nyc/events/td-five-boro-bike-tour) ; des milliers de cyclistes participent à cette course de 67 km.

Memorial Day — 25 mai

Ce jour rend hommage aux Américains tombés au combat. Des parades ont lieu dans chaque quartier avec des fanfares et des vétérans agitant des drapeaux ; la plus grande est celle du Queens, la Little Neck-Douglaston Memorial Day Parade (www.lndmemorialday.org).

Governors Ball — Fin mai-déb juin

Ce festival de musiques actuelles réputé (www.governorsballmusicfestival.com) bat son plein pendant 3 jours sur Randall's Island. En bonus : artistes de rue, jeux de société grandeur nature et meilleurs *food trucks* de New York.

SummerStage — Mai-oct

Le festival SummerStage à Central Park (www.cityparksfoundation.org) affiche une belle programmation de spectacles de musique et de danse (souvent gratuits). Le programme SummerStage Kids s'adresse au jeune public.

Fleet Week — Fin mai

Manhattan ressemble à un plateau de cinéma des années 1940 le temps d'une semaine (www.fleetweeknewyork.com) : des matelots en uniforme débarquent pour une virée en ville. C'est l'occasion de monter à bord des navires amarrés sur l'Hudson.

STEVE EDREFF/SHUTTERSTOCK ©

Juin

06

L'été est là : les New-Yorkais investissent les espaces verts, les défilés envahissent les rues les plus fréquentées et on installe des écrans de cinéma dans les parcs.

☆ Bryant Park Summer Film Festival — Juin-août

Chaque lundi, Bryant Park (www.bryantpark.org) accueille des projections en plein air gratuites de classiques hollywoodiens. Arrivez tôt (l'espace ouvre à 17h et il y a déjà du monde dans la queue à 16h) ; le film commence à la nuit tombée.

◉ Puerto Rican Day Parade — 14 juin

Depuis 60 ans, des milliers de personnes se réunissent le deuxième dimanche de juin pour agiter le drapeau portoricain lors du défilé annuel en l'honneur du pays sur 5th Ave, entre 44th St et 86th St.

◉ Mermaid Parade — 20 juin

Dans un tourbillon de paillettes et de costumes de sirènes, cette fête investit la promenade de Coney Island, le dernier samedi avant le solstice d'été, depuis près de 30 ans (www.coneyisland.com). Tous les déguisements sont les bienvenus.

Gay Pride (NYC Pride) — 28 juin

Un immense défilé (photo) sur 5th Ave est organisé le dernier dimanche du mois de la Gay Pride. Durant 5 heures, danseurs, *drag queens*, policiers homosexuels, hommes en cuir, lesbiennes et représentants de la communauté LGBT+ marchent sous les couleurs de l'arc-en-ciel.

☆ Shakespeare in the Park — Juin-août

Ce festival (www.centralpark.com) rend hommage au grand dramaturge anglais, avec des spectacles gratuits dans Central Park. Il faut faire la queue des heures pour avoir un billet, ou tenter la loterie. Billets distribués à midi (arrivez avant 10h).

☆ Museum Mile Festival — Mi-juin

Sur 5th Ave, entre 82nd St et 105th St, une énorme fête de quartier (www.museummilefestival.org) met les musées à l'honneur : entrée gratuite pour certains, conférences et événements pour d'autres, animations de rue, activités pour les enfants et concerts.

L'agenda

ELZBIETA SEKOWSKA/SHUTTERSTOCK ©

Juillet

Les New-Yorkais s'évadent vers les plages de Long Island pour échapper à la chaleur étouffante. La ville est cependant bondée de touristes.

Independence Day — 4 juil

Le 4 juillet, l'Amérique célèbre sa fête nationale avec de superbes feux d'artifice sur l'East River à partir de 21h. Pour ne rien rater du spectacle, postez-vous au bord de l'eau dans le Lower East Side ou à Williamsburg, ou sur n'importe quel toit-terrasse élevé ou appartement de Manhattan orienté à l'est.

Nathan's Famous Hot Dog Eating Contest — 4 juil

Ce curieux éloge (photo) de la goinfrerie (www.nathansfamous.com) réunit chaque année à Coney Island les plus gros avaleurs de nourriture du monde. Les records hommes et femmes actuels sont détenus par le décuple champion Joey Chestnut (74 hot dogs avalés en 10 minutes, pain compris !), et par la quintuple championne Miki Sudoet (41 hot dogs).

☆ MoMA PS1 Warm Up — Juil-sept

Le dimanche, de juillet à début septembre, une éblouissante brochette de DJ, de groupes et de musiciens expérimentaux font bouger une foule branchée sous le ciel estival au MoMA PS1 (www.momaps1.org/warmup), dans le Queens.

☆ Lincoln Center Out of Doors — Fin juil à mi-août

La locomotive des arts du spectacle de New York affiche une programmation festive de concerts et de danse sur des scènes en plein air, dans le complexe du Lincoln Center (www.lcoutofdoors.org). L'afrobeat, le latin jazz et la country sont représentés, et des événements spéciaux sont organisés pour les familles.

Harlem Week — Fin juil à mi-août

Pendant plus d'une semaine, ce festival culturel (www.harlemweek.com) accueille plus de 100 événements célébrant la riche histoire de ce quartier d'Upper Manhattan. Au programme : fêtes dans les parcs, course de 5 km, menus spéciaux dans les restaurants... et le tout en musique !

LEV RADIN/SHUTTERSTOCK ©

Août

08

Pour fuir les vagues de chaleur estivale, les New-Yorkais gagnent les plages de la côte ou règlent la climatisation au maximum. Heureusement, quantité d'événements en plein air secouent la ville engourdie.

☆ Jazz Age Lawn Party Fin août

Vêtus comme en 1920, allez à Governors Island (photo) écouter du jazz, danser le charleston et boire des cocktails d'avant la Prohibition (www.jazzagelawnparty.com). Prenez vos billets dès que possible – l'événement se tient à guichets fermés (un autre se déroule en juin).

☆ Hong Kong Dragon Boat Festival Mi-août

Ce festival du Queens (www.hkdbf-ny.org) célèbre le 5e mois du calendrier lunaire chinois avec musique et danses internationales, démonstrations d'arts martiaux, artisanat, nourriture et, événement central, une course de 200 bateaux-dragons sur le lac du Flushing Meadows Corona Park.

Blues BBQ Festival Mi-août

Les amateurs de blues se rassemblent chaque année sur un quai de l'Hudson River Park (www.hudsonriverpark.org) au son de ce style musical typique des États-Unis. Sans surprise, la riche programmation se marie parfaitement aux délicieuses grillades à la mode des États du Sud.

☆ US Open Fin août à déb sept

Le stade Arthur Ashe du Queens occupe le devant de la scène sportive, tandis que les meilleurs joueurs de tennis du monde s'affrontent lors du dernier tournoi du Grand Chelem de l'année (www.usopen.org). Si vous n'avez pas de billets, allez voir les matchs dans les bars sportifs de la ville.

☆ Charlie Parker Jazz Festival Fin août

Ces 2 jours de festivités en plein air (www.cityparksfoundation.org) sont parfaits pour les amateurs de musique. De grands noms du jazz investissent la scène au Marcus Garvey Park dans Harlem et au Tompkins Square Park d'East Village.

L'agenda

JOE TABACCA/SHUTTERSTOCK ©

Septembre

La fête du Travail (Labor Day) marque la fin officielle de la saison balnéaire dans les Hamptons. Les New-Yorkais retournent au travail et la saison culturelle démarre.

West Indian American Day Carnival — 2 sept

Chaque année en septembre, ce défilé exubérant de reggae, de *steel-drums* et de costumes à plumes et à perles de toutes les couleurs le long d'Eastern Pkwy (www.wiadcacarnival.org) célèbre la culture caribéenne et la communauté américaine d'origine antillaise de Crown Heights.

Electric Zoo — 5-6 sept

Célébré le week-end de la fête du Travail au Randall's Island Park, Electric Zoo (www.electriczoofestival.com) est *le* rendez-vous new-yorkais de la musique électronique. Parmi les récentes têtes d'affiche : Moby, Tiësto, Martin Solveig ou les Chemical Brothers.

Fête de San Gennaro — Mi-sept

Une foule bruyante et patriote envahit les rues étroites de Little Italy où sont proposés jeux, concours de dégustation de boulettes de viande et mets italiens à gogo. Le festival (photo) existe depuis plus de 90 ans.

Vendy Awards — Mi-sept

Cette compétition (www.vendyawards.streetvendor.org) est un événement incontournable pour les chefs de cuisine de rue new-yorkais. Governors Island accueille durant une journée 25 *food trucks* sélectionnés. Une fois votre billet en poche, mangez et buvez tout votre saoul. Le grand gagnant est désigné par un vote du public.

Atlantic Antic — Fin sept

Le meilleur festival de rue de New York foisonne de groupes de musique, de stands de boissons et de nourriture, et de marchands d'artisanat et de vêtements. Vous pourrez aussi monter à bord d'anciens bus exposés par le New York Transit Museum. Le festival se tient à Brooklyn sur Atlantic Ave (www.atlanticave.org) entre 4th Ave et le fleuve, généralement le quatrième dimanche de septembre.

10 Octobre

Les arbres se parent de couleurs chatoyantes à mesure que les températures baissent. Avec mai, c'est l'un des mois les plus agréables pour visiter New York.

☆ BAM's Next Wave Festival — Oct-déc

Depuis plus de 30 ans, ce festival de la Brooklyn Academy of Music (www.bam.org) présente d'octobre à décembre les meilleurs spectacles de théâtre, de musique et de danse de l'avant-garde.

☆ Comic Con — Déb oct

Les geeks se retrouvent lors de cet événement annuel phare (www.newyorkcomiccon.com ; photo) pour se déguiser en leurs personnages préférés. Les billets sont vendus des mois à l'avance.

☆ Open House New York — Mi-oct

Plus grande manifestation d'architecture et de design du pays, l'OHNY (www.ohny.org) organise, le temps d'un week-end, des visites guidées, des conférences, des ateliers de design, des visites de studios et des performances dans toute la ville.

Bénédiction des animaux — 4 oct

Pour commémorer la Saint-François, lors du "Blessing of the Animals" (photo ci-dessous), les propriétaires d'animaux amènent leurs compagnons (caniches, lézards, lamas, etc.) à la majestueuse cathédrale St John the Divine (www.stjohndivine.org) pour les faire bénir.

⊙ Village Halloween Parade — 31 oct

Pour Halloween, les New-Yorkais enfilent leurs costumes les plus fous pour une nuit endiablée. Vous verrez défiler les plus extravagants lors de la Village Halloween Parade (www.halloween-nyc.com) qui remonte 6th Ave dans West Village. N'hésitez pas à participer !

L'agenda

Novembre

11

À mesure que les feuilles tombent, laine et manteaux sortent des placards. Un marathon vedette se tient avant la période hivernale, puis les familles se réunissent pour rendre grâce à Dieu.

☆ New York Comedy Festival — Déb nov

Les amuseurs publics prennent la ville d'assaut lors de ce festival d'une semaine (www.nycomedyfestival.com). Au programme : one-man-show, matchs d'improvisation et la crème des humoristes.

Marathon de New York — Déb nov

Ce grand marathon (www.tcsnycmarathon.org), qui traverse les 5 *boroughs*, attire chaque année (première semaine de novembre) des milliers de coureurs du monde entier et des spectateurs excités venus les encourager.

Défilé de Thanksgiving — 26 nov

Sous un ciel d'énormes ballons gonflés à l'hélium, fanfares de lycées martelant leurs tambours et badauds célèbrent Thanksgiving sur les 4 km de la célèbre parade (photo).

☆ Radio City Christmas Spectacular — Nov-déc

Le monde se presse tous les jours pour admirer le somptueux spectacle de Noël des Rockettes de New York (www.rockettes.com/christmas) pendant la période des fêtes. Les billets ne manquent pas pour cette tradition kitsch et tape-à-l'œil (datant de 1933) qui réjouit petits et grands.

Patinage sur glace — Nov-mars

Les New-Yorkais investissent les patinoires de la ville, qui ouvrent généralement de novembre à fin mars ; les plus belles sont à Central Park, Bryant Park, Prospect Park et au Rockefeller Center.

EVAN SEMONES - COSMOPHOTOGRAPHY/GETTY IMAGES ©

Décembre

12

Si l'hiver a définitivement pris ses quartiers, l'ambiance des fêtes est là pour réchauffer les esprits. Les grands magasins de 5th Ave et Macy's créent des univers sophistiqués dans leurs vitrines et Manhattan se pare des plus belles décorations de Noël pour le bonheur des yeux.

Marchés de Noël — 1er-24 déc

À l'approche de Noël, New York devient un paradis de marchés : artisanat, bijoux, accessoires, jouets et bien plus encore. Parcourez les allées une tasse de chocolat chaud à la main. Les plus grands marchés sont ceux d'Union Square, de Bryant Park et de Grand Central Terminal.

New York Road Runners Midnight Run — 31 déc

Les moins fêtards préféreront peut-être célébrer la nouvelle année en participant à cette course de 6,4 km à travers Central Park (les festivités et les feux d'artifice commencent avant). Inscription auprès des New York Road Runners (www.nyrr.org)

☆ Illumination du sapin de Noël — Fin nov/déb déc

Sur la Rockefeller Plaza (www.rockefellercenter.com), l'illumination de l'énorme arbre de Noël marque le début de la saison des fêtes. Orné de 25 000 ampoules, ce symbole du Noël new-yorkais est une attraction incontournable pour tous ceux qui visitent la ville en décembre.

☆ Holiday Train Show — Mi-nov à mi-jan

Les enfants raffolent de cette tradition de Noël des New York Botanical Gardens (www.nybg.org), dans le Bronx, où ils peuvent observer des trains miniatures circuler au milieu de reproductions végétales détaillées de monuments new-yorkais.

Réveillon du Nouvel An — 31 déc

Ce soir-là, Times Square (photo) grouille de millions de personnes, venues partager un verre par une température polaire, admirer la descente annuelle de la boule et entamer à l'unisson le fameux compte à rebours.

Avant le départ

Envie de...

CULTURE

MoMA Le meilleur de l'art moderne dans un espace savamment organisé. (p. 70)

Metropolitan Museum of Art Le musée le plus complet du continent américain. (photo ; p. 48)

Cookshop Excellent restaurant, non loin du centre du quartier des galeries de Chelsea. (p. 134)

Compagnie des vins surnaturels Ce bar à vins chic de Nolita propose des centaines de grands crus. (p. 174)

Brooklyn Academy of Music Des œuvres d'avant-garde, notamment durant le Next Wave Festival. (p. 196)

LUXE ET GLAMOUR

Broadway Des spectacles primés et de grands acteurs. (photo ; p. 56)

The Frick Collection Une superbe demeure, des œuvres de Vermeer, Greco et Goya, ainsi qu'une belle fontaine au cœur d'un atrium. (p. 51)

Barneys Si ce temple de la mode est cher, on peut toujours admirer les vitrines. (p. 162)

Eleven Madison Park Cuisine pointue et avant-gardiste truffée de délicieuses surprises. (p. 139)

Raines Law Room On s'installe dans un box habillé de rideaux pour revivre l'âge d'or du jazz dans ce bar à cocktails de style Prohibition. (p. 177)

HISTOIRE

Lower East Side Tenement Museum Un aperçu de la vie des immigrants du XIXe et début du XXe siècle, avec la visite guidée d'un immeuble préservé. (p. 94)

Ellis Island La porte d'entrée vers une vie d'espoir et de liberté pour tant d'immigrants. (p. 42)

Hamilton Une leçon d'histoire sur des rythmes urbains. (p. 59)

Chumley's Ancien bar clandestin avec un décor de l'époque de la Prohibition et une carte saisonnière de premier choix. (p. 137)

Old Town Bar & Restaurant Ce bar classique au toit de zinc accueille les New-Yorkais depuis 1892. (p. 177)

MUSIQUE

Metropolitan Opera Sortez sur votre trente et un pour une soirée raffinée au Lincoln Center. (p. 110)

Empire State Building Un concert de saxophone en haut de ce gratte-ciel (mar-sam dès 21h). (p. 66)

Birdland Dénichez des billets moins chers pour les concerts du Big Band de ce club de jazz de Midtown (le vendredi). (p. 193)

Smalls Jazz le soir et jam-sessions l'après-midi (le week-end) dans ce bar en sous-sol de West Village (p. 190)

Sylvia's Brunch (gaufres et poulet frit) et musique gospel à Harlem. (photo ; p. 144)

PLEIN AIR

High Line Plantes sauvages et hautes herbes y sont les stars. (p. 52)

Prospect Park Splendide parc de Brooklyn, composé de sentiers, de collines, de prairies, d'un canal et d'un lac (p. 98)

Loeb Boathouse Évadez-vous un moment sur un bateau au milieu de Central Park. (photo ; p. 205)

Union Square Greenmarket Composez votre pique-nique avec les produits et ingrédients gourmands de ce marché bio en plein air. (p. 131)

Smorgasburg Repérez ce marché itinérant de *street food* à Brooklyn. (p. 145)

Avant le départ

New York en 4 jours

TETRA IMAGES/GETTY IMAGES ©

Lower Manhattan et Brooklyn

Oubliez les gratte-ciel en béton pour de vastes horizons, la vue sur le fleuve et une balade sur un pont emblématique. Réservez vos billets pour visiter la statue de la Liberté, Ellis Island et le One World Trade Center.

Jour 01

❶ Statue de la Liberté et Ellis Island (p. 40)

Réservez votre billet à l'avance et arrivez tôt pour prendre le ferry. Ellis Island occupera probablement l'essentiel de la matinée, mais il n'y a guère de choix pour se restaurer : prévoyez des en-cas.

Du quai du ferry de Statue Cruises au Tiny's

S Prenez la ligne 1 à South Ferry et descendez à Chambers St. Marchez deux *blocks* vers le nord sur Broadway.

❷ Déjeuner à Tiny's & the Bar Upstairs (p. 128)

Ambiance cosy pour un déjeuner américain chic et moderne dans une vieille maison de ville de Tribeca.

Du Tiny's au One World Trade Center

Descendez 800 m sur Broadway et prenez Vesey St vers l'ouest jusqu'au One World Trade Center.

❸ One World Trade Center (p. 90)

Dans l'un des plus hauts gratte-ciel de New York, allez jusqu'au One World Observatory qui promet une vue époustouflante. Réservez vos billets.

➲ Du One World Trade Center au National September 11 Memorial & Museum

Marchez vers le sud jusqu'au mémorial tout proche.

❹ National September 11 Memorial & Museum (p. 86)

Ce mémorial rend hommage aux victimes des attentats de 2001. Visitez le musée pour en savoir plus sur la tragédie du 11-Septembre.

➲ Du National September 11 Memorial & Museum au Brooklyn Bridge

Longez Vesey St vers l'est, traversez Broadway, puis continuez jusqu'à Park Row. L'entrée pour les piétons se trouve en face du City Hall Park.

❺ Brooklyn Bridge (p. 46)

Joignez-vous à la foule des visiteurs sur ce pont majestueux.

➲ Du Brooklyn Bridge à l'Empire Fulton Ferry State Park

Empruntez le pont entre Manhattan et Brooklyn. Prenez l'escalier, puis tournez à gauche. Descendez jusqu'au front de mer.

❻ Empire Fulton Ferry State Park (p. 47)

Ce parc dissimule un manège de 1922 et offre une vue sur Manhattan et le Brooklyn Bridge. Les bâtiments en brique des rues de Dumbo abritent cafés, magasins et entrepôts du XIXe siècle.

➲ De l'Empire Fulton Ferry State Park au Juliana's

Longez Water St en direction de l'ouest jusqu'à Old Fulton St, puis tournez à gauche et dirigez-vous vers Front St à l'est.

❼ Dîner au Juliana's (p. 146)

Le maestro Patsy Grimaldi sert aussi l'une des meilleures *Margherita* de la ville.

De gauche à droite : la statue de la Liberté et Ellis Island (p. 40) ; le Brooklyn Bridge (p. 46)

New York en 4 jours

DIEGO GRANDI/SHUTTERSTOCK ©

Upper East Side et Midtown

Monuments emblématiques et lieux incontournables : cet itinéraire vous dévoilera le New York de l'imaginaire collectif, dont bien sûr le musée et le parc les plus célèbres de la ville. Depuis le Rockefeller Center, admirez le paysage mythique des gratte-ciel de Midtown au milieu des nuages.

Jour

02

❶ Petit-déjeuner au Guggenheim (p. 78)

Arrivez avant la foule au Guggenheim. Le week-end, commencez la journée par un brunch au Wright, restaurant moderniste et artistique du musée.

Du Guggenheim au Metropolitan Museum of Art

Longez 6 *blocks* sur 5th Ave en direction du sud.

❷ Metropolitan Museum of Art (p. 48)

Dans ce musée de renom, contemplez les opulentes collections de la Grèce et de la Rome antiques. Admirez l'aile égyptienne (qui inclut un temple), puis les œuvres des grands maîtres européens. L'été, profitez du Cantor Roof Garden dominant Central Park.

Du Metropolitan Museum of Art à Central Park

Entrez dans Central Park par l'accès sur 79th St.

❸ Central Park (p. 36)

Prenez un bon bol d'air à Central Park, que l'on ne présente plus. Allez vers le sud

OSCITY/SHUTTERSTOCK ©

jusqu'à Bethesda Terrace boire un verre au bar-restaurant ou faire du bateau sur le lac.

De Central Park à Times Square

Sortez du parc sur 5th Ave le plus au sud qu'il vous plaira, et prenez un taxi pour Times Square.

❹ Times Square (p. 62)

Contemplez les néons et les rues bondées de Times Square. Le panorama est éblouissant depuis les gradins du kiosque TKTS au nord. Achetez-y des billets à prix réduit pour le soir même.

De Times Square au Rockefeller Center

Allez vers l'est jusqu'à 6th Ave, puis vers le nord jusqu'à 49th St.

❺ Top of the Rock (p. 82)

Achetez un billet pour Top of the Rock, le toit-terrasse du Rockefeller Center, et profitez de la plus belle vue sur l'Empire State Building.

Du Rockefeller Center au Grand Central Terminal

L'entrée de Grand Central sur 42nd St est à 800 m au sud de Rockefeller Plaza.

❻ Dîner à Grand Central Terminal (p. 76)

Plusieurs choix remarquables s'offrent à vous pour dîner tôt avant un spectacle – l'agréable Grand Central Oyster Bar et ses fruits de mer, le Great Northern Food Hall pour un repas sans chichis, ou l'Agern et ses étoiles au Michelin.

De Grand Central Terminal au spectacle sur Broadway

Ménagez vos pieds et prenez un taxi vers le pays des spectacles.

❼ Spectacles de Broadway (p. 56)

Savourez la comédie musicale de votre choix. Puis réservez une table au Bar SixtyFive et sirotez un cocktail sous les étoiles.

De gauche à droite : Metropolitan Museum of Art (p. 48) ; vue de la *skyline* de Manhattan et l'Empire State Building (p. 66)

New York en 4 jours

ANDREW F KAZMIERSKI/SHUTTERSTOCK ©

Chelsea et Upper West Side

Promenez-vous dans West Side pour découvrir le meilleur de l'art américain, un célèbre espace vert surélevé, un marché étonnant et des dinosaures spectaculaires. Parachevez votre journée par le stupéfiant Lincoln Center, qui abrite l'une des meilleures salles de spectacle du pays.

Jour 03

❶ Whitney Museum of American Art (p. 84)

Visitez les galeries où sont exposées les œuvres de grands artistes américains, comme O'Keeffe, Rothko et Hopper.

Du Whitney Museum of American Art à la High Line

Empruntez la High Line à son extrémité sud dans Gansevoort St, juste à l'extérieur du musée.

❷ La High Line (p. 52)

Cette voie ferrée désaffectée, à 9 m au-dessus de la rue, est l'un des lieux de promenade préférés des New-Yorkais. Depuis l'extrémité sud, remontez-la pour observer l'Hudson et les rues en contrebas.

De la High Line au Chelsea Market

Sortez par l'escalier de 16th St pour atteindre l'entrée du Chelsea Market sur 10th Ave.

❸ Déjeuner au Chelsea Market (p. 134)

La salle principale de cette ancienne biscuiterie est remplie de stands proposant

FERRANTRAITE/GETTY IMAGES © METROPOLITAN OPERA HOUSE, ARCHITECT: WALLACE HARRISON

de tout, des soupes de nouilles coréennes aux saucisses australiennes.

➲ Du Chelsea Market à l'American Museum of Natural History

S Prenez la ligne C à 8th Ave et 14th St pour gagner 86th St et Central Park West.

4 American Museum of Natural History (p. 111)

On éprouve un émerveillement enfantin devant les fossiles de dinosaures du Muséum d'histoire naturelle. Ne manquez pas le Rose Center for Earth & Space, véritable joyau architectural.

➲ De l'American Museum of Natural History au Boulud Sud

Descendez Columbus Ave en bus, marchez ou prenez un taxi jusqu'à W 64th St (1 200 m), au sud.

5 Dîner au Boulud Sud (p. 144)

Le grand chef Daniel Boulud sert ses plats d'inspiration méditerranéenne dans un décor moderne. Le menu "pré-théâtre" est d'un excellent rapport qualité/prix.

➲ Du Boulud Sud au Lincoln Center

Traversez Broadway et Columbus Ave pour rejoindre le Lincoln Center.

6 Un spectacle au Lincoln Center (p. 108)

Vous pourrez écouter un opéra au Metropolitan Opera House, une symphonie à l'Avery Fisher Hall, une pièce ou un ballet dans l'un de ses deux théâtres – le tout dans un cadre à l'architecture incroyable.

➲ Du Lincoln Center au Manhattan Cricket Club

S Prenez le train n°1 et descendez au 2e arrêt dans 79th St puis marchez vers l'est sur un demi-*block*.

7 Manhattan Cricket Club (p. 180)

On pénètre dans ce lieu chic par un escalier caché dans le restaurant Burke & Wills (demandez l'accès au propriétaire). Passez la nuit sur un canapé Chesterfield, un cocktail à la main.

De gauche à droite : la High Line (p. 52) ; le Lincoln Center (p. 108)

Avant le départ

New York en 4 jours

Lower East Side, SoHo et East Village

Au programme de cette journée : histoire des immigrants, cuisine du monde, art et théâtre d'avant-garde, verres bon marché et concerts. Parcourez les rues de long en large, jetez un coup d'œil aux boutiques élégantes, et sachez que plus on va vers l'est, plus l'ambiance est débridée.

Jour 04

❶ Lower East Side Tenement Museum (p. 94)

Ce musée offre un bon aperçu des rudes conditions de vie des immigrants au XIXe siècle et au début du XXe.

De Lower East Side Tenement Museum à Little Italy

Longez Delancey St vers l'ouest en passant par le Sara D. Roosevelt Park jusqu'à Mulberry St.

❷ Little Italy (p. 132)

Ce quartier éclectique, qui a perdu de son authentique charme italien, est connu pour ses magasins, ses restaurants et ses bars. Flânez jusqu'aux boutiques et aux petits cafés de Nolita.

De Little Italy à Butcher's Daughter

Suivez Mulberry sur deux *blocks* vers le nord et bifurquez à droite sur Kenmare St, puis continuez pendant encore deux *blocks*.

❸ Déjeuner au Butcher's Daughter (p. 131)

Mangez un morceau dans ce restaurant végétarien de Nolita. On y sert des plats

MICHAL STIPEK/GETTY IMAGES ©

diététiques aussi créatifs que délicieux. À accompagner d'une bière artisanale ou d'un cocktail mimosa.

➡ Du Butcher's Daughter au New Museum of Contemporary Art

🚶 Marchez vers l'est sur plusieurs *blocks* jusqu'à la Bowery et remontez vers le nord.

❹ New Museum of Contemporary Art (p. 97)

Ce musée ultramoderne présente des œuvres d'art avant-gardistes.

➡ Du New Museum of Contemporary Art à Chinatown

🚶 Prenez à droite sur Delancey St, puis à gauche sur Mott St jusqu'à Canal St.

❺ Chinatown (p. 71)

Promenez-vous l'après-midi dans l'un des quartiers les plus vivants de New York. Les rues bondées de Chinatown sont bordées de restaurants de raviolis, boulangeries, marchés au poisson, stands de légumes, salons de massage et boutiques colorées vendant de tout.

➡ De Chinatown à Ivan Ramen

🚶 L'angle Clinton St et Stanton St est à 1,6 km au nord-est environ ; marchez si vous pouvez et évitez les taxis, la circulation est infernale dans Chinatown.

❻ Dîner à Ivan Ramen (p. 133)

Originaire de Long Island, Ivan Orkin a appris à cuisiner les *ramen* à Tokyo avant d'ouvrir son restaurant, Saint Graal pour des amateurs de ce plat – il faut parfois attendre pour manger sur place.

➡ D'Ivan Ramen à Rue B

🚶 Rue B se trouve à environ 800 m en remontant Clinton St.

❼ Rue B (p. 175)

Au cœur de la scène nocturne d'East Village, terminez votre soirée en musique dans ce café-concert animé situé en sous-sol et décoré de photos des grands noms du jazz.

De gauche à droite : The Butcher's Daughter (p. 131) ; Chinatown (p. 74)

Avant le départ

Ce qu'il faut savoir

Budget quotidien

Moins de 200 $

- Lit en dortoir : 40-70 $
- Part de pizza : environ 4 $
- Taco dans un *food truck* : à partir de 3 $
- Verre de vin en happy hour : 10 $
- Trajet (bus ou métro) : 3 $

De 200 à 500 $

- Chambre double en hôtel standard : à partir de 200 $ environ
- Billet pour l'Empire State Building (2 niveaux) : 58 $
- Dîner dans un restaurant de catégorie moyenne : 150 $ pour 2 personnes
- Cocktail maison dans un bar lounge : 15-19 $
- Billet TKTS pour un spectacle à Broadway : 80 $

Plus de 500 $

- Séjour de luxe au NoMad Hotel : 400-850 $
- Menu dégustation dans un restaurant haut de gamme : 90-315 $
- Massage de 1 heure 30 au Great Jones Spa : 200 $
- Place d'orchestre au Metropolitan Opera : 100-390 $

Taux de change

Canada	1 C$	0,75 $US
Suisse	1 FS	1,02 $US
Zone euro	1 €	1,2 $US

Derniers taux de change sur www.xe.com/fr.

À prévoir

Deux mois à l'avance
Ne tardez pas pour réserver votre hôtel, les prix augmentent rapidement. Réservez si vous voulez assister à un spectacle à Broadway.

Un mois à l'avance
Réservez une bonne table : la plupart des restaurants haut de gamme ouvrent les réservations 4 semaines à l'avance.

Une semaine à l'avance
Surfez sur les blogs et les réseaux sociaux pour découvrir les dernières ouvertures de restaurants et de bars, ainsi que les expositions en cours.

Sites Web

NYC: The Official Guide (www.nycgo.com). Le portail touristique officiel de New York.

Explore Brooklyn (www.explorebk.com). Événements et adresses à Brooklyn.

New York Magazine (www.nymag.com). Liste complète et actualisée des bars, restaurants, spectacles et boutiques.

New York Times (www.nytimes.com). Infos locales et programmes des théâtres.

Lonely Planet (www.lonelyplanet.fr). Infos sur la ville, forum de voyageurs, etc.

Devise
Dollar américain ($US)

Langue
Anglais

Formalités et visas
Le Visa Waiver Program permet aux ressortissants de 38 pays d'entrer aux États-Unis sans visa, à condition d'obtenir l'autorisation ESTA avant le départ.

Argent
On trouve facilement des DAB. Les cartes bancaires sont acceptées un peu partout. Les marchés, les *food trucks* et certains restaurants et bars ne prennent que les espèces.

Téléphones mobiles
Les visiteurs peuvent utiliser une carte SIM locale avec leur smartphone ou acheter sur place un téléphone bon marché rechargeable avec forfait prépayé. Vérifiez avant de partir si votre forfait inclut le *roaming* à l'étranger.

Heure locale
Eastern Standard Time (EST), - 5 heures sur l'heure GMT. Quand il est 10h à New York, il est 16h en France.

Plus de détails dans le **Carnet pratique** (p. 235)

Quand partir

Le printemps et l'automne sont les meilleures saisons. Il peut faire très chaud l'été et très froid l'hiver – avec parfois de la neige. Les fêtes de fin d'année attirent la foule.

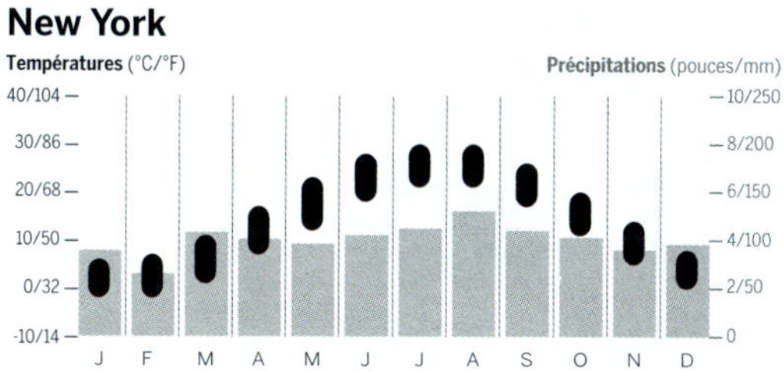

Arriver à New York

John F. Kennedy International Airport L'AirTrain (5 $) assure une correspondance avec le métro (2,75 $), ce qui permet de rallier Manhattan en 1 heure. Comptez 19 $ pour un bus express vers Grand Central ou Port Authority. Un taxi coûte 52 $, prix forfaitaire hors péage, pourboire et supplément aux heures de pointe.

LaGuardia Airport Peu desservi par les transports en commun. Le bus express Q70 le relie au métro 74th St-Broadway. Le bus express vers Midtown coûte 16 $ et les taxis 34-53 $ (hors péage et pourboires).

Newark Liberty International Airport Prenez l'AirTrain (5,50 $) jusqu'à la gare de Newark Airport, puis un train pour la gare de Penn Station, à New York (13 $). Le prix des taxis varie de 60 à 80 $ (auxquels il faut ajouter 15 $ de péage et de pourboire, obligatoires). Entre 45 minutes et 1 heure.

Comment circuler

Le site Internet de la Metropolitan Transportation Authority (www.mta.info) vous renseigne sur les transports publics (bus et métro).

Métro Bon marché, il fonctionne plutôt bien et 24h/24, mais le réseau peut dérouter les profanes. Un trajet coûte 2,75 $ avec une MetroCard.

Bus Pratiques en dehors des heures de pointe, surtout pour circuler entre l'est et l'ouest de la ville (la plupart des lignes de métro relient le nord au sud). La MetroCard est valable. Même tarif que le métro.

Taxi Le compteur commence d'emblée à 2,50 $. Comptez en gros 5 $ tous les 20 *blocks*. Consultez www.nyc.gov/taxi.

Vélo Le système de vélo en libre-service Citi Bike (www.citibikenyc.com) permet de sillonner tout Manhattan.

Ferry Le New York City Ferry (www.ferry.nyc) relie divers points de Manhattan, de Brooklyn et du Queens.

Bon plan

- La MetroCard fonctionne dans le métro, le bus, le ferry et le tramway jusqu'à Roosevelt Island. Pour un séjour, achetez un pass illimité 7 jours.
- Attention aux entrées de métro direction Downtown ou Uptown. Elles ne se trouvent pas toujours au même endroit (souvent de part et d'autre de la rue).
- Dans le métro, les omnibus s'arrêtent à toutes les stations, mais pas les trains express.
- Un taxi est libre quand son numéro sur le toit est allumé. Les taxis verts Boro ne prennent pas de clients au sud de W 110th St et de E 96th St.
- En taxi, indiquez la rue perpendiculaire la plus proche (700 6th Ave au niveau de 22nd St).

Avant le départ

Quoi de neuf ?

TZIDO SUN/SHUTTERSTOCK © ARCHITECT: THOMAS HEATHERWICK

CBD

Des enseignes new-yorkaises telles que Mamacha (p. 129) et Butcher's Daughter (p. 131) ont commencé à agrémenter leurs matchas, *latte* et cocktails d'une touche de CBD – cannabidiol, substance non psychotrope (complètement légale), utilisée pour traiter l'anxiété et l'inflammation.

Rénovation d'Hudson Yards

L'extrême nord de la High Line voit naître un quartier, conçu avec une enveloppe de 4,5 milliards de dollars. Vous y trouverez la plateforme d'observation à ciel ouvert la plus haute d'Occident, ainsi que le Vessel – incroyable structure d'acier rappelant le style d'Escher, enchevêtrement de passerelles et d'escaliers.

Russ & Daughters déménage dans Uptown

Le légendaire traiteur juif de Lower East Side s'installe dans les beaux quartiers avec un nouveau comptoir artistique dans le Jewish Museum (p. 81) sur 5th Ave. Brunch le samedi pour Shabbat.

Chambres chics abordables

L'ouverture en 2018 de l'hôtel Freehand au style rétro (freehandhotels.com/new-york) dans Manhattan a chamboulé les règles en offrant des chambres élégantes assorties de bons plans pour les petits budgets.

Vent frais sur la cuisine à Grand Central

Surprenant coup du sort, Grand Central Terminal abrite désormais un espace de restauration nordique (p. 76), ainsi que le restaurant étoilé de nouvelle cuisine nordique, Agern (p. 142), tous deux gérés par Claus Meyer, cofondateur du Noma.

Rénovation culturelle

Le réaménagement en cours du MoMA (p. 70) aboutira à l'ouverture d'environ 3 700 m^2 d'espace d'exposition supplémentaires. Le musée restera ouvert durant le temps des travaux, qui devraient s'achever fin 2019.

Ci-dessus : le Vessel

New York gratuit

Musées

L'entrée est gratuite ou la participation libre aux horaires suivants :

The Frick Collection (p. 51) mer 14h-18h et 1er ven du mois 18h-21h (sauf jan et sept)

National September 11 Memorial Museum (p. 86) mar 17h-20h

MoMA (p. 70) ven 16h-20h

Guggenheim Museum (p. 78) sam 17h-19h45

Whitney Museum of American Art (p. 84) ven 19h-22h

New Museum of Contemporary Art (p. 97) jeu 19h-21h

L'entrée des musées suivants est gratuite toute l'année :

National Museum of the American Indian (p. 45)

American Folk Art Museum (p. 30)

Circuits et activités

Gratuit, le Staten Island Ferry (p. 205) offre une vue magique sur la statue de la Liberté, à savourer avec une bière fraîche sur le bateau. Un peu plus d'aventure ? Prenez un kayak au Downtown Boathouse (p. 205) et au Manhattan Community Boathouse (p. 206). Chez Big Apple Greeter (p. 207), des habitants vous feront visiter le quartier de votre choix (visite sur mesure possible) ; réservez à l'avance.

Événements estivaux

De mai à début octobre, le SummerStage (p. 10) offre plus de 100 concerts gratuits dans les parcs de la ville. Les places pour Shakespeare in the Park (p. 11), à Central Park, s'obtiennent difficilement, mais ça en vaut la peine. De grands acteurs comme Meryl Streep ou Al Pacino s'y sont produits.

En été, concerts, spectacles de danse et pièces de théâtre se tiennent au Prospect Park dans le cadre de Celebrate Brooklyn! (www.bricartsmedia.org). Vous pouvez aussi assister au Bryant Park Summer Film Festival (p. 11) – apportez juste votre drap pour pique-niquer dans le parc.

Sites Internet

Trouver des événements gratuits ou à prix réduits sur **Club Free Time** (www.clubfreetime.com) et **The Skint** (www.theskint.com) : visites, concerts, conférences, ateliers, vernissages, lectures de livres, etc.

Ci-dessus : National Museum of the American Indian (p. 45)

Avant le départ

En famille

ANDREA IZZOTTI/SHUTTERSTOCK ©

Infos pratiques

Tarif enfant De nombreux sites proposent l'entrée gratuite pour les jeunes enfants : des - 6 ans (Empire State) aux - 16 ans (MoMA).

Au restaurant Après 19h, les enfants se font rares dans les restaurants de Manhattan. Les chaises hautes sont souvent disponibles.

Ressources Consultez les sites de Time Out New York Kids (www.timeout.com/new-york-kids) et Mommy Poppins (www.mommypoppins.com).

City Trails: New York Vous voyagez avec des enfants de 8 ans et plus ? Ce guide Lonely Planet leur est dédié.

À voir et à faire

Outre les grands musées – parmi lesquels le **Metropolitan Museum of Art** (p. 48), le **Museum of Modern Art** (p. 70), le **Guggenheim Museum** (p. 78), le **Museum of the City of New York** (www.mcny.org) et le **Cooper Hewitt Smithsonian Design Museum** (p. 81) – qui prévoient des programmes pour les enfants, les musées qui leur sont dédiés ne manquent pas.

Star des films *La Nuit au musée*, l'**American Museum of Natural History** (p. 111) est une valeur sûre : dinosaures, monde marin, planétarium et films IMAX. Les enfants plus âgés pourront monter dans de vieux wagons de métro au **New York Transit Museum** (www.mta.info/mta/museum) ou glisser le long d'un mât au **New York City Fire Museum** (www.nycfiremuseum.org). Les amateurs d'avions, de sous-marins et d'espace adoreront l'**Intrepid Sea, Air & Space Museum** (p. 61) qui présente des vestiges militaires à quai dans Midtown.

Pour un temps calme avec des enfants de 1 à 5 ans, rendez-vous au **Children's Museum of the Arts** (www.cmany.org) à l'ouest de SoHo ou au **Brooklyn Children's Museum** (www.brooklynkids.org) dans Crown Heights. Les deux proposent lectures, cours artistiques et ateliers d'artisanat et de peinture.

La ville compte plusieurs zoos, mais le **Bronx Zoo** (www.bronxzoo.com), réputé pour ses espaces bien conçus, est le plus

ULU_BIRD/GETTY IMAGES ©

beau. Si vous manquez de temps, faites une courte visite au **Central Park Zoo** (www.centralparkzoo.com) – et revivez les scènes du film *Madagascar*.

Le trajet en bateau menant à la **statue de la Liberté** (p. 40) permet de découvrir la porte de New York et d'observer de près cet emblème. Les enfants adoreront aussi le **Staten Island Ferry** (p. 205), gratuit.

Racontez l'histoire d'un singe géant escaladant l'**Empire State Building** (p. 66). Un écran au plafond de l'ascenseur captivera les enfants le temps de monter au sommet du bâtiment. Vue à couper le souffle et télescopes en libre-service.

Hot dogs, glaces, montagnes russes : **Coney Island** (p. 114) est idéale pour s'amuser et profiter du soleil.

★ Activités en plein air

Central Park (p. 36)
Prospect Park (p. 98)
Brooklyn Bridge Park (p. 102)
La High Line (p. 52)
Wollman Skating Rink (p. 204)

Transports

Le manque criant d'ascenseurs dans les stations de métro contraint à porter les poussettes dans les escaliers (mais on évite le tourniquet grâce à une porte d'accès spécifique). Pour savoir quelles stations de métro sont équipées d'ascenseurs, consultez le site Internet de la MTA (web.mta.info/accessibility/stations.htm). Toute personne mesurant plus de 110 cm est censée payer plein tarif, mais la règle est rarement appliquée. Dans le bus, il est obligatoire de replier sa poussette. Bon à savoir : dans un taxi, un enfant de - 7 ans peut s'asseoir sur les genoux d'un adulte. Les services de voitures avec chauffeur disposent parfois de sièges enfants.

De gauche à droite : American Museum of Natural History (p. 111) ; Riegelmann Boardwalk, Coney Island (p. 114)

LE TOP DE NEW YORK

À voir et à faire absolument

TIM ROBBERTS/GETTY IMAGES ©

Central Park

Les pelouses verdoyantes, les arbres à l'ombre bienfaisante, les jardins en fleurs, les rafraîchissantes pièces d'eau et les sentiers serpentant dans les bois fournissent une dose de nature au calme, en plein cœur de l'agitation urbaine de New York. Aujourd'hui, ce "parc du peuple" reste l'un des sites les plus visités de la ville.

Pour ceux qui aiment

Infos pratiques

Plan p. 270 ; www.centralparknyc.org ; de 59th St à 110th St, entre Central Park West et 5th Ave ; 6h-1h ;

★ Bon plan

Pour échapper à la foule, allez plutôt au North Meadow (au nord de 97th St) ou au Harlem Meer.

SAGLIARDIPHOTOGRAPHY/SHUTTERSTOCK ©

Le vaste et majestueux Central Park, rectangle vert de 341 ha au cœur de Manhattan, a été créé dans les années 1860 et 1870 par Frederick Law Olmsted et Calvert Vaux sur des terrains marécageux à la limite nord de la ville comme un espace de loisirs pour tous les New-Yorkais, indifféremment de leur couleur, de leur classe sociale ou de leur foi.

Les visiteurs profitent de concerts gratuits en plein air sur la grande pelouse, admirent les animaux rares du Central Park Wildlife Center et des pièces de théâtre du Shakespeare in the Park, jouées chaque été en extérieur au Delacorte Theater. Citons également l'élégante fontaine Bethesda au bord du lac et la Loeb Boathouse, où l'on peut louer une barque ; le Shakespeare Garden (côté ouest entre 79th St et 80th St) et sa belle vue sur la *skyline* ; et le Ramble (au milieu du parc de 73rd St à 79th St), bosquet apprécié des ornithologues amateurs. Si certaines parties sont envahies de gens faisant du jogging ou du roller, de musiciens et de touristes aux beaux jours le week-end, le parc est plus calme l'après-midi en semaine.

Le parc est très fréquenté l'hiver, quand les tempêtes de neige laissent place au ski de fond, aux descentes

☑ À ne pas manquer

Visites gratuites ou bon marché avec la **Central Park Conservancy** (www.centralparknyc.org/tours), dont certaines dédiées à l'art public, à la faune ou aux sites qui plaisent aux enfants.

Bethesda Terrace et sa fontaine

en luge ou aux promenades. Pour le Nouvel An, la foule se déverse dans le parc à minuit pour courir.

Strawberry Fields

Ce jardin en forme de larme est un mémorial en l'honneur de John Lennon, qui vivait de l'autre côté de la rue avec Yoko Ono, dans l'immeuble résidentiel Dakota, et fut assassiné devant chez lui. Au cœur d'un bosquet d'ormes majestueux, une mosaïque de tesselles noires et blanches arbore un simple mot, "Imagine". Un audioguide de Strawberry Fields, lu par Yoko Ono, est disponible sur centralparknyc.org/imagine. Le jardin est au niveau de 72nd St, côté ouest du parc.

Bethesda Terrace et le Mall

Les galeries couvertes de Bethesda Terrace et la magnifique fontaine Bethesda sont le point de rendez-vous de New-Yorkais de tous milieux depuis leur construction. Au sud, on remonte le fameux Mall (visible dans nombre de films), à l'ombre d'ormes vénérables. La partie sud du Mall, appelée Literary Walk, est jalonnée de statues d'auteurs célèbres.

Conservatory Water et alentour

Au nord du zoo, au niveau de 74th St, des bateaux à voile miniatures voguent sur les eaux de Conservatory Water, tandis que les enfants escaladent une statue d'Alice au pays des merveilles. À l'ouest du bassin, tous les samedis, c'est l'heure du conte, au chevet de la statue de Hans Christian Andersen (11h, de juin à septembre).

Great Lawn et alentour

La Great Lawn est un immense tapis vert au centre du parc (entre 79nd St et 86th St), bordé de terrains de base-ball et de platanes. Au sud-est, se dressent le Delacorte Theater (festival Shakespeare in the Park) et le Belvedere Castle (p. 206).

Une petite soif ?

Arrêtez-vous à la **Loeb Boathouse** (plan p. 270 ; ☎212-517-2233 ; www.thecentralparkboathouse.com ; Central Park Lake, Central Park, près de E 74th St ; plats déj 26-38 $, dîner 29-45 $; ⏲restaurant 12h-16h lun-ven, à partir de 9h30 sam-dim tte l'année, 17h30-21h30 lun-ven, 18h-21h30 sam-dim avr-nov ; Ⓢ B, C jusqu'à 72nd St ; 6 jusqu'à 77th St).

À voir dans les environs

American Folk Art Museum — Musée

(Plan p. 270 ; ☎212-595-9533 ; www.folkartmuseum.org ; 2 Lincoln Sq, Columbus Ave, entre 65th St et 66th St ; ⏲11h30-19h mar-jeu et sam, 12h-19h30 ven, 12h-18h dim ; Ⓢ 1 jusqu'à 66th St-Lincoln Center). GRATUIT Ce minuscule musée réunit des trésors issus de 2 siècles d'art brut et populaire et propose des expositions temporaires. On a pu y voir par le passé des édredons conçus par des soldats au XIXe siècle, ou des sculptures d'un fabricant de cercueils ghanéen réputé représentant des forts où était pratiqué le commerce d'esclaves. Concerts gratuits le mercredi (14h) et le vendredi (17h30).

Harlem — Quartier

(Hors plan p. 270 ; 125th St ; Ⓢ 2/3 jusqu'à 125th St, A/C, B/D jusqu'à 125th St). Harlem est un lieu chargé d'histoire. S'il demeure l'un des bastions de la culture afro-américaine, ce quartier n'en évolue pas moins pour autant : sa rue principale, 125th St, a été investie par les magasins des chaînes américaines. Restaurants branchés, résidences de luxe et jeunes freelances de tous horizons y ont aussi élu domicile. Le quartier a pourtant conservé son charme d'autrefois, à l'image des vendeurs de rue proposant des T-shirts de Malcolm X ou des prédicateurs enflammés. Vous pourrez y découvrir le Studio Museum de Harlem, petit joyau culturel qui présente des œuvres d'artistes afro-américains, ainsi que l'Apollo Theater, qui témoigne de l'incroyable héritage musical de Harlem.

Statue de la Liberté et Ellis Island

Vue exceptionnelle sur les gratte-ciel de Manhattan, traversée pittoresque en ferry, panorama depuis la couronne de la Statue, et un hommage émouvant aux immigrants sur Ellis Island.

Pour ceux qui aiment

☑ Ne ratez pas

La vue à couper le souffle depuis la couronne de Lady Liberty (attention, réservez vos billets longtemps à l'avance).

Statue de la Liberté

Un symbole évocateur

Depuis 1886, Lady Liberty pose un regard plein de gravité vers l'Europe "décadente". Surnommée la "Mère des exilés", elle est souvent considérée comme un symbole de désapprobation à l'égard des injustices du Vieux Continent. Une idée qu'illustrent ces vers d'Emma Lazarus dans son poème *Le Nouveau Colosse*, écrit en 1883 : "Donnez-moi vos pauvres, vos exténués, qui en rangs serrés aspirent à vivre libres, le rebut de vos rivages surpeuplés."

Histoire de la statue

Imaginée dès 1865 par l'intellectuel français Édouard de Laboulaye comme mémorial des valeurs républicaines partagées par la France et les États-Unis, la statue de la Liberté est

GARY LATHAM/LONELY PLANET ©

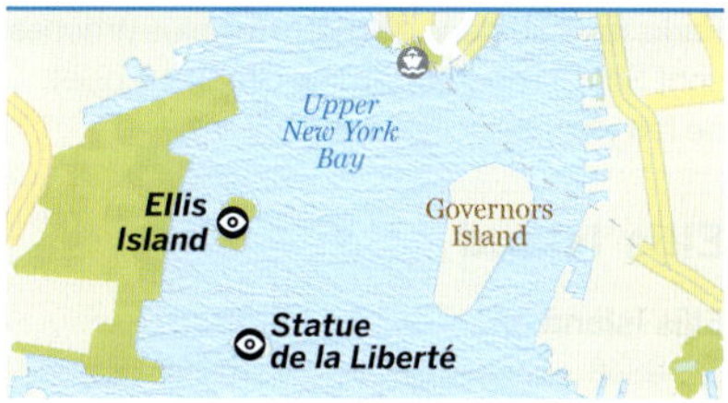

Infos pratiques

212-363-3200, tickets 877-523-9849 ; www.nps.gov/stli ; Liberty Island ; statue de la Liberté avec Ellis Island adulte/enfant 18,50/9 $, plus accès couronne 21,50/12 $; 8h30-17h30, horaires variables selon les saisons ; jusqu'à Liberty Island S 1 jusqu'à South Ferry, 4/5 jusqu'à Bowling Green puis ferry

Une petite faim ?

Prévoyez un pique-nique ou allez manger dans l'une des aires de restauration gastronomique de Brookfield Place (p. 127) avant la visite.

★ Bon à savoir

Les billets de ferrys pour Liberty Island incluent l'accès à des circuits guidés et à des audioguide.

aujourd'hui encore un symbole des idéaux de prospérité et de liberté. Le sculpteur français Frédéric Auguste Bartholdi se rendit à New York en 1871 pour choisir le site où elle s'élèverait, puis passa plus de 10 ans à Paris à concevoir et réaliser cette silhouette haute de 151 m représentant la Liberté éclairant le monde. Elle rejoignit ensuite New York par bateau, fut érigée sur une petite île du port (alors appelée Bedloe's Island) et inaugurée en 1886. Sa structure consiste en un squelette d'acier (élaboré par Gustave Eiffel) à l'habit de cuivre attaché par des barres en métal solides, mais flexibles.

La statue drapée représente Libertas, la déesse romaine de la liberté.

Visiter la statue

L'accès à la couronne est très limité, et nécessite de réserver le plus tôt possible (jusqu'à 6 mois à l'avance sur www.statuecruises.com). Les enfants de moins de 1,20 m ne sont pas admis. Obtenir un billet pour la base de la statue est plus aisé, mais mieux vaut réserver ; on vous donnera alors un créneau horaire permettant d'éviter de faire la queue. Il n'y a pas d'ascenseur et l'ascension depuis la base correspond à un immeuble de 22 étages. L'audioguide gratuit, disponible au débarquement sur l'île, fournit des détails historiques et des anecdotes méconnues sur la statue.

La plupart des touristes combinent la visite de Liberty Island avec celle d'Ellis Island. Les **ferrys** (plan p. 260 ; 877-523-9849 ; www.statuecruises.com ; Battery Park, Lower Manhattan ; adulte/enfant à partir de 18,50/9 $; départs 8h30-17h, horaires réduits en hiver ; S 4/5 jusqu'à Bowling Green, R/W jusqu'à Whitehall St, 1 jusqu'à South Ferry) partent de Battery

Park ; les 2 stations de métro les plus proches sont South Ferry et Bowling Green. Le billet de ferry donne accès aux deux îles.

Ellis Island

Ellis Island (☎212-363-3200, billets 877-523-9849 ; www.nps.gov/elis ; Ellis Island ; Ellis Island Ferry avec statue de la Liberté adulte/enfant 18,50/9 $; ⏲8h30-18h, horaires variables selon saisons ; ⛴ jusqu'à Ellis Island, Ⓢ1 jusqu'à South Ferry, 4/5 jusqu'à Bowling Green, puis ferry) est la plus célèbre porte d'entrée de l'Amérique. De 1892 à 1954, plus de 12 millions de personnes ont transité par ce poste d'immigration. On estime que 40% de la population actuelle descend de ces migrants, ce qui confère au lieu – aujourd'hui monument national – une place centrale dans l'histoire moderne des États-Unis.

Architecture du bâtiment principal

Avec ce bâtiment aussi imposant qu'impressionnant, les architectes Edward Lippincott Tilton et William A. Boring ont signé un digne "prélude" à l'aventure américaine. Le duo décrocha le contrat au lendemain de l'incendie de l'édifice d'origine en bois en 1897. Passés par l'École des beaux-arts de Paris, on ne s'étonnera guère qu'ils aient opté pour le style du même nom. Le bâtiment évoque une gare grandiose, avec ses majestueuses entrées, ses briques rouges, ses pierres angulaires et ses belvédères en granit. Après de longs travaux de restauration, le bâtiment a réouvert au public en 1990, abritant désormais l'Ellis Island Immigration Museum.

Au 2e niveau, la Salle d'enregistrement ("Registry Room" ou "Great Hall"), d'une

Bâtiment principal

longueur de 103 m, est époustoufflante. C'est sous ce magnifique plafond voûté que les nouveaux arrivants faisaient la queue pour se soumettre aux contrôles d'identité et que polygames, indigents, criminels et anarchistes se voyaient refouler. Parmi les immigrants qui sont passés par là se trouvaient le Hongrois Erik Weisz (Harry Houdini), l'Italien Rodolfo Guglielmi (Rudolph Valentino) et le Britannique Archibald Alexander Leach (Cary Grant).

Le plafond est orné de splendides carreaux formant des chevrons signés Rafael Guastavino. L'ingénieur catalan est également l'auteur du splendide plafond du Grand Central Oyster Bar & Restaurant, dans la gare de Grand Central.

★ Bon à savoir

Si vous commencez par la statue de la Liberté, le dernier ferry part pour Ellis Island à 15h40 (arrivée à 16h) ; de là, le dernier bateau pour Manhattan est à 17h15.

AWL IMAGES/GETTY IMAGES ©

Expositions du musée de l'Immigration

La collection du musée est répartie sur 3 niveaux. Optez pour la visite audioguidée de 50 minutes (gratuite avec le billet du ferry, audioguide à récupérer dans le hall du musée, français disponible). Au fil des témoignages d'historiens, architectes et immigrants de l'époque, l'imposante collection d'objets personnels, de documents officiels, de photographies et de séquences d'archives prend soudainement vie. On ressent dans les mêmes salles et couloirs ce que les voyageurs y ont vécu, de bon et de mauvais.

La collection compte des expositions permanentes et temporaires. Concentrez-vous sur le 2e niveau qui présente 2 fascinantes expositions. "Through America's Gate" évoque les épreuves auxquelles devaient se soumettre les arrivant(e)s, y compris le marquage à la craie des personnes que l'on soupçonnait d'être malades, le désagréable examen des yeux, et les 29 questions posées dans le Great Hall. Quant à "Peak Immigration Years", elle s'intéresse aux motivations des immigrants et aux obstacles qu'ils devaient surmonter pour réaliser leur rêve américain. La collection de vieilles photos offre une plongée intime dans le quotidien de ces courageux nouveaux Américains.

Si vous choisissez de vous passer d'audioguide, vous pourrez décrocher les téléphones placés à chaque point d'exposition pour écouter d'émouvants témoignages d'authentiques immigrants.

★ Un maire dans la place

L'un des plus célèbres maires de New York travailla à Ellis Island avant d'entrer en politique. Maîtrisant l'italien, le croate et le yiddish, Fiorello LaGuardia y fut traducteur tout en suivant des cours du soir en droit à la NYU.

enregistrés dans les années 1980. Autre option, offrez-vous une visite commentée de 45 minutes avec un gardien. La visite est également possible en langue des signes américaine.

Mur d'honneur et ruines du fort Gibson

On accède à l'American Immigrant Wall of Honor depuis l'exposition "Journeys: The Peopling of America 1550-1890", au 1er étage. Ce mur porte les noms de plus de 700 000 personnes immigrées. Résultat d'un projet participatif, il permet à tout Américain de faire inscrire le nom d'un parent immigré moyennant un don. La construction de ce mur dans les années 1990 a mis au jour les vestiges d'une structure originelle de l'île, le fort Gibson, que l'on aperçoit à l'angle sud-ouest du mémorial. Bâti en 1808, ce fort faisait partie d'un système de défense portuaire contre les Britanniques, avec Castle Clinton, à Battery Park, et Castle Williams, sur Governors Island. À cette époque, la modeste Ellis Island couvrait moins de 1,33 ha de sable et de neige fondue.

À voir dans les environs

Les musées suivants, à proximité de l'embarcadère de Battery Park, méritent une visite :

Museum of Jewish Heritage Musée

(Plan p. 260 ; 646-437-4202 ; www.mjhnyc.org ; 36 Battery Pl, Financial District ; adulte/enfant 12 $/gratuit, 16h-20h mer gratuit ; 10h-18h dim-mar, 10h-20h mer-jeu, 10h-17h ven mi-mars à mi-nov, 10h-15h ven reste de l'année ; ; S 4/5 jusqu'à Bowling Green ; R/W jusqu'à Whitehall St). Ce musée aborde tous les aspects de l'identité et de la culture juives, allant des traditions religieuses aux œuvres d'art. L'exposition principale est répartie sur 3 niveaux à thèmes : *La vie des Juifs il y a un siècle*, *Renouveau juif* et *La guerre contre les Juifs*. On y découvre une exploration détaillée de l'Holocauste à travers des milliers d'objets personnels, de photographies, de films documentaires et de témoignages de survivants. À l'extérieur, le **Garden of Stones**, un étroit sentier bordé de 18 rochers sur lesquels poussent des arbres, commémore également les victimes de la Shoah.

L'édifice hexagonal symbolise les 6 millions de victimes des camps de concentration et figure l'étoile de David. Outre les expositions, le musée organise des projections de films, des concerts, des cycles de conférences et des spectacles célébrant les fêtes religieuses. Des ateliers gratuits pour les familles avec enfants sont régulièrement proposés, et le LOX at Café Bergson sert des en-cas dont du saumon fumé aux arômes étonnants, comme celui au pamplemousse et au gin ou celui aux épices pour pastrami (plats 13-16 $).

Mur d'honneur des immigrants américains

Le musée est fermé le samedi et pendant les principales fêtes juives ; consultez le site Web avant la visite.

National Museum of the American Indian Musée

(Plan p. 260 ; ☎212-514-3700 ; www.nmai.si.edu ; 1 Bowling Green, Financial District ; 👪 ; ⏱10h-17h ven-mer, 10h-20h jeu ; S 4/5 jusqu'à Bowling Green ; R/W jusqu'à Whitehall St). GRATUIT Affilié à la Smithsonian Institution, ce musée est logé dans l'ancien bureau des douanes conçu par Cass Gilbert en 1907. Derrière l'immense rotonde elliptique couronnée d'une verrière de 140 tonnes, les superbes salles renferment des expositions tournantes consacrées à l'art, la culture, le quotidien et les croyances des Amérindiens. La collection permanente du musée comprend de superbes arts décoratifs, textiles et objets rituels de nombreux peuples indigènes des Amériques, tandis que l'imagiNATIONS Activity Center est dédié à leurs technologies.

Les quatre imposantes sculptures féminines situées à l'extérieur sont l'œuvre de **Daniel Chester French**, auteur de la représentation d'Abraham Lincoln au Lincoln Memorial de Washington. Symbolisant (de gauche à droite) l'Asie, l'Amérique du Nord, l'Europe et l'Afrique, les statues offrent un aperçu révélateur de la perception américaine du monde au début du XXe siècle.

Le musée propose également des programmes culturels – spectacles de danse, concerts, lectures pour les enfants, démonstrations d'artisanat, projections de films et ateliers. La boutique du musée vend des bijoux amérindiens, des livres, des CD et des objets artisanaux.

DENNIS K. JOHNSON/GETTY IMAGES ©

Brooklyn Bridge

Avant même son achèvement, le premier pont suspendu du monde inspira le poète Walt Whitman, puis, plus tard, il souffla des vers à Jack Kerouac. Ce double arc-en-ciel d'acier enjambant l'East River est l'un des sites les plus photographiés de New York.

Pour ceux qui aiment

☑ Ne ratez pas

Une promenade très matinale sur le pont – le meilleur moment pour admirer la vue.

Emblème de la ville, le Brooklyn Bridge est le premier pont suspendu en acier de l'histoire, et le plus long (486 m) au monde lors de son inauguration en 1883. Sa construction ne s'est pas déroulée sans heurts, mais le pont fut rapidement reconnu comme une merveille d'aménagement urbain. Une balade à pied ou à vélo sur son tablier offre des vues superbes sur Manhattan, l'East River et les quais de Brooklyn.

Construction

On doit ce pont, qui enjambe l'East River de Manhattan à Brooklyn, à l'ingénieur prussien John Roebling. Pourtant, il mourut du tétanos avant le début des travaux, après une chute depuis une jetée de Fulton Landing, en juin 1869. Son fils Washington Roebling prit la suite et continua, malgré les dépassements budgétaires et la mort

estimée de 27 ouvriers, à superviser la construction qui dura 14 ans. Victime d'un accident de décompression (maladie des caissons) après avoir participé à l'excavation du lit du fleuve pour l'érection du pilier ouest, il resta alité pendant la majeure partie des travaux et c'est sa femme Emily qui prit le relais. Une dernière tragédie advint à l'ouverture du pont aux piétons en juin 1883. Parmi la foule, une voix s'exclama que le pont s'effondrait. Ce qui n'était qu'une blague provoqua un mouvement de panique qui causa la mort de 12 personnes.

Traverser le pont

Traverser le Brooklyn Bridge (2 km) est un véritable rite de passage – cela étant, ne marchez pas à plus de deux personnes de front, sous risque de collision avec les

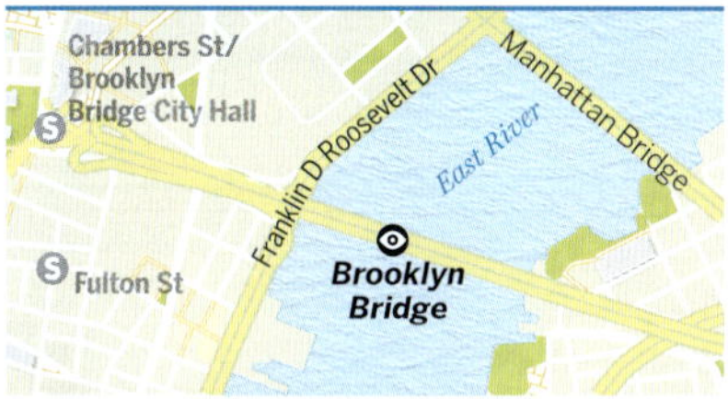

Infos pratiques

Plan p. 260 ; S 4/5/6 jusqu'à Brooklyn Bridge-City Hall, J/Z jusqu'à Chambers St ; R/W jusqu'à City Hall, S 2/3 jusqu'à Clark St, A/F jusqu'à High St-Brooklyn Bridge Station)

Une petite faim ?

Pour des pizzas à pâte fine classiques ou originales cuites au charbon de bois, allez chez Juliana's (p. 146).

★ Bon à savoir

La foule est parfois dense. N'essayez pas de traverser le pont à vélo, à moins de venir à l'aube ou la nuit.

coureurs et les cyclistes. Des travaux de maintenance de la structure ont commencé en 2010 et s'achèveront en 2022 – s'ils compliquent la visite et rendent les points d'accès difficiles à repérer, la traversée demeure néanmoins possible.

À voir dans les environs

Au nord de l'accès au pont, côté Manhattan, se trouve **Chinatown**. Du côté de Brooklyn, vous serez à deux pas de Dumbo et du Brooklyn Bridge Park (p. 102).

Dumbo

Dumbo est l'acronyme de "Down Under the Manhattan Bridge Overpass", et se situe donc sous le viaduc du pont en question. Cette partie du nord de Brooklyn, autrefois exclusivement industrielle, abrite appartements chics, cafés, boutiques de meubles et galeries luxueuses. Ses rues pavées comptent des espaces éminents consacrés aux arts de la scène et l'**Empire Fulton Ferry State Park** épouse ses berges, offrant une vue incroyable sur Manhattan.

POLUDZIBER/SHUTTERSTOCK ©

Metropolitan Museum of Art

Ce musée conserve plus de 2 millions d'objets dans sa collection permanente, et ses trésors sont exposés dans des galeries recouvrant près de 7 ha. Même si vous y passez des semaines, vous ne pourrez pas tout voir.

Cet immense musée, inauguré en 1870, abrite l'une des plus vastes collections d'art du monde : temples de l'Égypte ancienne, chefs-d'œuvre européens de la Renaissance ou peinture américaine. Le "Met" attire plus de 6 millions de visiteurs par an, ce qui en fait le plus grand site touristique de New York. Prévoyez donc d'y passer un certain temps.

Pour ceux qui aiment

☑ Ne ratez pas

Le temple d'Isis de Dendour, couvert de hiéroglyphes, avec son bassin en miroir et vue sur Central Park.

Art égyptien

Le musée possède une collection incomparable d'œuvres égyptiennes antiques, dont certaines datent du paléolithique. Les 39 salles qui y sont consacrées s'ouvrent de manière spectaculaire sur l'un des joyaux du Met : le **mastaba de Perneb** (prince et prêtre ayant vécu vers 2300 av. J.-C.), un tombeau en roche calcaire de l'Ancien

Temple de Dendour

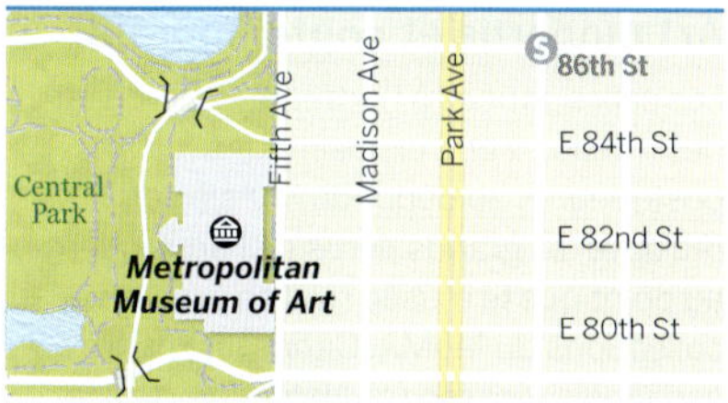

Infos pratiques

Plan p. 270 ; ☎212-535-7710 ; www.metmuseum.org ; 1000 5th Ave, au niv de E 82nd St ; pass 3 jours adulte/senior 25/17 $, enfant gratuit, prix libre pour les New-Yorkais ; ⏲10h-17h30 dim-jeu, 10h-21h ven-sam ; 👪 ; Ⓢ4/5/6, Q jusqu'à 86th St ; 6 jusqu'à 77th St)

Une petite faim ?

Le café informel de Petrie Court sert un bon déjeuner et des boissons dans un cadre agréable.

★ Bon plan

Des guides bénévoles proposent des visites gratuites de certaines salles, et l'application mobile du Met, téléchargeable gratuitement, comprend des extraits de l'audioguide, qui coûte 7 $ sur place.

Empire. Il est entouré d'un réseau de salles exposant stèles funéraires, reliefs sculptés et fragments de pyramide (notamment les fascinantes **miniatures de Meketre**, des figurines en argile censées aider le défunt dans l'au-delà, salle 105). On accède ensuite au **temple de Dendour** (salle 131), édifice en grès à la gloire de la déesse Isis offert par l'Égypte aux États-Unis en 1965. Le temple est installé dans un atrium lumineux avec un miroir d'eau – incontournable lors d'une première visite.

Art de l'Antiquité gréco-romaine

Les 27 salles dévolues à l'Antiquité gréco romaine sont une autre merveille du Met. Depuis le grand hall, un passage conduit les visiteurs à travers une salle voûtée encadrée par des sculptures grecques de bustes, avant de déboucher sur l'un des plus beaux espaces du musée : la **cour des sculptures grecques et romaines** (salle 162). La statue d'un Hercule barbu (entre 68 et 98 apr. J.-C.), drapé d'une peau de lion, est très impressionnante.

Art de l'Islam

Toujours au 2e niveau, les salles d'art de l'Islam exposent une vaste collection d'art du Moyen-Orient, d'Asie centrale et du Sud. Outre des vêtements, des objets décoratifs profanes et des manuscrits, on y découvre un magnifique mihrab (alcôve de prière) d'Iran (XIVe siècle), orné de superbes mosaïques polychromes aux motifs raffinés (salle 455). Il y a aussi de nombreux textiles ottomans (salle 450), une **cour marocaine** (salle 456) de style médiéval et la **chambre Nur Al-Din** (salle 461), provenant d'une maison syrienne du XVIIIe siècle.

Art moderne et contemporain

Les salles situées à l'extrémité sud-ouest des niveaux 1 et 2 exposent des œuvres postérieures au début du XXe siècle. On y retrouve les grands noms de l'art moderne, au point que le musée rivalise avec les collections du MoMA. Citons les maîtres espagnols Picasso (sa *Nature morte à la bouteille de rhum* est exposée salle 905), Dalí et Miró, et les peintres américains Georgia O'Keeffe et Edward Hopper. Les 10 panneaux du cycle mural *America Today* de Thomas Hart Benton, composé dans les années 1930, occupent la salle 909.

Aile américaine

À l'angle nord-ouest, les 2 étages consacrés aux salles américaines présentent des objets d'art décoratif et des œuvres d'art couvrant toute l'histoire des États-Unis, des portraits de l'époque coloniale aux chefs-d'œuvre de l'Hudson River School en passant par la provocante *Madame X* de John Singer Sargent (salle 771) ou l'imposant *Washington traversant le Delaware* d'Emanuel Leutze (salle 760). Il manque cependant à la collection permanente un véritable corpus artistique amérindien. En 2018-2019, une exposition pionnière a réuni 116 œuvres de plus de 50 peuples indigènes d'Amérique du Nord, offertes ou prêtées par la Diker Collection (plus belle collection privée d'art amérindien du pays).

Jardin sur le toit

Admirez le jardin sur le toit (ouvert de mi-avril à octobre). Des installations d'artistes contemporains et du XXe siècle y sont présentées en alternance (Jeff Koons,

L'aile américaine

Andy Goldsworthy et Imran Qureshi y ont été exposés). Et que dire de la vue sur Manhattan et Central Park ! On y trouve aussi le Cantor Roof Garden Bar (p. 178), où il fait bon prendre un verre, notamment au coucher du soleil (d'avril à octobre).

À voir dans les environs

Le Met possède deux musées satellites (accès inclus dans le prix du billet) qui valent le coup d'œil. Le Met Breuer, un incongru mastodonte de béton sur Madison Avenue, renferme des œuvres des XXe et XXIe siècles. Le Met Cloisters, dans Upper Manhattan, abrite les trésors médiévaux du Met.

★ Pour les enfants

Nombre d'événements sont dédiés aux enfants (voir site Web) et une brochure et un plan sont distribués gratuitement.

ALEXANDER PREDPENKO/SHUTTERSTOCK ©

The Frick Collection — Musée

(Plan p. 270 ; ☎212-288-0700 ; www.frick.org ; 1 E 70th St, niv. de 5th Ave ; tarif plein/étudiant 22/12 $, prix libre 14h-18h mer et 1er ven du mois, sauf jan et sept 18h-21h gratuit ; ⏲10h-18h mar-sam, 11h-17h dim ; S 6 jusqu'à 68th St-Hunter College). Cette superbe collection d'art se trouve dans une vaste demeure construite par le magnat de l'acier Henry Clay Frick, l'une des résidences fastueuses de cette portion de 5th Avenue jadis surnommée la "rue des millionnaires". Le musée abrite des chefs-d'œuvre de Titien, Greco, Vermeer, Gilbert Stuart, Joshua Reynolds, Van Dyck ou Rembrandt. Il y a aussi des sculptures, des céramiques, des horloges et du mobilier ancien. Les mélomanes apprécient les concerts gratuits de piano et de violon (p. 194) du dimanche soir.

Neue Galerie — Musée

(Plan p. 270 ; ☎212 628 6200 ; www.neuegalerie.org ; 1048 5th Ave, au niv de E 86th St ; adulte/étudiant 22/12 $, 18h-21h gratuit 1er ven du mois ; ⏲11h-18h jeu-lun ; S 4/5/6, Q jusqu'à 86th St). Une maison de ville restaurée de 1914, œuvre du cabinet Carrère & Hastings, sert d'écrin aux œuvres d'artistes autrichiens et allemands tels que Paul Klee et Ernst Ludwig Kirchner, ainsi qu'à une incroyable collection de dessins de Gustav Klimt et d'Egon Schiele. Le musée s'enorgueillit de présenter le *Portrait d'Adele Bloch Bauer* (1907) par Gustav Klimt, acquis pour le musée par le magnat des cosmétiques Ronald Lauder. La fascinante histoire de la conception de cette œuvre est racontée dans le film *La Femme au tableau* (2015), de Simon Curtis.

★ La mascotte du Met

Salle 111 apparaît un petit hippopotame en faïence bleue, déposé dans une tombe égyptienne, il y a 3 900 ans, pour accompagner son propriétaire dans l'au-delà. Surnommé "William", il est la mascotte officieuse du musée, et on le retrouve sous diverses formes à la **boutique du musée** (au 1er niveau).

La High Line

Reconversion urbaine réussie, la High Line, "plus long toit vert du monde", est un remarquable parc public aménagé en lieu et place d'une voie ferrée aérienne désaffectée. Chaque année, cette promenade suspendue attire des millions de visiteurs venus contempler les installations artistiques publiques, des sections paysagères inspirées des peuples amérindiens et un point de vue unique sur les rues en contrebas.

Pour ceux qui aiment

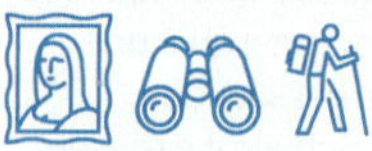

Infos pratiques

Plan p. 262 ; ☎212-500-6035 ; www.thehighline.org ; Gansevoort St, Meatpacking District ; ⏲7h-23h juin-sept, 7h-22h avr-mai, oct-nov, 7h-19h déc-mars ; 🚌M14 le long de 14th St, M23 le long de 23rd St, Ⓢ A/C/E, L jusqu'à 8th Ave-14th St, 1, C/E jusqu'à 23rd St, 7 jusqu'à 34th St-Hudson Yards

★ Bon à savoir

Des escaliers mènent à la High Line tous les 2 à 4 *blocks* entre 14th St et 34th St. Pour éviter la foule, commencez tôt aux escaliers de 30th St ou 34th St, puis marchez vers le sud et sortez sur 14th St pour continuer vers Chelsea Market et West Village.

Histoire

Avant de devenir un lieu de promenade pour les touristes, les familles et les New-Yorkais cherchant à échapper à la frénésie des rues, la High Line était un viaduc ferroviaire vétuste reliant quartiers industriels et abattoirs. Commandée dans les années 1930, la "West Side Elevated Line" devait remédier aux accidents ferroviaires qui avaient déjà fait plus de 500 victimes le long de "Death Ave" (l'avenue de la mort ; 10th Ave).

La construction de la ligne coûta plus de 150 millions de dollars (équivalent à 2 milliards de dollars d'aujourd'hui) et dura environ 5 ans. Après 2 décennies de bons et loyaux services, l'essor du transport routier mena au déclin progressif du trafic sur la ligne jusqu'aux années 1980. La végétation envahit la voie, désormais obsolète.

Les habitants signèrent alors des pétitions pour faire raser cette structure peu esthétique, mais en 1999, le comité Friends of the High Line (*Les Amis de la High Line*), fondé par Joshua David et Robert Hammond, fut constitué afin de transformer les voies désaffectées en jardins suspendus. Le parc a ouvert ses portes en 2009, et les premiers visiteurs découvrirent alors un paradis de fleurs et d'arbres verdoyants. Des projets ultérieurs ont progressivement allongé le parc, qui court désormais du Meatpacking District à Midtown.

Le long de la voie

Bien des plaisirs vous attendent sur la voie, dont une vue superbe sur l'Hudson River, des installations d'art public réalisées spécialement pour l'endroit, de confortables

chaises longues pour lézarder au soleil, des étendues verdoyantes inspirées des paysages naturels indigènes (dont une mini-forêt de sumacs), des stands d'en-cas et boissons (les mois les plus chauds), et une perspective unique sur les quartiers et les rues en contrebas – notamment aux différents points de vue, où des sortes de gradins permettent d'observer le trafic, les bâtiments et les passants à travers d'immenses panneaux vitrés formant un cadre pour ces œuvres d'art vivantes. On trouve aussi sur la voie le Standard (p. 177), hôtel de luxe d'André Balazs, à cheval sur le parc, ainsi que l'étincelant Whitney Museum (p. 84), à l'extrémité sud.

☑ Ne ratez pas

Les "amphithéâtres" d'observation au niveau de 17th St et 26th St.

A. SACHARAA/SHUTTERSTOCK ©

Informations, visites guidées, événements et restaurants

Plus qu'un "simple" parc à l'originalité évidente, la High Line se mue progressivement en un lieu de rencontre propice à l'inspiration, où l'on se retrouve en famille ou entre amis. Des employés affublés du logo "HH" guident les promeneurs et fournissent des explications sur l'histoire de la voie. Des expositions d'art public et des activités en tous genres sont organisées, notamment l'été. Visites et événements explorent divers thèmes : histoire, design, horticulture, art, gastronomie et astronomie. Programme sur www.thehighline.org.

À voir dans les environs

Les galeries de Chelsea

On trouve à Chelsea la plus grande concentration de galeries d'art de New York. La plupart sont situées entre 20th St et 26th St et dans les *blocks* derrière 10th Ave et 11th Ave, et les vernissages ont généralement lieu le jeudi soir. David Zwirner et Pace Gallery comptent parmi les plus réputées. Elles ouvrent du mardi au dimanche, mais vérifiez les horaires. Un plan des galeries et de leur programmation est disponible sur www.chelseagalleries.nyc.

David Zwirner Galerie d'art

(☎212 517 8677 ; www.davidzwirner.com ; 537 W 20th St, entre 10th Ave et 11th Ave, Chelsea ; ⏰10h-18h mar-sam ; Ⓢ1, C/E jusqu'à 23rd St). David Zwirner gère plusieurs galeries à Chelsea, dont celle-ci, installée dans un immeuble de 5 niveaux certifié LEED avec 2 800 m^2 d'espaces d'exposition. Les expositions sont parmi les intéressantes de New York, avec des artistes tels que Sigmar Polke, Yayoi Kusama et Donald Judd. Les longues files d'attente sont parfois décourageantes.

✕ Une petite faim ?

Une myriade de stands gastronomiques sont installés derrière les murs de brique du Chelsea Market (p. 134), à la sortie de 14th St.

Broadway

Broadway est l'usine à rêves de New York – un lieu où l'amour, la trahison, le meurtre et le triomphe s'accompagnent de costumes à paillettes, de chansons entraînantes et de mélodies émouvantes. La gamme de productions est impressionnante, avec toutes sortes de comédies musicales, de drames et de comédies – et un beau flou artistique entre les genres. Les meilleures places partent vite ; réservez tôt.

Pour ceux qui aiment

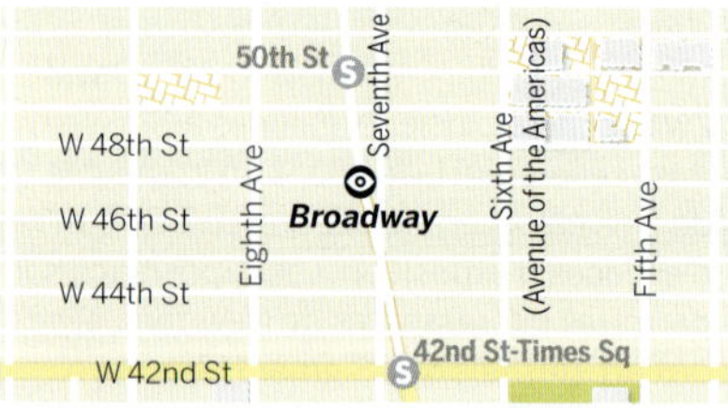

☑ Ne ratez pas

En lisière du Theater District se dresse le splendide Radio City Music Hall (p. 72), datant des années 1930. C'est la résidence des légendaires Rockettes, et l'une des seules salles de spectacle à proposer des visites guidées.

★ Bon à savoir

À Times Square, la billetterie TKTS est une attraction touristique en soi, avec son toit illuminé recouvert de 27 marches rouges menant 5 m au-dessus du trottoir de 47th St.

TRAVEL BY VISION/ALAMY STOCK PHOTO ©

Les débuts de Broadway

La première salle du quartier fut l'Empire (aujourd'hui disparu), inaugurée en 1893 et située sur Broadway entre 40th St et 41st St. Deux ans plus tard, Oscar Hammerstein, fabricant de cigares et auteur de comédies à ses heures, ouvrit l'Olympia, également sur Broadway, avant de lancer en 1900 le Republic – devenu le **New Victory** (plan p. 268 ; 646-223-3010 ; www.newvictory.org ; 209 W 42nd St, entre 7th Ave et 8th Ave ; ; S N/Q/R/W, S, 1/2/3, 7 jusqu'à Times Sq-42nd St ; A/C/E jusqu'à 42nd St-Port Authority Bus Terminal) –, un théâtre pour enfants. S'ensuivit une série de nouvelles salles, parmi lesquelles le **New Amsterdam Theatre** (Aladdin ; plan p. 266 ; 866-870-2717 ; www.newamsterdamtheatre.com ; 214 W 42nd St, entre 7th Ave et 8th Ave ; billetterie 9h-20h lun-ven, 10h-20h sam, 10h-18h30 dim ; ; S N/Q/R/W, S, 1/2/3, 7 jusqu'à Times Sq-42nd St ; A/C/E jusqu'à 42nd St-Port Authority Bus Terminal) et le **Lyceum Theatre** (plan p. 268 ; www.shubert.nyc/theatres/lyceum ; 149 W 45th St, entre 6th Ave et 7th Ave, Midtown West ; S N/Q/R/W jusqu'à 49th St), toujours en activité.

Le Broadway des années 1920 était connu pour ses comédies musicales enlevées associant en général variétés et music-hall, à l'origine d'airs célèbres comme *Let's Misbehave* de Cole Porter. À la même époque, le Theater District devenait une plateforme pour les dramaturges émergents. L'un des plus grands, Eugene O'Neill, né en 1888 à Times Square, dans l'hôtel Barrett (ancien 1500 Broadway, disparu), choisit ce lieu pour la première de plusieurs de ses œuvres, telles *Derrière l'horizon* et *Anna Christie* (récompensées du prix Pulitzer).

Théâtre pour enfants New Victory

Son succès à Broadway ouvrit la voie à d'autres auteurs comme Tennessee Williams, Arthur Miller et Edward Albee – une vague de talents qui conduisit à la création des Tony Awards en 1947.

De nos jours, le Theater District, qui s'étend à peu près de 40th St à 54th St entre 6th Ave et 8th Ave, compte des dizaines de théâtres de Broadway et d'off-Broadway dont la programmation va des comédies musicales à gros budget à des pièces de théâtre classiques ou modernes.

★ Le saviez-vous ?

Le terme "off-Broadway" n'est pas géographique – il se réfère simplement aux théâtres de petite taille (200 à 500 places assises) dont le budget de production est plus modeste que les pointures de Broadway.

RADHARC IMAGES/ALAMY STOCK PHOTO ©

Obtenir un billet

Broadway coûte cher – plus cher que West End à Londres. À moins de vouloir voir un spectacle en particulier, le moyen le plus avantageux d'acheter des billets est de faire la queue au **kiosque TKTS** (www.tdf.org/tkts ; Broadway, au niv de W 47th St ; ⏲15h-20h lun et ven, 14h-20h mar, 10h-14h et 15h-20h mer et sam, 10h-14h jeu, 11h-19h dim ; S N/Q/R/W, S, 1/2/3, 7 jusqu'à Times Sq-42nd St), qui vend des places à moitié prix pour le jour même, pour les grands spectacles de Broadway et d'off-Broadway. L'application gratuite pour smartphone du TKTS indique en temps réel les spectacles disponibles, et permet de bénéficier de réductions. Ayez toujours un second choix au cas où le premier ne serait pas satisfait, et n'achetez jamais de billets à des vendeurs à la sauvette.

Certains spectacles proposent des billets "dernière minute" à prix réduits, disponibles à l'ouverture des billetteries (il faut faire la queue). Quelques-unes des productions les plus courues, comme *Hamilton*, *Book of Mormon*, *Kinky Boots* ou *Mean Girls*, organisent une loterie en ligne pour des places à prix cassés. Voir le site Internet www.luckyseat.com la veille des représentations.

Au programme

À Broadway, les comédies musicales tiennent le haut du pavé, les plus grandes productions mêlant chansons, danse et vedettes dans des décors fastueux.

Hamilton

La nouvelle comédie musicale de Lin-Manuel Miranda, saluée par le public et la critique, est actuellement le plus gros succès de Broadway. De façon contemporaine, intégrant les rythmes du

★ Tony Awards

Pour les Tony Awards – les Oscars du théâtre –, il existe plusieurs catégories de récompenses (mise en scène, musique, costumes, etc.). Les derniers lauréats sont sur www.tonyawards.com.

hip-hop, elle retrace la vie du père fondateur des États-Unis, Alexander Hamilton. Inspirée de la biographie de Ron Chernow, elle a remporté nombre de récompenses, dont la plus grande au Drama Desk Awards et au New York Drama Critics' Circle Awards, et pas moins de 11 Tony Awards.

Harry Potter et l'Enfant maudit

Harry Potter and the Cursed Child a battu tous les records en devenant le plus grand succès de l'histoire de Broadway. C'est une pièce-marathon en deux parties dont chacune nécessite un billet, que l'on peut voir en une fois ou deux soirs consécutifs. La pièce, qui suit Harry Potter parvenu à l'âge adulte et travaillant au ministère de la Magie, a remporté 6 Tony Awards, dont celui de la meilleure pièce, en 2018.

Book of Mormon

Cette satire musicale est l'œuvre des créateurs de *South Park*, et de Robert Lopez, coauteur de *Avenue Q*. Récompensée par 9 Tony Awards, elle conte l'histoire de deux mormons naïfs en mission pour "sauver" un village ougandais.

Kinky Boots

Adaptation d'un film britannique, cet énorme succès coécrit par Harvey Fierstein et Cyndi Lauper raconte l'histoire d'une fabrique de chaussures anglaise au bord de la faillite, sauvée in extremis par Lola, une drag-queen assortie d'une femme d'affaires avisée. La critique a salué les personnages bien campés et l'énergie électrisante de la production, récompensée en 2013 par 6 Tony Awards, dont celui de la meilleure comédie musicale.

Chicago

Il est plus facile d'obtenir des billets pour cette comédie musicale classique, signée Bob Fosse, John Kander et Fred Ebb, que pour les productions plus récentes. Revitalisée par le metteur en scène Walter Bobbie, elle conte l'histoire de Velma Kelly, show girl, Roxie Hart, danseuse ambitieuse, et Billy Flynn, avocat, tous trois évoluant dans le monde trouble des bas-fonds de Chicago. L'impertinence et l'énergie contagieuses du spectacle vous feront oublier l'étroitesse des sièges.

Wicked

Extravagant prologue du *Magicien d'Oz*, cette comédie musicale pop-rock donne la parole aux sorcières d'Oz. Spectacle inspiré du roman de Gregory Maguire de 1995.

Aladdin

Cette comédie musicale tirée des *Mille et Une Nuits* narre l'histoire d'un garçon des rues qui tombe amoureux de la fille d'un sultan. Inspirée du dessin animé de Disney, elle reprend des chansons du film, beaucoup d'autres coupées au montage, ainsi que de nouvelles mélodies spécialement écrites pour la scène.

Navette spatiale *Enterprise*, Intrepid Sea, Air & Space Museum

À voir dans les environs

Intrepid Sea, Air & Space Museum Musée

(877-957-7447 ; www.intrepidmuseum.org ; Pier 86, 12th Ave, au niv de 46th St ; adulte/enfant 33/24 $; 10h-17h lun-ven, 10h-18h sam et dim avr-oct, 10h-17h tlj nov-mars ; ; M42, M50 vers l'ouest jusqu'à 12th Ave, S A/C/E jusqu'à 42nd St-Port Authority Bus Terminal). Durant la Seconde Guerre mondiale, l'USS *Intrepid* a survécu à un bombardement et à des raids de kamikazes. Un investissement de plusieurs millions de dollars a permis à l'imposant porte-avions de devenir un fantastique musée militaire interactif. Celui-ci retrace son histoire à l'aide de vidéos, d'objets d'époque et de cabines de marins comme figées dans le temps. Sur le pont d'envol, chasseurs et hélicoptères donnent envie d'expérimenter les simulateurs de vol. Des expositions temporaires ajoutent à l'expérience. Côté interactif, on peut essayer plusieurs simulateurs, dont le *G Force Encounter*, qui permet d'expérimenter les sensations d'un pilote de chasseur supersonique, ou les casques audio du Space Shuttle Pavilion (vaste hangar renfermant l'*Enterprise*, première navette spatiale orbitale de la NASA des années 1970) pour se prendre pour un astronaute. On peut voir aussi le sous-marin lance-missiles *Growler* (déconseillé aux claustrophobes) et un Concorde.

Une petite soif ?

Avant la représentation, allez prendre un verre dans le décor empreint de nostalgie du bar de l'hôtel **Chatwal New York** (www.thechatwalny.com), véritable merveille Art déco rénovée.

Times Square

Qu'on l'aime ou qu'on la déteste, l'intersection de Broadway et de 7th Ave, plus connue sous le nom de Times Square, constitue le cœur hyperactif de New York. C'est un torrent incessant et hypnotique de lumières scintillantes, de panneaux d'affichage gigantesques et d'énergie urbaine à l'état brut.

Pour ceux qui aiment

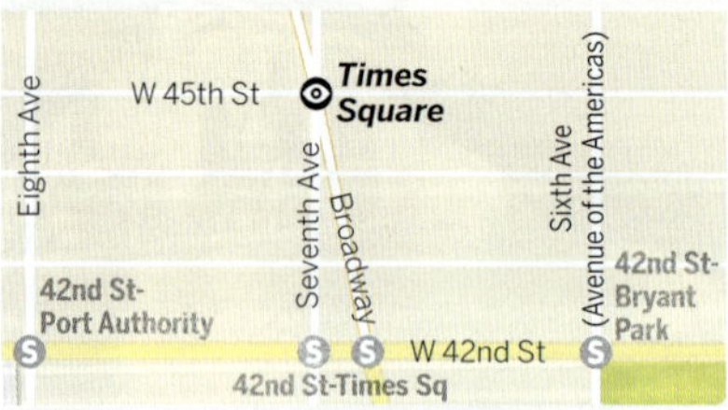

Infos pratiques

Plan p. 268 ; www.timessquarenyc.org ; Broadway, au niv de 7th Ave ; S N/Q/R/W, S, 1/2/3, 7 jusqu'à Times Sq-42nd St

★ Bon à savoir

Les célèbres néons de Times Square en ont fait le plus grand piège à touristes de la ville. N'y venez pas pour faire du shopping, et encore moins pour manger.

F11PHOTO/SHUTTERSTOCK ©

Icônes new-yorkaises

Times Square n'est ni branché ni à la mode et s'en moque éperdument. Avec ses taxis jaunes, ses gratte-ciel vertigineux et les enseignes de Broadway, c'est le New York des fantasmes collectifs – où Al Jolson rencontre le succès dans *Le Chanteur de jazz* (1927), où le photojournaliste Alfred Eisenstaedt a immortalisé un marin embrassant une infirmière le jour de la capitulation du Japon en 1945, et qu'Alicia Keys évoque comme une "jungle de béton".

Longtemps, le rêve fut un cauchemar sordide. Avec la crise économique du début des années 1930 et la Seconde Guerre mondiale, des enseignes lumineuses s'éteignirent, des commerces mirent la clé sous la porte et de grands hôtels furent convertis en immeubles d'habitation peu vertueux. Bien que le Theater District voisin ait survécu, ses théâtres jouxtaient dans les années 1970 des cinémas pornos et des boîtes de strip-tease. Tout cela changea avec l'arrivée de l'ancien maire Rudolph Giuliani, qui, dans les années 1990, accrut les effectifs policiers et parvint à rouvrir des commerces et attractions "respectables". Times Square est ainsi redevenu un lieu fréquentable, qui accueille aujourd'hui 40 millions de visiteurs par an.

Les vœux du New York Times

Au début du XXe siècle, Times Square, alors appelé Longacre Square, n'est qu'une intersection comme une autre. Tout change lorsqu'un arrangement est passé entre August Belmont, pionnier du métro new-yorkais, et Adolph Ochs, éditeur du *New York Times*. En charge du chantier de la première ligne de métro de

Le Diamond District

la ville (reliant Lower Manhattan à Harlem), Belmont réalise d'emblée qu'un centre d'affaires à Midtown permettrait à la ligne d'être bien plus rentable. Il convainc Ochs de déménager ses locaux à l'angle de Broadway et de 42nd St, et persuade le maire George B. McClellan Jr de renommer la place en l'honneur du journal. Pendant l'hiver 1904-1905, la station de métro et le nouveau QG du *Times* sont inaugurés.

Pour célébrer l'événement, le *Times* organise pour la Saint-Sylvestre 1904 une fête avec un feu d'artifice tiré du toit du gratte-ciel. En 1907, les nouvelles constructions interdisant l'usage de la pyrotechnie, le journal cherche un nouveau moyen d'attirer la foule au Nouvel An. Ce sera une sphère en bois et métal de plus de 300 kg, descendue depuis le toit du One Times Square qui célébrera la venue de 1908. Aujourd'hui, plus d'un million de personnes se rassemblent chaque année pour voir la sphère – en cristal Waterford – entamer sa descente juste avant minuit.

☑ Ne ratez pas

Profitez d'une vue panoramique sur Times Square en prenant un verre derrière les baies vitrées du **R Lounge** (www.rloungetimessquare.com) de l'hôtel Renaissance.

CHRISTIAN MUELLER/SHUTTERSTOCK ©

À voir dans les environs

Museum of Arts & Design Musée

(MAD ; plan p. 270 ; www.madmuseum.org ; 2 Columbus Circle, entre 8th Ave et Broadway ; tarif plein/- 19 ans 16 $/gratuit, don libre 18h-21h jeu ; ⏲10h-18h mar, mer, ven-dim, 10h-21h jeu ; 👪 ; Ⓢ A/C, B/D, 1 jusqu'à 59th St-Columbus Circle). Le MAD expose une riche collection de design et d'artisanat. Les expositions temporaires sont innovantes, l'une d'elles ayant par exemple transformé des *fake news* en œuvres d'art. Des artistes résidents ont leurs ateliers au 6e étage, où l'on peut discuter avec eux. Dans la boutique du musée, on trouve de fabuleux bijoux. Le restaurant-bar **Robert** permet de boire un cocktail face à une vue panoramique.

Diamond District Quartier

(Plan p. 268 ; www.diamonddistrict.org ; W 47th St, entre 5th Ave et 6th Ave ; Ⓢ B/D/F/M jusqu'à 47th St-50th St-Rockefeller Center). Le Diamond District, plus agréable en semaine que le week-end, fourmille de marchands, de colporteurs infatigables et d'amoureux à la recherche du diamant parfait. Il abrite plus de 2 600 enseignes qui taillent, polissent, estiment ou exposent toutes sortes de diamants. Des lampadaires géants en forme de diamants délimitent le quartier à chaque bout de la rue.

✕ Une petite faim ?

À 10 minutes de marche des néons de Times Square, le minuscule restaurant Totto Ramen (p. 140) sert les meilleures nouilles au bouillon de New York.

Empire State Building

Oui, le Chrysler Building est plus beau. Oui, One World Trade Center est plus haut. Mais l'Empire State Building restera à jamais le gratte-ciel fétiche de New York. L'immeuble vedette apparaît d'ailleurs dans près de 100 films, de King Kong à Independence Day.

Pour ceux qui aiment

Infos pratiques

Plan p. 266 ; www.esbnyc.com ; 350 5th Ave, au niv de 34th St ; plateforme du 86ᵉ ét. adulte/enfant 38/32 $, avec plateforme du 102ᵉ ét. 58/52 $; 8h-2h, dernier ascenseur 1h15 ; S 6 jusqu'à 33rd St ; B/D/F/M, N/Q/R/W jusqu'à 34th St-Herald Sq

★ Bon plan

Pour éviter les files d'attente, achetez votre billet en ligne (les 2 $ de supplément valent largement le coup) et venez dès l'ouverture, à 8h.

Plateformes d'observation

Il y a deux plateformes d'observation, la première en plein air, au 86e étage, et la seconde, intérieure et un peu exiguë, au 102e étage (la plus haute après celle du One World Trade Center). Jusqu'en 2017, on accédait au 102e étage par un ascenseur d'époque actionné manuellement. Aujourd'hui, dépenser plus pour atteindre la 2e plateforme a perdu de son intérêt.

La vue sur les 5 *boroughs* est exceptionnelle. Vous pouvez télécharger l'appli de l'Empire State Building ou vous servir des téléscopes (gratuits). Le Chrysler Building est du côté nord.

Des chiffres édifiants

Avant de rejoindre le 86e étage, la visite débute par l'exposition "Dare to Dream" (Osez rêver), qui retrace la construction du gratte-ciel à l'aide de photos d'archives, de plans architecturaux et de correspondances. Les chiffres sont ahurissants : 10 millions de briques, 60 000 tonnes d'acier, 6 400 fenêtres et 30 472 m^2 de marbre. La construction, sur le site d'origine du Waldorf-Astoria, fut achevée en un temps record de 410 jours, nécessita 7 millions d'heures de main-d'œuvre et coûta 41 millions de dollars, bien en deçà du budget alloué de 50 millions. Une chance puisqu'il fut construit durant la crise économique de 1929. Haut de 102 étages et culminant à 443 m, ce phallus de grès a ouvert ses portes le 1er mai 1931. Bien des années plus tard, les mots de Deborah Kerr s'adressant à Cary Grant dans *Elle et lui* sont toujours d'actualité : "C'est l'endroit le plus proche du paradis à New York."

New York Public Library

Code couleur

Depuis 1976, les 30 étages supérieurs de la tour sont illuminés selon le calendrier : orange, blanc et vert pour la Saint-Patrick ; bleu et blanc pour Hanoucca ; blanc, rouge et vert pour Noël ; couleurs de l'arc-en-ciel pour la Gay Pride en juin. Consultez le site Internet pour plus d'informations.

À voir dans les environs

New York Public Library — Monument

(Stephen A Schwarzman Building ; plan p. 266 ; ☎917-275-6975 ; www.nypl.org ; 476 5th Ave, au niv de W 42nd St ; ⊙10h-18h lun et jeu-sam, 10h-20h mar-mer, 13h-17h dim, visites guidées 11h et 14h lun-sam, 14h dim ; S B/D/F/M jusqu'à 42nd St-Bryant Park, 7 jusqu'à 5th Ave). GRATUIT "Patience" et "Courage", les lions de marbre postés sur 5th Ave, montent la garde devant cette merveille Beaux-Arts, l'un des plus beaux sites gratuits de la ville. Lors de sa conception, en 1911, le fleuron des bibliothèques de New York était le plus vaste bâtiment en marbre construit aux États-Unis, et sa **Rose Main Reading Room**, rénovée, est splendide, avec ses riches plafonds à caissons. D'autres merveilles vous attendent à l'intérieur, comme la **DeWitt Wallace Periodical Room** (1er ét.).

> **☑ Ne ratez pas**
>
> Concerts de jazz en soirée du jeudi au samedi, entre 21h et 1h, au 86e étage.

PERCYALBAN/SHUTTERSTOCK ©

Siège des Nations unies — Édifice historique

(☎212-963-4475 ; visit.un.org ; entrée visiteurs 1st Ave, au niv de 46th St, Midtown East ; visite guidée adulte/enfant 22/15 $, - 5 ans non admis, jardins gratuits sam et dim ; ⊙visites 9h-16h45 lun-ven, centre des visiteurs 10h-16h45 sam et dim ; 📶 ; S S, 4/5/6, 7 jusqu'à Grand Central-42nd St). Bienvenue au quartier général de l'Organisation des Nations unies, l'instance chargée du maintien de la paix et de la sécurité dans le monde, ainsi que du développement de la coopération entre les peuples et les droits de l'homme. Si le bâtiment du secrétariat dessiné par Le Corbusier est inaccessible, les visites guidées d'une heure incluent la salle de l'Assemblée générale rénovée, la salle du Conseil de sécurité, la salle du Conseil de tutelle, la salle du Conseil économique et social, et des expositions relatives au travail de l'ONU et aux œuvres d'art offertes par les États membres. Pour visiter en semaine, vous devrez avoir réservé en ligne et vous munir d'une pièce d'identité avec photo.

L'accès au centre des visiteurs est libre le week-end (entrée par 43rd St). Au nord du complexe, situé en territoire international, un parc abrite *Reclining Figure*, de Henry Moore, et d'autres sculptures sur le thème de la paix.

> **✂ Une petite faim ?**
>
> Dégustez raviolis, grillades ou *kimchi* dans les restaurants bordant le proche quartier de Koreatown (32nd St entre 5th Ave et 6th Ave).

Museum of Modern Art

Avec sa formidable collection d'art moderne, le MoMA constitue une véritable terre promise culturelle, et propose un voyage à travers ce que l'art a de plus fascinant. Attention à l'addiction artistique !

Pour ceux qui aiment

Infos pratiques

MoMA ; plan p. 268 ; 212-708-9400 ; www.moma.org ; entrée au 18 W 54th St, entre 5th Ave et 6th Ave ; adulte/- 17 ans 25 $/gratuit, gratuit ven 16h-20h ; 10h30-17h30 sam-jeu, 10h30-20h ven ; ; S E/M jusqu'à 5th Ave-53rd St ; F jusqu'à 57th St

Depuis sa création en 1929, le MoMA a rassemblé près de 200 000 œuvres témoignant de l'émergence des idées et mouvements créatifs de la fin du XIXe siècle jusqu'à nos jours. Pour les amateurs d'art, c'est un véritable paradis.

Visite du MoMA

Il est facile de se perdre en explorant l'immense collection du musée ; il n'est pas inutile de télécharger l'application gratuite du MoMA pour préparer sa visite à l'avance.

La collection permanente occupe 4 niveaux, mais une extension de 3 700 m^2 (30% d'espaces d'exposition en plus) est prévue. La direction du musée a décidé de profiter de cette opportunité pour réorganiser les œuvres chronologiquement plutôt que par discipline, mélangeant ainsi peintures, photographies et autres médias

OSCITY/SHUTTERSTOCK ©

comme jamais auparavant et augmentant la diversité des œuvres dans chaque salle. Un espace scénique de pointe est aussi en cours d'aménagement afin de présenter plus d'art expérimental.

Les œuvres exposées sont en rotation constante et il est difficile de prévoir ce que l'on pourra voir, mais la popularité phénoménale de *La Nuit étoilée* de Van Gogh lui garantit pratiquement une place, derrière un mur d'admirateurs qui la prennent en photo. Autres incontournables : *Les Demoiselles d'Avignon* de Picasso et *La Bohémienne endormie* d'Henri Rousseau, ainsi que les œuvres américaines cultes comme les *Campbell's Soup Cans* et la *Gold Marilyn Monroe* de Warhol, la *Jeune Fille au ballon* de Lichtenstein et l'envoûtante *Maison au bord de la voie ferrée* d'Edward Hopper.

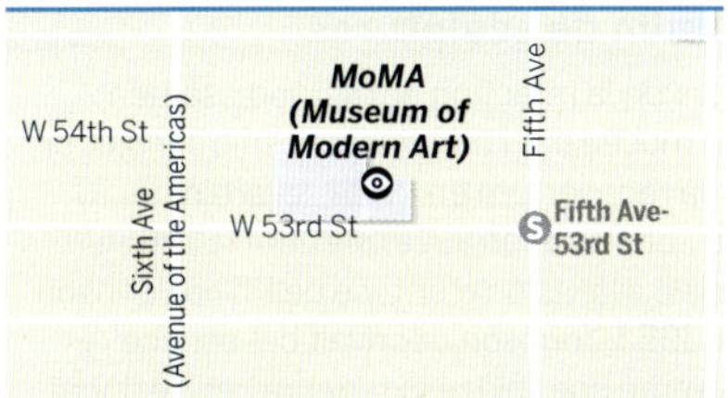

☑ Ne ratez pas

Le jardin des sculptures, une agréable échappée si on est lassé des galeries (le jardin est fermé par mauvais temps).

★ Bon plan

Pour optimiser votre temps et élaborer un plan d'attaque, téléchargez l'application du musée, disponible en plusieurs langues, sur votre smartphone avant la visite.

L'expressionnisme abstrait

L'un des points forts de la collection du MoMA est l'expressionnisme abstrait, un mouvement radical né à New York dans les années 1940 qui connut son apogée une décennie plus tard. Définie par son penchant pour l'individualisme irrévérencieux et les œuvres monumentales, l'"école de New York" a contribué à faire de la métropole l'épicentre de l'art contemporain occidental. Parmi les œuvres qui l'incarnent figurent *Magenta, Noir, Vert sur orange* de Mark Rothko, *One* (*Numéro 31*, 1950) de Jackson Pollock et *Peinture* de Willem De Kooning.

Rencontres culturelles

Pour approfondir votre connaissance de la collection du MoMA, prenez part à l'une des discussions et lectures qu'organise le musée à l'heure du déjeuner et qui présentent une analyse éclairée d'œuvres spécifiques ou d'expositions du moment. Ces "conversations" sont programmées chaque jour à 11h30 et 13h30. Plus d'informations sur le programme sur le site Internet.

Jardin de sculptures

Lors de la réfection et l'agrandissement du musée par l'architecte Yoshio Taniguchi, à sa réouverture en 2004, le jardin de sculptures a retrouvé une configuration fidèle à la vision d'origine de Philip Johnson, en 1953. Johnson décrivait cet espace comme une "pièce extérieure", et il est vrai que lorsque le soleil est de la partie il est difficile de ne pas y voir un paisible lounge en plein air. Des sculptures de grands artistes comme Aristide Maillol, Matisse, Miró ou Picasso y sont rassemblées.

Projections de films

En plus d'être un palais d'arts visuels, le MoMA projette une sélection de joyaux en celluloïd issus de sa collection de plus de 22 000 films, comprenant aussi bien les œuvres des frères Maysles que chacune des animations Pixar. Entrée incluse dans le billet du musée (il faut néanmoins prendre un billet pour la séance souhaitée).

À voir dans les environs

Radio City Music Hall Édifice historique

(Plan p. 268 ; www.radiocity.com ; 1260 6th Ave au niv de 51st St ; visites guidées adulte/enfant 27/20 $; ⏲visites guidées 9h30-17h ; S B/D/F/M jusqu'à 47th St-50th St-Rockefeller Center). Ce superbe cinéma moderne est né d'une idée du producteur de music-hall Samuel Lionel Rothafel, dit "Roxy". Ce dernier lança sa nouvelle salle en 1932 avec un spectacle outrancier qui comportait une *Symphonie des rideaux* et la chorégraphie kitsch de jeté de jambes des Roxyettes (troupe de danseuses qui sera ensuite rebaptisée les

Radio City Music Hall

Rockettes). Des visites guidées (1 heure 15) de l'intérieur comprennent le magnifique auditorium, la fresque d'inspiration *The History of Cosmetics* de Witold Gordon dans le salon des Dames au rez-de-chaussée, et la *très* exclusive VIP Roxy Suite, où furent diverties des éminences telles qu'Elton John et Alfred Hitchcock.

Si vous désirez assister à un concert, soyez prévenu : de nos jours, le décor surpasse l'acoustique du théâtre. Pourtant, les artistes qui se produisent ici sont souvent fabuleux : Lauryn Hill, Rufus Wainwright, Aretha Franklin, Dolly Parton... Et même si la plupart des New-Yorkais lèvent les yeux au ciel en entendant le mot "Rockettes", les amateurs de kitsch et de paillettes seront emballés par les chorégraphies parfaitement synchronisées du **spectacle de Noël** joué par la troupe.

Des billets pour le jour même sont disponibles à la billetterie de l'entrée sur 6th Ave. Que vous réserviez sur place ou en ligne, une longue file d'attente vous attend pour voir le spectacle, d'une popularité phénoménale. Des billets pour les visites guidées le jour même sont généralement disponibles, et les visites partent de l'entrée située sur W 52nd St.

Une petite faim ?

Pour combiner votre visite du MoMA avec un repas d'exception, réservez chez Modern (p. 141), restaurant du musée étoilé au Michelin qui donne sur le jardin de sculptures.

LITT_ENY/GETTY IMAGES ©

St Patrick's Cathedral — Cathédrale

(Plan p. 268 ; 212-753-2261 ; www.saintpatrickscathedral.org ; 5th Ave entre 50th St et 51st St ; 6h30-20h45 ; S B/D/F/M jusqu'à 47th St-50th St-Rockefeller Center ; E/M jusqu'à 5th Ave-53rd St). Resplendissante depuis les travaux de restauration de 2015, qui ont coûté 200 millions de dollars, la plus grande cathédrale catholique du pays se dresse de toute sa magnificence gothique sur 5th Avenue. Elle fut construite entre 1858 et 1879, et les deux flèches de la façade ajoutées en 1888. Parmi ses principales merveilles figurent l'autel dessiné par Tiffany & Co et, au-dessus de l'entrée sur 5th Avenue, la rosace de Charles Connick, qui resplendit au-dessus d'un orgue de 7 000 tuyaux. Visites guidées possibles ; consultez le site Internet pour en savoir plus.

Une **crypte** derrière l'autel abrite les dépouilles des cardinaux de New York et les restes de Pierre Toussaint, qui a énormément œuvré pour la cause des pauvres et des anciens esclaves, et premier Afro-Américain susceptible d'être canonisé.

★ Bon à savoir

Votre billet d'entrée au musée donne également accès à des projections de films et au MoMA PS1 (p. 12).

Balade dans Chinatown

Voyagez en Asie sans quitter le sol américain, en flânant dans les rues étroites de Chinatown. Tous vos sens seront assaillis, entre les vendeurs volubiles, les néons des restaurants de nouilles et les devantures colorées, véritables délices visuels d'Extrême-Orient.

Départ Chatham Sq
Distance 1,6 km ; **Durée** 1 heure 30

7 Le **Museum of Chinese in America** (www.mocanyc.org) retrace habilement l'histoire de la communauté sino-américaine.

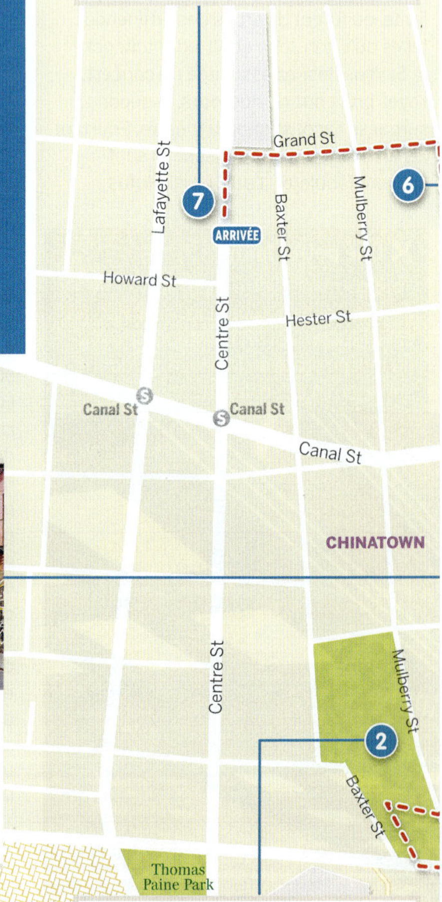

3 Au début des années 1900, la rue en coude de **Doyers Street** était le théâtre de batailles entre *tongs* (sociétés secrètes) rivaux, ce qui lui valut le surnom de "Bloody Angle" ("Angle sanglant").

2 Situé au cœur de Five Points, ancien quartier malfamé au XIXe siècle, le **Columbus Park** permet aujourd'hui de faire une pause au cœur de Chinatown.

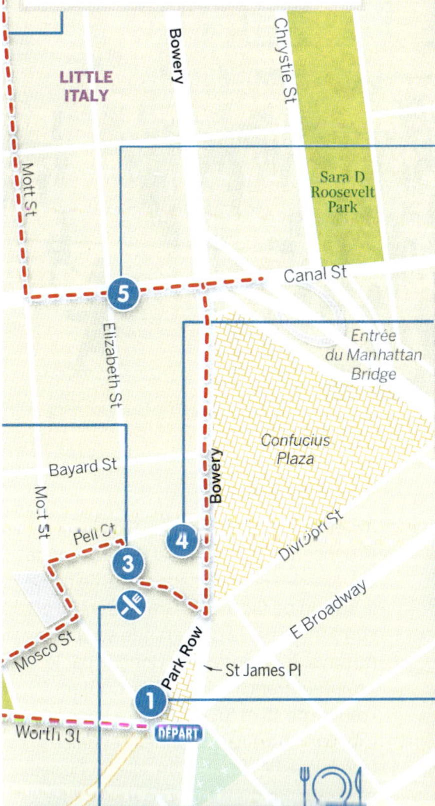

6 Golden Steamer (☎212-226-1886 ; 143a Mott St, entre Grand St et Hester St, Chinatown ; petits pains 0,60-1,50 $, 3 pour 2,50 $; ⏱ 7h-19h ; Ⓢ B/D jusqu'à Grand St ; N/Q/R, 6 jusqu'à Canal St ; J/Z jusqu'à Bowery) est réputé pour ses *bao* (petits pains vapeur chinois) sucrés ou salés – arrivez tôt pour profiter du plus vaste choix possible.

5 Canal Street, qui s'embourgeoise peu à peu, est l'épine dorsale de Chinatown et correspond à l'ancien Jewish Diamond District (quartier des diamantaires juifs) de New York.

4 L'**Edward Mooney House**, érigée en 1785 par le boucher Edward Mooney, est la plus vieille maison de ville de New York. Elle accueillit par la suite un club social chinois, et c'est aujourd'hui une banque.

La photo à prendre : le Kim Lau Memorial Arch, Chatham Square

1 Sur **Chatham Square** se dresse le Kim Lau Memorial Arch, une arche érigée en 1962 à la mémoire des soldats sino-américains tombés au combat.

Une petite faim ?

Avec ses airs de *diner* à l'américaine, **Nom Wah Tea Parlor** (p. 128) est en fait le meilleur restaurant de dim sum de New York.

ALARAX/SHUTTERSTOCK ©

Grand Central Terminal

Véritable cathédrale, cette gare est l'édifice de style Beaux-Arts le plus époustouflant de New York. Lustres, marbre, bars et restaurants historiques renvoient à une époque où les voyages en train s'alliaient au romantisme.

Pour ceux qui aiment

☑ Ne ratez pas

Le **Great Northern Food Hall** (www.greatnorthernfood.com ; sandwichs 7-12 $; 7h-23h lun-ven, 8h-20h sam-dim ;), installé dans le décor Beaux-Arts du Vanderbilt Hall, où les usagers se régalent de délices nordiques.

42nd St Facade

Revêtue de granit de Stony Creek (Connecticut) dans sa partie basse et de calcaire de l'Indiana dans sa partie haute, la splendide façade de Grand Central est surmontée par la plus grande sculpture du pays, *Transportation*. Conçue par le sculpteur français Jules Félix Coutan, l'œuvre de 15 m fut exécutée à Long Island City par les artisans Donnelly et Ricci. Une fois achevée, en 1914, elle fut hissée morceau par morceau. Elle représente Mercure, dieu romain des voyageurs et du commerce, coiffé de son casque ailé. À sa gauche, Hercule est dans une pose inhabituellement placide, tandis que Minerve, la gardienne antique des villes, observe le tumulte de 42nd St. L'horloge sous les pieds de Mercure renferme le plus grand vitrail Tiffany au monde.

ONEINCHPUNCH/SHUTTERSTOCK ©

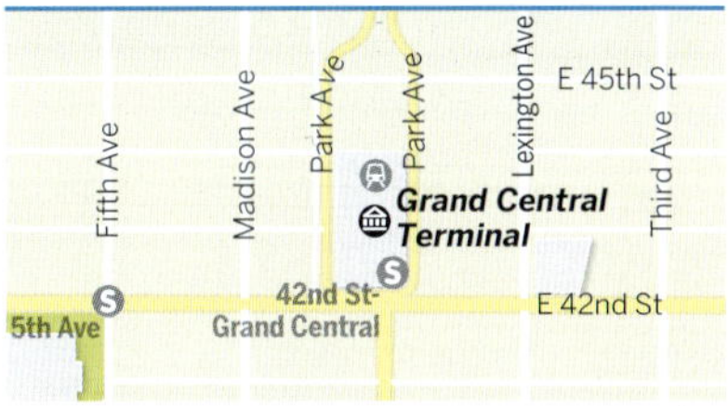

Infos pratiques

Plan p. 268 ; www.grandcentralterminal.com ; 89 E 42nd St, au niv de Park Ave ; 5h30-2h ; S S, 4/5/6, 7 jusqu'à Grand Central-42nd St, Metro North jusqu'à Grand Central

Une petite soif ?

Faites une halte au bar The Campbell (p. 177) pour un cocktail haut de gamme dans un cadre fastueux.

★ Bon plan

Revenez la nuit quand l'ambiance des halls vides et calmes s'apparente au silence sacré d'une cathédrale.

Hall principal

Joyau de Grand Central, le hall tient plus d'une salle de bal que d'un lieu de transit, avec ses sols en marbre rose du Tennessee et ses guichets d'époque en marbre italien de Botticino. Le plafond voûté est (littéralement) d'une beauté céleste, avec sa fresque turquoise et dorée à la feuille représentant 8 constellations… à l'envers. Une erreur ? Apparemment non ; son créateur, le peintre français Paul César Helleu, voulait figurer les étoiles du point de vue de Dieu – vues d'en haut. La peinture de la fresque d'origine fut réalisée par les artistes new-yorkais J. Monroe Hewlett et Charles Basing. Abîmée par l'humidité, elle fut repeinte (hélas sans utiliser la technique de la fresque) par Charles Gulbrandsen en 1944. Dans les années 1990, elle fut de nouveau endommagée. Le cabinet d'architectes Beyer Blinder Belle la restaura, mais laissa une tache de suie rectangulaire (dans l'angle nord-ouest) pour témoigner de l'excellence de son travail.

À voir dans les environs

Chrysler Building — Édifice historique

(Plan p. 268 ; 405 Lexington Ave, à E 42nd St ; hall 7h-18h30 lun-ven ; S S, 4/5/6, 7 jusqu'à Grand Central-42nd St). Conçu par William Van Alen et achevé en 1930, le Chrysler Building (77 étages) est un fleuron new-yorkais de l'architecture à la fois Art déco et gothique, avec ses aigles stylisés en acier inoxydable et sa splendide flèche à 7 arches évoquant le soleil levant. L'édifice devait abriter le siège de l'empire automobile de Walter P. Chrysler. Incapable de rivaliser avec ses puissants concurrents, Ford et General Motors, Chrysler les domina dans le ciel de New York. Il n'y a ni restaurant ni plateforme d'observation, mais vous pourrez vous consoler en admirant le hall principal où bois africain et marbre sensuels contrastent avec l'acier implacable de l'Amérique industrielle.

Guggenheim Museum

Véritable sculpture à part entière, ce bâtiment blanc en spirale de l'architecte Frank Lloyd Wright est l'un des musées les plus photogéniques de New York. Sa collection permanente est restreinte, mais il accueille des expositions exceptionnelles des plus grands artistes des XXe et XXIe siècles.

Pour ceux qui aiment

Infos pratiques

Plan p. 270 ; 212-423-3500 ; www.guggenheim.org ; 1071 5th Ave à l'angle de E 89th St ; adulte/enfant 25 $/gratuit, prix libre 17h-19h45 sam ; 10h-17h30 mer-ven, dim-lun, 10h-20h mar et sam ; ; S 4/5/6, Q jusqu'à 86th St

★ Bon plan

Les files d'attente peuvent effrayer ; gagnez du temps en réservant vos billets en ligne, ou venez dès l'ouverture.

Le bâtiment en spirale conçu par Frank Lloyd Wright éclipse presque la collection qu'il abrite. Dès son inauguration, il fut tourné en ridicule par certains critiques, mais acclamé par d'autres, qui virent en lui une icône architecturale.

Des origines abstraites

Le Guggenheim est né de la collection de Solomon R. Guggenheim, un magnat new-yorkais qui acquit des œuvres d'art abstrait sur les recommandations de sa conseillère artistique, Hilla von Rebay. En 1939, Guggenheim ouvrit un musée temporaire dirigé par celle-ci dans 54th St, baptisé musée de la Peinture non figurative. Quatre ans plus tard, le duo chargea Wright de construire un lieu permanent pour accueillir la collection.

Des années de réalisation

Le projet mit longtemps à se concrétiser et fut retardé de presque 13 ans à cause des contraintes budgétaires, de la Seconde Guerre mondiale et de voisins sceptiques à l'idée qu'un ovni architectural se pose près de chez eux. Il fut achevé en 1959, après la mort de Guggenheim et Wright.

Quand le musée ouvrit enfin ses portes en octobre 1959, l'entrée coûtait 50 ¢ et les œuvres exposées comprenaient des pièces de Kandinsky, Alexander Calder et d'expressionnistes abstraits comme Franz Kline et Willem De Kooning.

Le musée aujourd'hui

La rénovation réalisée au début des années 1990 ajouta une tour de 8 niveaux offrant plus de 4 750 m² d'espace

d'exposition supplémentaire. Les salles renferment des expositions tournantes tirées de la collection du musée, tandis que la rampe de la rotonde sert aux expositions temporaires.

Le musée possède notamment des œuvres de Kandinsky, Picasso et Jackson Pollock. Au fil des années, il a également acquis des peintures de Monet, Van Gogh et Degas, des photographies de Robert Mapplethorpe et des œuvres surréalistes majeures léguées par la nièce de Guggenheim, Peggy.

☑ Ne ratez pas

Dans le musée, le Guggenheim Store est incontournable si vous êtes féru d'art et de design et en quête d'ouvrages originaux, d'affiches modernistes, de cadeaux ou d'objets décoratifs.

À voir dans les environs

Jewish Museum — Musée

(Plan p. 270 ; ☎212-423-3200 ; www.thejewishmuseum.org ; 1109 5th Ave entre 92nd St et 93rd St ; adulte/enfant 18 $/gratuit, entrée libre sam, prix libre 17h-20h jeu ; 🕘11h-17h45 sam-mar, 11h-20h jeu, 11h-16h/17h ven hiver/été ; 👪 ; Ⓢ6, Q jusqu'à 96th St). Installé dans un hôtel particulier néogothique de 1908, ce superbe musée renferme 30 000 objets relatifs au judaïsme, dont des étuis pour versets de la Torah et des lampes de Hanoucca, ainsi que des sculptures, peintures et pièces d'arts décoratifs. Par contre, rien sur l'histoire de la communauté juive de New York. Les expositions temporaires sont souvent excellentes : rétrospectives sur des personnalités influentes telles qu'Art Spiegelman ou expositions de grands artistes tels que Marc Chagall ou Modigliani. Au sous-sol, le restaurant Russ & Daughters est un célèbre *deli* de Lower East Side.

Cooper Hewitt Smithsonian Design Museum — Musée

(Plan p. 270 ; ☎212-849-2950 ; www.cooperhewitt.org ; 2 E 91st St au niv de 5th Ave ; adulte/enfant 18 $/gratuit, prix libre 18h-21h sam ; 🕘10h-18h dim-ven, 10h-21h sam ; Ⓢ4/5/6 jusqu'à 86th St). Géré par la Smithsonian Institution de Washington DC, ce musée unique est dédié à la fois à l'histoire du design et au design contemporain. Superbement présentée dans une demeure de 64 pièces, construite en 1901 par le milliardaire Andrew Carnegie, la collection de 210 000 pièces couvre 3 000 ans d'histoire. Visites guidées gratuites en semaine à 11h30 et 13h30, et le week-end à 13h et 15h.

✂ Une petite faim ?

Dans le Guggenheim, le restaurant **Wright** (plan p. 254 ; ☎212-423-3665 ; www.guggenheim.org ; Guggenheim Museum, 1071 5th Ave, au niv de E 89th St ; plats 23-28 $; 🕘11h30-15h30 lun-ven, 11h-15h30 sam-dim ; 📶 ; Ⓢ4/5/6, Q jusqu'à 86th St) sert brunchs, plats de saison et cocktails dans un superbe cadre moderniste.

S4SVISUALS/SHUTTERSTOCK ©

Rockefeller Center

Mastodonte Art déco et point de repère incontournable, le Rockefeller Center est en constante ébullition. On y trouve certaines des meilleures boutiques de New York, une vertigineuse plateforme d'observation, une célèbre patinoire en hiver et le roi des sapins de Noël en décembre.

Pour ceux qui aiment

☑ Ne ratez pas

FAO Schwarz (p. 162), magasin de jouets légendaire de New York, connaît une seconde vie dans le Rockefeller Center. C'est un lieu magique.

Cette "ville dans la ville" de 9 ha, et dont la construction dura 9 ans, fut inaugurée au plus fort de la crise économique de 1929. Ce fut le premier endroit du pays où étaient associés commerces de détail, espaces de loisirs et bureaux – un ensemble moderniste de 19 immeubles (dont aujourd'hui 14 sont les bâtiments Art déco d'origine). L'ensemble fut déclaré monument historique en 1987.

Top of the Rock

Au sommet du 30 Rockefeller Plaza (ex-GE Building), 70 étages au-dessus de Midtown, la plateforme de **Top of the Rock** (plan p. 268 ; ✆212-698-2000, n° gratuit 877-692-7625 ; www.topoftherocknyc.com ; 30 Rockefeller Plaza, entrée dans 50th St entre 5th Ave et 6th Ave ; adulte/enfant 36/30 $, aube/crépuscule 54/43 $; ⌚8h-minuit, dernier ascenseur 23h ; Ⓢ B/D/F/M

JEFF WHYTE/SHUTTERSTOCK ©

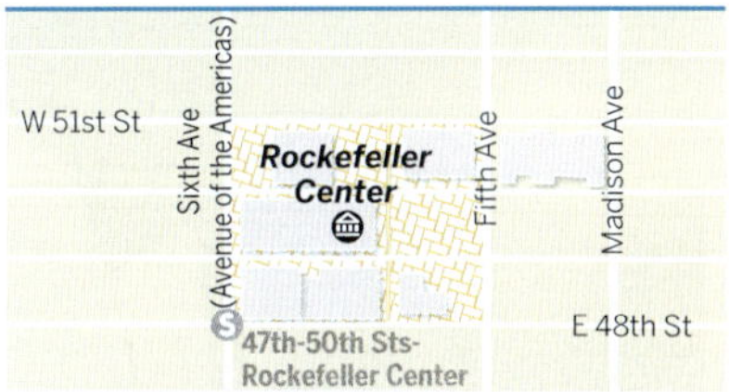

Infos pratiques

Plan p. 268 ; ☎212-588-8601 ; www.rockefellercenter.com ; de 5th Ave à 6th Ave et de 48th St à 51st St ; S B/D/F/M jusqu'à 47th St-50th St-Rockefeller Center

Une petite faim ?

Mangez un morceau au Burger Joint (p. 140), bien caché dans l'hôtel Parker Meridien.

★ Bon plan

Pour échapper à la foule de patineurs en hiver, venez à la première session de patinage, à 8h30 (vous éviterez aussi une longue file d'attente).

jusqu'à 47th St-50th St-Rockefeller Center) offre une vue époustouflante sur l'Empire State Building. Si possible, allez-y juste avant le coucher du soleil pour voir la ville revêtir son habit de lumière. Achetez votre billet plus tôt dans la journée pour éviter la bousculade de fin d'après-midi. Les plus de 21 ans feront une halte au 65e étage pour un cocktail au Bar SixtyFive (p. 178) ; la vue est incomparable et l'accès est gratuit, mais à moins d'avoir réservé une table, il est difficile de s'approcher des fenêtres.

Œuvres d'art publiques

Le Rockefeller Center est orné des œuvres commandées à 30 artistes, autour du thème "L'homme à la croisée des chemins regarde l'avenir avec incertitude mais espoir". *Prometheus*, statue de 6 m de Paul Manship, orne la Rockefeller Plaza, tandis que l'*Atlas* en bronze de Lee Lawrie se dresse du haut de ses 9 m devant l'International Building (630 5th Ave). *News* d'Isamu Noguchi est situé au-dessus de l'entrée de l'Associated Press Building (50 Rockefeller Plaza). La peinture murale *American Progress* de José Maria Sert trône dans le hall du 30 Rockefeller Plaza à la place de la fresque originale de l'artiste mexicain Diego Rivera, rejetée au motif qu'elle comportait des éléments d'"imagerie communiste", et détruite.

Rockefeller Plaza

Pour les fêtes de fin d'année, un arbre de Noël est installé sur Rockefeller Plaza, et illuminé lors d'une cérémonie. Il tient d'une tradition qui remonte aux années 1930, quand les ouvriers dressaient un petit sapin sur le chantier. Il domine la patinoire du Rockefeller Center (p. 204), la plus célèbre de la ville. L'endroit est magique, mais relativement petit et bondé. En été, la patinoire se mue en café.

OSUGI/SHUTTERSTOCK ©

Whitney Museum of American Art

S'il y a bien des œuvres à voir dans la multitude de galeries que comptent Chelsea et le Meatpacking District, la collection d'art américain du Whitney est tout simplement incomparable, tout comme l'édifice moderne dans lequel il s'est récemment installé.

Pour ceux qui aiment

☑ Ne ratez pas

Des visites gratuites proposées par des guides expérimentés explorent chaque jour certaines parties de la collection. Il n'est pas nécessaire de réserver, mais consultez les horaires en ligne.

Le bâtiment

Créé par l'architecte italien Renzo Piano (il a conçu le Centre Pompidou à Paris), l'édifice asymétrique tout en verre qui accueille désormais le Whitney est devenu un point de repère majeur au sud du Meatpacking District. Ses 5 900 m² abritent des salles d'exposition, théâtres, salles de cours et espaces extérieurs. C'est aussi ici qu'a été ouverte la première portion de la High Line.

Ingénieusement aménagés, les espaces d'exposition intérieurs-extérieurs forment un écrin idéal pour la plus belle collection d'art américain du XXe siècle et contemporain. L'une des salles, qui couvre 1 700 m², est le plus vaste espace d'exposition (sans la présence de colonnes) de New York. Aussitôt acté le départ du Whitney de Madison Avenue, où il était installé dans un édifice signé Marcel Breuer,

JACKIE WEISBERG/ALAMY STOCK PHOTO ©

il était évident qu'un projet de grande envergure se tramait. La construction de ce colosse de 9 niveaux, qui a coûté 422 millions de dollars, a débuté en 2010, et le musée a réouvert ses portes en 2015.

La collection

La collection du Whitney compte plus de 23 000 œuvres de plus de 3 000 artistes américains, des chiffres d'autant plus impressionnants que l'ensemble des pièces date des XXe et XXIe siècles, dont une majorité est l'œuvre d'artistes toujours en activité. Vous verrez peut-être *Five Towers* (1986) de Sol LeWitt, évoquant la structure à nu d'un immeuble abandonné, plusieurs des 10 sérigraphies colorées de *Mao Zedong* (1972) signées Andy Warhol, un portrait d'*Andy Warhol* (1970) par Alice Neel, pour lequel la légende du pop art a posé alors qu'il se remettait d'une grave blessure par balle, *Three Flags* (1958) de Jasper Johns, *Painting, Number 5* (1914-1915), œuvre du début de l'ère moderniste signée Marsden Hartley, et bien d'autres trésors.

La fondatrice

Gertrude Vanderbilt Whitney, de la richissime dynastie new-yorkaise des Vanderbilt, était une sculptrice de talent. Mais elle avait surtout un don particulier pour utiliser à bon escient la fortune familiale en soutenant l'art américain. Lorsque le New York Metropolitan Museum of Art lui fit l'injure de refuser sa collection d'œuvres nationales, elle donna sa collection, ainsi que les fonds nécessaires, pour la création du musée en 1931.

Infos pratiques

Plan p. 262 ; ☎212-570-3600 ; www.whitney.org ; 99 Gansevoort St, au niv de Washington St, Meatpacking District ; adulte/enfant 25 $/gratuit, prix libre ven 19h-22h ; ⏲10h30-18h lun, mer, jeu et dim, 10h30-22h ven-sam ; Ⓢ A/C/E, L jusqu'à 8th Ave-14th St

Une petite soif ?

Prenez un verre au coucher du soleil au **Top of the Standard** (plan p. 262 ; ☎212-645-7600 ; www.standardhotels.com ; Standard, 848 Washington St, au niv de W 13th St, Meatpacking District ; ⏲16h-minuit dim-mar, 16h-21h mer-sam ; Ⓢ A/C/E, L jusqu'à 8th Ave-14th St), bar à cocktails perché en haut du Standard Hotel, au nord du musée.

★ Bon plan

Acheter vos billets en ligne permet d'éviter les longues files d'attente ; le vendredi, prix libre de 19h à 22h.

Miroirs d'eau, National September 11 Memorial

RESUL MUSLU/SHUTTERSTOCK ©

National September 11 Memorial & Museum

Ce musée évocateur et les plus grandes cascades artificielles d'Amérique du Nord sont autant un symbole d'espoir et de renouveau qu'un hommage aux victimes du terrorisme.

Pour ceux qui aiment

☑ Ne ratez pas

Santiago Calatrava s'est inspiré de l'image d'un enfant lâchant une blanche colombe pour concevoir l'Oculus, la spectaculaire gare du WTC (WTC Transportation Hub), voisine du musée.

Le National September 11 Memorial & Museum rend hommage aux victimes de la pire attaque terroriste jamais perpétrée sur le sol américain. Baptisés *Reflecting Absence* ("le reflet de l'absence"), les deux énormes miroirs d'eau du mémorial sont autant un symbole d'espoir et de renouveau qu'un hommage aux milliers de personnes disparues. À leurs côtés, trône le Memorial Museum, espace à la solennité saisissante reconstituant les événements de ce jour fatidique de 2001.

Miroirs d'eau

Conçus par Michael Arad et Peter Walker et entourés par une place plantée de plus de 400 chênes blancs, les miroirs d'eau du mémorial du 11-Septembre occupent la base des anciennes tours jumelles. Le long des parois, des chutes d'eau de 9 m

Memorial Museum

LOUIS ROTH/SHUTTERSTOCK ©

Infos pratiques

Plan p. 260 ; 212-312-8800 ; www.911memorial.org/museum ; 180 Greenwich St, Lower Manhattan ; mémorial gratuit, musée adulte/enfant 24/15 $, 17h-20h mar gratuit ; 9h-20h dim-jeu, 9h-21h ven-sam, dernière admission 2h avant fermeture ; S E jusqu'à World Trade Center, 2/3 jusqu'à Park Pl, R/W jusqu'à Cortlandt St

Une petite faim ?

Tribeca abrite d'excellents restaurants tels que Locanda Verde (p. 127).

★ Bon plan

Pour éviter de faire la queue, achetez vos billets en ligne ou à l'une des machines à l'extérieur du musée ; dernière entrée 2 heures avant la fermeture.

s'écoulent vers un orifice central. De façon symbolique, des milliers de ruisseaux se rejoignent pour entamer une lente descente vers l'abysse. Ces bassins sont entourés de panneaux en bronze portant les noms des victimes de l'attaque du 11 septembre 2001, ainsi que de l'attentat du World Trade Center du 26 février 1993.

Musée du Mémorial

Le National September 11 Memorial Museum renforce la puissance méditative du monument. Logé entre les bassins, le pavillon d'entrée vitré évoque une tour effondrée. À l'intérieur, une rampe glisse vers le principal hall souterrain du musée. Les visiteurs descendent à l'ombre de deux tridents d'acier, initialement scellés dans les fondations de la tour nord. Hauts de 24 m et pesant 50 tonnes chacun, ils formaient la structure qui permettait aux tours de s'élever à plus de 415 m de hauteur. Dans l'océan de décombres lié à l'effondrement des tours, ils sont restés debout et sont devenus des symboles de résilience.

Les tridents sont deux éléments parmi les quelque 10 300 pièces que compte la collection du musée, aux côtés notamment du dénommé "escalier des Survivants", emprunté par des centaines d'employés pour fuir le site du WTC. Au bas de ces marches se trouve l'émouvante galerie In Memoriam, dont les murs sont tapissés des photos et des noms des disparus. Des écrans tactiles et une salle de réflexion s'attardent sur les vies des victimes. Leur humanité est encore un peu plus incarnée par les nombreux effets personnels exposés. On peut voir le portefeuille couvert de poussière de Robert Joseph Gschaar, un souscripteur d'assurances qui travaillait au niveau 92 de la South Tower.

Juste après la galerie In Memoriam se trouve la caserne Engine Company 21 du New York City Fire Department. Son camion à l'habitacle carbonisé, témoignage du brasier qu'ont affronté les soldats du feu, trône à l'entrée de l'Historical Exhibition, principale exposition du musée. Organisée en 3 sections – *Events of the Day*, *Before 9/11* et *After 9/11* –, sa collection de vidéos, enregistrements audio, images, objets et témoignages donne à réfléchir sur la tragédie, les événements qui l'ont précédée (dont l'attentat à la bombe du WTC de 1993) et les histoires de deuil, de résilience et d'espoir qui l'ont suivie.

L'Historical Exhibition est installée dans le monumental Foundation Hall, flanqué d'un vaste pan de la paroi moulée d'origine, érigée pour retenir les eaux de l'Hudson pendant la construction des tours. Ce hall abrite la dernière colonne d'acier extraite des décombres, ornée de messages et de souvenirs des reconstructeurs, des premiers secouristes et des proches des victimes.

À voir dans les environs

New York Stock Exchange — Édifice remarquable

(Plan p. 260 ; 11 Wall St ; S J/Z jusqu'à Broad St, 2/3, 4/5 jusqu'à Wall St). Située dans la fameuse Wall St, la Bourse la plus célèbre du monde est l'un des symboles du capitalisme américain. Environ 1 milliard d'actions changent de mains chaque jour derrière l'austère façade romane. Si elle est désormais fermée au public par sécurité, vous pourrez flâner devant le bâtiment.

Memorial Museum

Trinity Church — Église

(Plan p. 260 ; www.trinitywallstreet.org ; 75 Broadway, au niv de Wall St, Lower Manhattan ; 7h-18h, cimetière fermé au crépuscule ; S 1, R/W jusqu'à Rector St ; 2/3, 4/5 jusqu'à Wall St). Achevée en 1846, Trinity Church dominait alors le ciel de New York. Elle est ornée d'un clocher de 84 m et d'un saisissant vitrail au-dessus de l'autel. Son cimetière abrite la tombe d'un des pères fondateurs des États-Unis, Alexander Hamilton. Son excellente programmation musicale comprend les *Concerts at One* (jeudi 13h) et des spectacles de chorale, dont une interprétation annuelle du *Messie*, de Haendel, en décembre.

★ Angel of 9/11

Surnommée "L'Ange du 11-Septembre", l'une des pièces les plus étonnantes et les plus célèbres du Memorial Museum est un visage de femme en souffrance apparu comme par miracle sur une poutre métallique qui se serait trouvée au point d'impact du vol n°11 d'American Airlines dans la North Tower. Les experts ont une explication plus prosaïque : simple coïncidence due à la corrosion naturelle.

PIT STOCK/SHUTTERSTOCK ©

St Paul's Chapel — Église

(Plan p. 260 ; www.trinitywallstreet.org ; 209 Broadway, au niv de Fulton St, Lower Manhattan ; 10h-18h lun-sam, à partir de 7h dim, cimetière fermé au crépuscule ; S A/C, J/Z, 2/3, 4/5 jusqu'à Fulton St, R/W jusqu'à Cortlandt St). George Washington vint se recueillir après son investiture de 1789 dans cette chapelle néoclassique, qui a refait parler d'elle au lendemain du 11-Septembre. Située à un pâté de maisons du World Trade Center, elle s'est muée en centre de bénévolat et de soutien spirituel, comme l'illustre l'émouvante exposition "Unwavering Spirit : Hope & Healing at Ground Zero".

African Burial Ground National Monument — Mémorial

(Plan p. 262 ; 212-637-2019 ; www.nps.gov/afbg ; 290 Broadway, entre Duane St et Reade St, Lower Manhattan ; 10h-16h mar-sam tte l'année ; S J/Z jusqu'à Chambers St ; R/W jusqu'à City Hall ; 4/5/6 jusqu'à Brooklyn Bridge-City Hall). GRATUIT En 1991, on découvrit ici plus de 400 cercueils en bois renfermant les dépouilles d'esclaves noirs et d'Afro-Américains enterrés entre les XVIIe et XVIIIe siècles (le cimetière de Trinity Church leur était interdit). Un **mémorial** et un **centre d'information** offrant des expositions instructives rendent hommage aux quelque 15 000 femmes, hommes et enfants ensevelis.

Le centre d'accueil des visiteurs est situé dans un bâtiment fédéral ; on doit passer un portique de sécurité.

Une petite faim ?

Le Financial District souffre d'une pénurie de bons restaurants, mais on trouve à Brookfield Place (p. 127) des aires de restauration où officient des chefs.

GREGORIO KOJI/SHUTTERSTOCK ©

One World Trade Center

Cette tour étincelante, symbole de la renaissance de Lower Manhattan, s'élève au-dessus des toits de la ville. Sa plateforme d'observation réserve une vue fascinante sur la vaste métropole (et les États voisins).

Comblant le trou béant et douloureux dans la *skyline* de Manhattan, le One World Trade Center symbolise la renaissance, la détermination et la résilience de la ville. Plus qu'un gratte-ciel supplémentaire, cette gigantesque tour est porteuse de nombreux symboles, consciente du passé et résolument tournée vers l'avenir. Elle offre également l'une des vues les plus époustouflantes sur New York.

Pour ceux qui aiment

☑ Ne ratez pas

La vue renversante en levant les yeux vers le ciel depuis la base de la tour.

L'édifice

S'élançant depuis l'angle nord-ouest du site du World Trade Center, la tour de 104 étages est la nouvelle version, signée David M. Childs, du concept mis au point par Daniel Libeskind en 2002. Cette tour fuselée est actuellement la plus haute tour du continent américain, et la quatrième du monde, antenne

GREGORIO KOJI/SHUTTERSTOCK ©

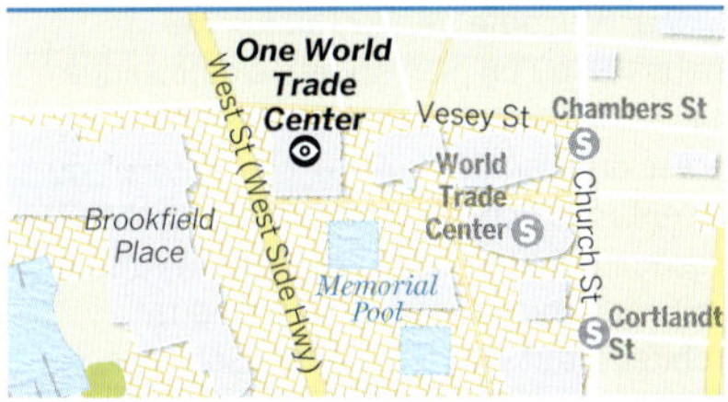

Infos pratiques

One WTC ; plan p. 260 ; www.onewtc.com ; angle West St et Vesey St ; S E jusqu'à World Trade Center, 2/3 jusqu'à Park Pl, A/C, J/Z, 4/5 jusqu'à Fulton St, R/W jusqu'à Cortlandt St

Une petite faim ?

Marchez un *block* vers l'ouest pour rejoindre Brookfield Place (p. 127) et les aires de restauration gastronomique Hudson Eats et Le District.

★ Bon plan

Achetez vos billets en ligne (www.oneworldobservatory.com/tickets) pour éviter une longue attente. C'est au coucher du soleil qu'il y a les plus longues files d'attente.

comprise. Ses angles biseautés forment plusieurs triangles isocèles qui, vus du sol, semblent s'élancer vers l'infini.

La structure est couronnée d'une antenne à haubans de 124 m de haut. Conçue en collaboration avec le sculpteur Kenneth Snelson, elle donne à l'édifice une hauteur totale de 1 776 pieds (541 m), référence à l'année de l'indépendance américaine. Ce bâtiment est chargé de symboles : l'empreinte de la tour au sol est égale à celle des tours jumelles, et les terrasses panoramiques sont situées aux mêmes hauteurs que celles de l'ancien complexe. Le One WTC a été édifié avec une immense attention portée aux questions de sécurité, avec un socle de 61 m de haut résistant aux explosions et serti de plus de 2 000 facettes de verre prismatiques scintillantes, ainsi que des murs de béton de 1 m d'épaisseur entourant tous les ascenseurs, escaliers et systèmes de communication et de sécurité.

Une chose que les architectes et les ingénieurs n'avaient pas prévue : la disposition de l'antenne, qui la rend très bruyante ; les vents qui soufflent à travers son treillis produisent un mugissement qui trouble le sommeil des riverains.

One World Observatory

Le gratte-ciel abrite le **One World Observatory** (plan p. 260 ; ☎212-602-4000 ; www.oneworldobservatory.com ; 285 Fulton St, angle West St et Vesey St, Lower Manhattan ; adulte/enfant 34/28 $; ⏱9h-21h sept-avr, 8h-21h mai-août ; S E jusqu'à World Trade Center, 2/3 jusqu'à Park Pl, A/C, J/Z, 4/5 jusqu'à Fulton St, R/W jusqu'à Cortlandt St), la plus haute terrasse panoramique de la ville. L'observatoire occupe les niveaux 100 à 102, mais l'expérience débute dès l'accueil

(*Global Welcome Center*) au rez-de-chaussée, où un planisphère électronique marque le pays d'origine des visiteurs (grâce au scan des billets). Les bisbilles qui ont entaché la mise au point du projet sont presque oubliées dans l'exposition voisine baptisée "Voices" où, sur 144 écrans, architectes et ouvriers ne tarissent pas d'éloges sur la construction de la tour.

Après un compte rendu sur la géologie du site, vous pénétrerez dans l'un des 5 ascenseurs Sky Pod, qui comptent parmi les plus rapides au monde. Alors qu'ils entament leur ascension de 381 m, les parois tapissées de LED entrent en action. Vous voilà soudain dans une véritable machine à remonter le temps, témoin de l'évolution de Manhattan qui passe, sous vos yeux, d'île boisée à jungle de béton. En 47 secondes (et 500 ans), vous voici au 102e étage, où une présentation se conclut sur une révélation spectaculaire.

Passez les restaurants du 101e étage et descendez vers le véritable point d'orgue : le 100e étage, où vous attend un époustouflant panorama à 360°. Brooklyn, les ponts, la statue de la Liberté, le Woolworth Building, l'Empire State Building et le Chrysler Building : tout est là. Besoin d'aide ? Des tablettes interactives programmées en 8 langues sont disponibles pour 15 $. La vue est, bien sûr, extraordinaire (essayez d'y aller par temps clair), dominant les 5 *boroughs* et même les 3 États voisins. Mais pour admirer de près les gratte-ciel de Midtown, préférez l'Empire State Building ou le Top of the Rock, au Rockefeller Center.

Woolworth Building

À voir dans les environs

Woolworth Building — Édifice remarquable

(Plan p. 260 ; ☎203-966-9663 ; woolworthtours.com ; 233 Broadway, au niv de Park Pl, Lower Manhattan ; visites 30/60/90 min 20/30/45 $; Ⓢ R/W jusqu'à City Hall, 2/3 jusqu'à Park Pl, 4/5/6 jusqu'à Brooklyn Bridge-City Hall). Cette merveille néogothique signée Cass Gilbert était, avec 60 étages pour 241 m, la plus haute tour du monde en 1913, avant d'être dépassée par le Chrysler Building en 1930. Classé site historique national, le hall offre un spectacle de mosaïques byzantines. Il faut réserver une visite guidée, donnant un aperçu des curiosités du bâtiment, dont une bouche de métro et une piscine secrète.

Lors de son inauguration, le building fut surnommé la "cathédrale du commerce". Le terme se voulait insultant, mais Franklin Winfield Woolworth, dirigeant de la chaîne de bazars *five-and-dimes*, le prit pour un compliment et le propagea autour de lui.

★ Le saviez-vous ?

Le One World Trade Center bénéficie d'une conception écologique, avec notamment un système qui collecte les eaux de pluie et traite les eaux usées, et des matériaux de construction majoritairement recyclés à partir de dechets industriels.

FELIX LIPOV/SHUTTERSTOCK ©

South Street Seaport District — Quartier

(Plan p. 260 ; www.seaportdistrict.nyc ; Lower Manhattan ; Ⓢ 2/3, 4/5, A/C, J/Z jusqu'à Fulton St). S'il suffit de longer le fleuve vers l'est depuis le Financial District pour rejoindre le Seaport District, l'ambiance, elle, est à des années-lumière de Wall Street. Ce quartier tout en pavés et immeubles anciens préserve fièrement l'héritage de son passé nautique, qui débuta dès le début du XVIIe siècle avec la colonie néerlandaise de New Amsterdam. Une atmosphère décontractée règne dans les bars et les restaurants, un marché de produits locaux se tient le dimanche quand le temps s'y prête, et la reconstruction du Pier 17 (malmené par l'ouragan Sandy) apporte au quartier une renaissance culinaire, commerciale et culturelle.

Découvrez l'histoire fascinante de ce quartier au **South Street Seaport Museum** (plan p. 260 ; ☎212-748-8600 ; www.southstreetseaportmuseum.org ; 12 Fulton St, entre Water St et Front St, Lower Manhattan ; expositions et navires 5 $, presse d'imprimerie et boutique gratuites ; ⏲navires et centre d'accueil des visiteurs 11h-17h mer-dim, atelier d'impression 11h-19h mar-dim ; 🚻 ; Ⓢ 2/3, 4/5, A/C, J/Z jusqu'à Fulton St).

★ Résidents célèbres

En 2014, le groupe Condé Nast Publications (qui édite notamment *Vogue* et *The New Yorker*) a quitté le 4 Times Square pour s'installer dans le One World Trade Center.

Lower East Side Tenement Museum

Dans ce quartier débordant jadis d'immigrés, ce musée ouvre une fenêtre sur le passé au cours de visites guidées dans des immeubles conservés avec soin.

Pour ceux qui aiment

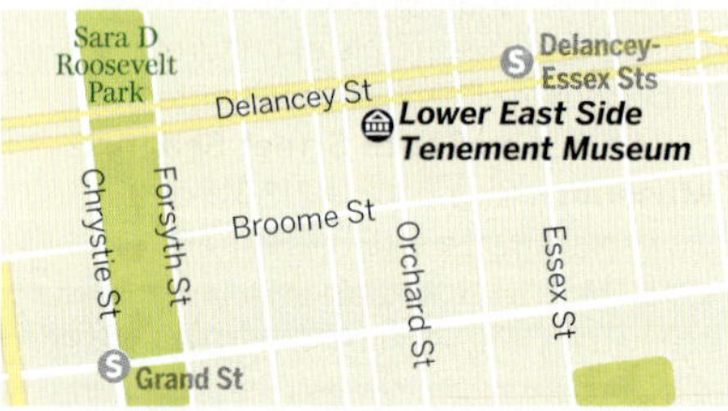

Infos pratiques

Plan p. 262 ; ☎877-975-3786 ; www.tenement.org ; 103 Orchar St, entre Broome St et Delancey St, Lower East Side ; adulte/étudiant et senior 25/20 $; centre d'accueil des visiteurs 10h-18h30 ven-mer, jusqu'à 20h30 jeu ; ; S B/D jusqu'à Grand St, J/M/Z jusqu'à Delancey St-Essex St

★ Bon à savoir

Si l'une des visites vous intéresse tout particulièrement, ne tardez pas pour acheter vos billets, car elles peuvent afficher complet.

DW-LABS INCORPORATED/SHUTTERSTOCK ©

Visite des logements collectifs

Une vaste gamme de circuits entraîne le visiteur dans le bâtiment où vivaient et travaillaient des centaines d'immigrants au fil des ans. "Hard Times" (la vie dure), l'un des plus populaires, propose la visite d'appartements datant des années 1870 et 1930, deux périodes difficiles. Le visiteur découvre dans quelles conditions sordides – sans électricité ni eau courante, avec de misérables toilettes collectives sur le palier – vivaient locataires et familles. Le témoignage enregistré d'un membre de la famille Baldizzi, qui vivait ici pendant la Grande Dépression, permet de mieux s'imprégner de l'histoire des lieux. D'autres visites mettent l'accent sur les immigrés irlandais, sur les ouvriers ou encore sur la vie commerçante.

103 Orchard St

Le centre d'accueil des visiteurs du 103 Orchard St (datant de 1888) possède une boutique et une petite salle où est projeté un film d'époque sur l'histoire et l'impact de l'immigration sur Lower East Side. Plusieurs soirs par mois, le musée y organise des conférences, souvent en lien avec la vie actuelle des immigrants en Amérique. Le bâtiment était lui-même un immeuble de logements collectifs – demandez au personnel de vous raconter l'histoire des familles européennes qui l'habitaient jadis.

À la rencontre de Victoria

Remontez le temps jusqu'en 1916 et rencontrez Victoria Confino, 14 ans, membre d'une famille séfarade grecque. Interprétée

par une actrice en costume, Victoria "vit" au 97 Orchard St et répond aux questions des visiteurs sur le quotidien de l'époque. Cette visite est particulièrement recommandée pour les enfants car les visiteurs ont le droit de toucher les objets domestiques. La visite dure 1 heure et a lieu 4 fois par jour le week-end toute l'année (et tous les jours en été).

Découverte du quartier

Les visites pédestres sont une excellente façon de comprendre la vie des immigrants. Ces circuits (de 1 heure 15 à 2 heures) explorent plusieurs thématiques : "Foods of the Lower East Side" étudie la façon dont les mets traditionnels ont façonné la cuisine américaine ; "Outside the Home" et "Building on the Lower East Side" s'intéressent au quotidien des immigrants hors de leur logement – la banque Jarmulowsky où ils déposaient leurs économies (souvent pour ne jamais les récupérer), les églises et synagogues (ciment des communautés), et l'immeuble du Daily Forward, où les ouvriers se réunissaient et luttaient pour de meilleures conditions de travail.

☑ Ne ratez pas

Le musée organise des dîners à prix fixes, appelés "Tasting at the Tenements", le jeudi à 18h30.

PATTI MCCONVILLE/ALAMY STOCK PHOTO ©

À voir dans les environs

New Museum of Contemporary Art Musée

(Plan p. 262 ; ☎212-219-1222 ; www.newmuseum.org ; 235 Bowery, entre Stanton St et Rivington St, Lower East Side ; adulte/enfant 18 $/gratuit, entrée sur don jeu 19h-21h ; ⏲11h-18h mar-mer et ven-dim, 11h-21h jeu ; S F jusqu'à 2nd Ave, R/W jusqu'à Prince St, J/Z jusqu'à Bowery, 6 jusqu'à Spring St). Le New Museum of Contemporary Art est une vue d'exception : un édifice biscornu de boîtes éthérées empilées les unes sur les autres (œuvre des architectes Kazuyo Sejima et Ryue Nishizawa de SANAA, à Tokyo, et du cabinet new-yorkais Gensler) dominant les immeubles du quartier. Depuis son ouverture, le musée a été rejoint par nombre d'édifices étincelants, donnant un nouveau visage à cette rue autrefois sordide.

Fondé en 1977 par la conservatrice du Whitney, Marcia Tucker, et installé à 5 adresses différentes au fil des ans, le musée possède une mission simple : "À art nouveau, idées nouvelles". Fidèle à ce principe, il a notamment exposé Keith Haring, Jeff Koons, Joan Jonas, Mary Kelly et Andres Serrano au début de leur carrière, et demeure le seul musée de Manhattan exclusivement dédié à l'art contemporain. Il ferme parfois pour installer de nouvelles expositions ; consulter le site Web avant de vous déplacer.

✕ Une petite faim ?

Croquez un morceau d'histoire dans la fameuse épicerie Russ & Daughters (p. 134), ouverte en 1914.

Prospect Park

Inauguré en 1867, le parc préféré des résidents de Brooklyn est un Éden de 237 ha doté d'une splendide prairie, d'un grand lac, de sentiers forestiers et d'un ravin sinueux entouré de collines. Frederick Olmsted et Calvert Vaux, les architectes du parc, le considéraient comme une version améliorée de Central Park, leur autre grand projet new-yorkais.

Pour ceux qui aiment

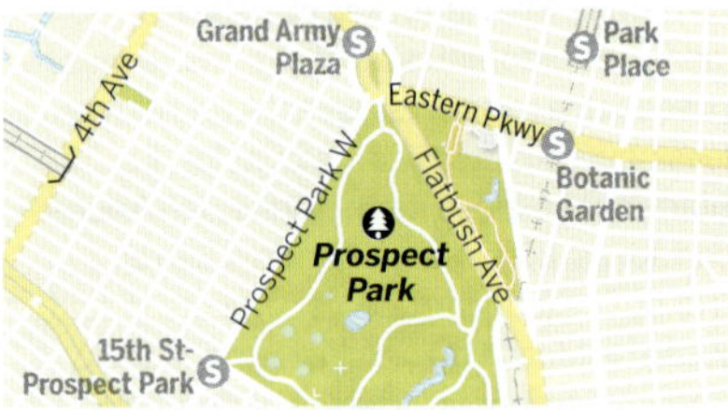

Infos pratiques

Plan p. 272 ; 718-965-8951 ; www.prospectpark.org ; Grand Army Plaza ; 5h-1h ; S 2/3 jusqu'à Grand Army Plaza, G jusqu'à 15th St-Prospect Park, B, Q jusqu'à Prospect Park, Q jusqu'à Parkside Ave)

Audubon Center Boathouse (p. 101)

★ Bon à savoir

Les berges de Lullwater, près du pavillon nautique, offrent l'une des plus jolies promenades du parc.

ITTLENY/SHUTTERSTOCK ©

Grand Army Plaza

Inspirée de la place de la Concorde à Paris, cette place à l'angle de Flatbush Ave et Prospect Park West marque le début d'Eastern Pkwy et l'entrée de Prospect Park. Elle est dominée par un arc de triomphe, construit dans les années 1890 en hommage aux combattants de l'Union pendant la guerre de Sécession. Une fontaine est ornée d'une statue en bronze de Pomona, déesse de l'abondance et un **marché de produits locaux** a lieu chaque samedi (8h-16h), à l'angle de Flatbush Ave.

Long Meadow

Cette prairie de 36 ha, plus grande que la Great Lawn de Central Park, se trouve au sud de l'entrée officielle du parc sur Grand Army Plaza. Elle est idéale pour se balader, s'allonger dans l'herbe, jouer au football, promener son chien ou faire du cerf-volant. Au sud, **Picnic House** dispose d'un snack et de toilettes publiques.

Children's Corner

Près de Flatbush Ave, le Children's Corner abrite un **manège** (1912), autrefois installé à Coney Island et le **Prospect Park Zoo** (plan p. 272 ; 718-399-7339 ; www.prospectparkzoo.com ; 450 Flatbush Ave, Prospect Park ; adulte/enfant 10/7 $; 10h-17h lun-ven, 10h-17h30 sam-dim avr-oct, 10h-16h30 nov-mars ; ; B41 jusqu'à Flatbush Ave, S B, Q jusqu'à Prospect Park ; 2/3 jusqu'à Grand Army Plaza) héberge otaries, pandas roux, wallabies et une mini-ferme. On peut aussi visiter la **Lefferts Historic House** (plan p. 272 ; 718-789-2822 ; www.prospectpark.org/lefferts ; près de Flatbush Ave et Empire Blvd,

Grand Army Plaza

Prospect Park ; adulte/enfant 3 $/gratuit ; 12h-17h jeu-dim avr-juin, sept-oct, 12h-18h juil-août, 12h-16h sam-dim nov-déc ; ; B, Q jusqu'à Prospect Park), une maison d'époque du XVIIIe siècle de fermiers néerlandais de Brooklyn ; un régal pour les enfants.

Audubon Center Boathouse

Situé sur un bras nord du Prospect Park Lake, ce pavillon nautique (ou Prospect Park Audubon Center) offre un large choix d'activités (observation des oiseaux, cours de yoga gratuits, expos artistiques sur le thème de la nature, activités manuelles pour enfants, etc.). Alentour, se déroulent 4 km de **sentiers bucoliques** (celui qui longe Lullwater Creek est très agréable). Téléchargez un plan sur le site Web ou renseignez-vous au pavillon nautique.

☑ Ne ratez pas

Les concerts en plein air du Prospect Park Bandshell.

LeFrak Center at Lakeside

Dernière attraction en date de Prospect Park, ce complexe de 10 ha (p. 205) propose des activités (été comme hiver) et compte un café, de nouveaux sentiers piétons et un petit espace pour des concerts.

À voir dans les environs

Brooklyn Museum Musée

(Plan p. 272 ; 718-638-5000 ; www.brooklynmuseum.org ; 200 Eastern Pkwy, Prospect Park ; tarif suggéré adulte/enfant 16 $/gratuit ; 11h-18h mer et ven-dim, 11h-22h jeu ttc l'annéc, 11h-23h 1er sam du mois oct-août ; 2/3 jusqu'à Eastern Pkwy-Brooklyn Museum). Ce musée, conçu au XIXe siècle comme l'élément central du Brooklyn Institute, occupe un immeuble Beaux-Arts de 5 niveaux et quelque 52 000 m^{2}. Le bâtiment abrite plus de 1,5 million d'objets, dont des artefacts anciens, des salles du XIXe siècle et d'innombrables œuvres d'art. Ce musée offre une autre idée de visite que les institutions de Manhattan.

Brooklyn Botanic Garden Jardin

(Plan p. 272 ; 718-623-7200 ; www.bbg.org ; 150 Eastern Pkwy, Prospect Park ; tarif plein/étudiant/enfant 15/8 $/gratuit, gratuit 8h-12h ven et mar-ven déc-fév ; 8h-18h mar-ven, 10h-18h sam-dim mars-oct, horaires restreints reste de l'année ; ; 2/3 jusqu'à Eastern Pkwy-Brooklyn Museum, B, Q jusqu'à Prospect Park). Attraction très pittoresque de Brooklyn, ce jardin de 21 ha, ouvert en 1911, abrite des milliers de plantes et d'arbres. Dans le **jardin japonais**, des tortues nagent dans un bassin près d'un sanctuaire shinto.

Une petite faim ?

D'avril à octobre, un marché de cuisine de rue en plein air appelé Smorgasburg (p. 145) s'installe tous les dimanches, juste au sud du pavillon nautique.

Brooklyn Bridge Park

Ce parc, qui fait la fierté de Brooklyn, s'étend sur 34 ha au pied du plus célèbre pont de New York. Il file le long de l'East River sur 2 km entre Dumbo et Cobble Hill, revitalisant avec succès ce rivage alors en friche et offrant une vue imprenable sur les gratte-ciel de Manhattan.

Pour ceux qui aiment

Infos pratiques

Plan p. 272 ; ☎718-802-99939 ; www.brooklynbridgepark.org ; East River Waterfront, entre Atlantic Ave et John St, Brooklyn Heights/Dumbo ; ⏲6h-1h, certaines sections ferment à 23h, jardins jusqu'au coucher du soleil ; 👪🐾 ; 🚌B63 jusqu'à Pier 6/Brooklyn Bridge Park ; B25 jusqu'à Old Fulton St/Elizabeth Pl, ⛴routes de l'East River ou South Brooklyn jusqu'à Dumbo/Pier 1, Ⓢ A/C jusqu'à High St ; 2/3 jusqu'à Clark St ; F jusqu'à York St GRATUIT

★ Bon à savoir

Consultez l'agenda des événements lors de votre séjour : le site Internet recense les cours de danse et de yoga en plein air, les pièces de théâtre et les projections de films, les activités pour les familles et bien plus encore.

Empire Fulton Ferry

Cette partie du parc, entre le Brooklyn Bridge et le Manhattan Bridge, dans la partie nord de Dumbo, offre une vaste pelouse avec une vue superbe sur l'East River. Outre le **Jane's Carousel** (plan p. 272 ; ☎718-222-2502 ; www.janescarousel.com ; Old Dock St, Brooklyn Bridge Park, Dumbo ; billets 2 $; 11h-19h mer-lun mi-mai à mi-sept, 11h-18h jeu-dim mi-sept à mi-mai ;), manège de 1922 bien restauré, on y trouve des jardins paysagers verdoyants et des sentiers menant à de beaux points de vue sur le Brooklyn Bridge. Dans le parc, l'**Empire Stores & Tobacco Warehouse** (plan p. 272 ; www.empirestoresdumbo.com ; 53-83 Water St, Dumbo ; 8h-19h30 ; B25 jusqu'à Water St/ Main St), datant de la guerre de Sécession, abrite restaurants, boutiques et un théâtre d'avant-garde réputé.

Pier 1

Au sud du Brooklyn Bridge, les 3,5 ha de verdure du Pier 1 invitent à se détendre et à profiter des aires de jeux. Un cinéma en plein air (gratuit) est organisé le jeudi en juillet-août, avec les immeubles de Manhattan en toile de fond. D'autres événements en plein air (gratuits) ont lieu l'été (soirées dansantes, yoga, pièces de Shakespeare, visites historiques) ; programme sur le site Internet du parc. À l'extrémité nord du Pier 1, un ferry des lignes South Brooklyn ou East River de **NYC Ferry** (plan p. 260 ; www.ferry.nyc ; Pier 1, Brooklyn Bridge Park ; aller simple adulte 2,75 $) dessert Manhattan.

Du Pier 2 au Pier 5

Le Pier 2 fera le bonheur des sportifs : piste de rollers, espace fitness en plein air,

Brooklyn Heights Promenade

terrains de paume, basket et jeu de palets et sessions kayak gratuites en été. Les pelouses et escaliers en granit du Pier 3 plairont aux contemplatifs et le Pier 4 possède une petite plage ; la baignade est interdite, mais vous pourrez faire du pédalo dans l'East River. Le Pier 5 offre des allées piétonnes, des terrains de beach-volley et de football et une "péninsule pique-nique" avec parasols et barbecues.

Pier 6

Au sud du parc, Pier 6 comprend 5 terrains de jeu et un espace aquatique pour les petits. Il y a aussi un parc canin, des terrains de beach-volley et quelques concessions saisonnières (mai à octobre), dont **Fornino** (plan p. 272 ; ☎718-422-1107 ; www.fornino.com ; Pier 6, Brooklyn Bridge Park ; pizzas 15-16 $; ⏰10h-minuit Memorial Day à mi-sept, si le temps le permet avr, mai et oct ; 🚌B63 jusqu'à Brooklyn Bridge Park/Pier 6, Ⓢ2/3, 4/5 jusqu'à Borough Hall ; R jusqu'à Court St), qui sert bières, pizzas au feu de bois et autres spécialités italiennes, et possède un toit-terrasse, idéal pour un verre au coucher du soleil. Le week-end, un ferry gratuit relie le Pier 6 à **Governors Island** (www.govisland.com ; ⏰10h-18h lun-ven, 10h-19h sam-dim mai-oct, horaires plus tardifs ven juin-août ; Ⓢ4/5 jusqu'à Bowling Green, 1 jusqu'à South Ferry) GRATUIT.

☑ Ne ratez pas

La vue sur Manhattan et l'East River depuis Empire Fulton Ferry au coucher du soleil.

DROP OF LIGHT/SHUTTERSTOCK ©

À voir dans les environs

Brooklyn Heights Promenade — Panorama

(Plan p. 272 ; www.nycgovparks.org ; entre Orange St et Remsen St, Brooklyn Heights ; ⏰24h/24 ; ⓈN/R/W jusqu'à Court St ; 2/3 jusqu'à Clark St ; A/C jusqu'à High St). Dans le quartier aisé de Brooklyn Heights, 6 des rues est-ouest (dont Montague St et Clark St) mènent à l'attraction n°1 des environs : une étroite allée piétonne goudronnée offrant des panoramas époustouflants sur Lower Manhattan et New York Harbor, miraculeusement isolée de la voie rapide Brooklyn-Queens Expwy (BQE) au dessus de laquelle elle se situe. Un petit paradis urbain idéal pour une promenade au soleil couchant.

Juste après l'extrémité nord de la promenade, une passerelle piétonne ingénieusement conçue, le **Squibb Park Bridge**, relie l'allée au Pier 1 du Brooklyn Bridge Park.

✕ Une petite faim ?

Le **One Girl Cookies** (plan p. 272 ; ☎212-675-4996 ; www.onegirlcookies.com ; 33 Main St, au niv de Water St, Dumbo ; cookies 1,50-2 $, cupcakes 3,25 $, salades et petits sandwichs 5-8 $; ⏰8h-19h lun-ven, 9h-19h sam-dim), à Dumbo, sert d'excellents cafés et cookies.

À la découverte de West Village

Des quartiers de New York, Greenwich Village est celui qui se prête le plus à la promenade, avec ses zones pavées bien loin du quadrillage systématisé de Manhattan. Offrez-vous cet interlude au cours d'un après-midi, entre trésors cachés et confortables cafés.

Départ Commerce St

Distance 1,9 km ; **Durée** 1 heure

5 Au Christopher Park, faites un tour au **Stonewall National Monument** et au Stonewall Inn – où les émeutes de 1969 donnèrent naissance au mouvement LGBT.

4 Autre site remarquable du petit écran, les marches du **66 Perry St** figuraient à l'entrée de l'immeuble de Carrie Bradshaw dans *Sex and the City*.

3 Faites une pause à la **Buvette** (p. 175), un café façon France d'antan, où boire un noisette ou un galopin.

2 L'immeuble au **90 Bedford** était celui (fictif) de la bande de *Friends*.

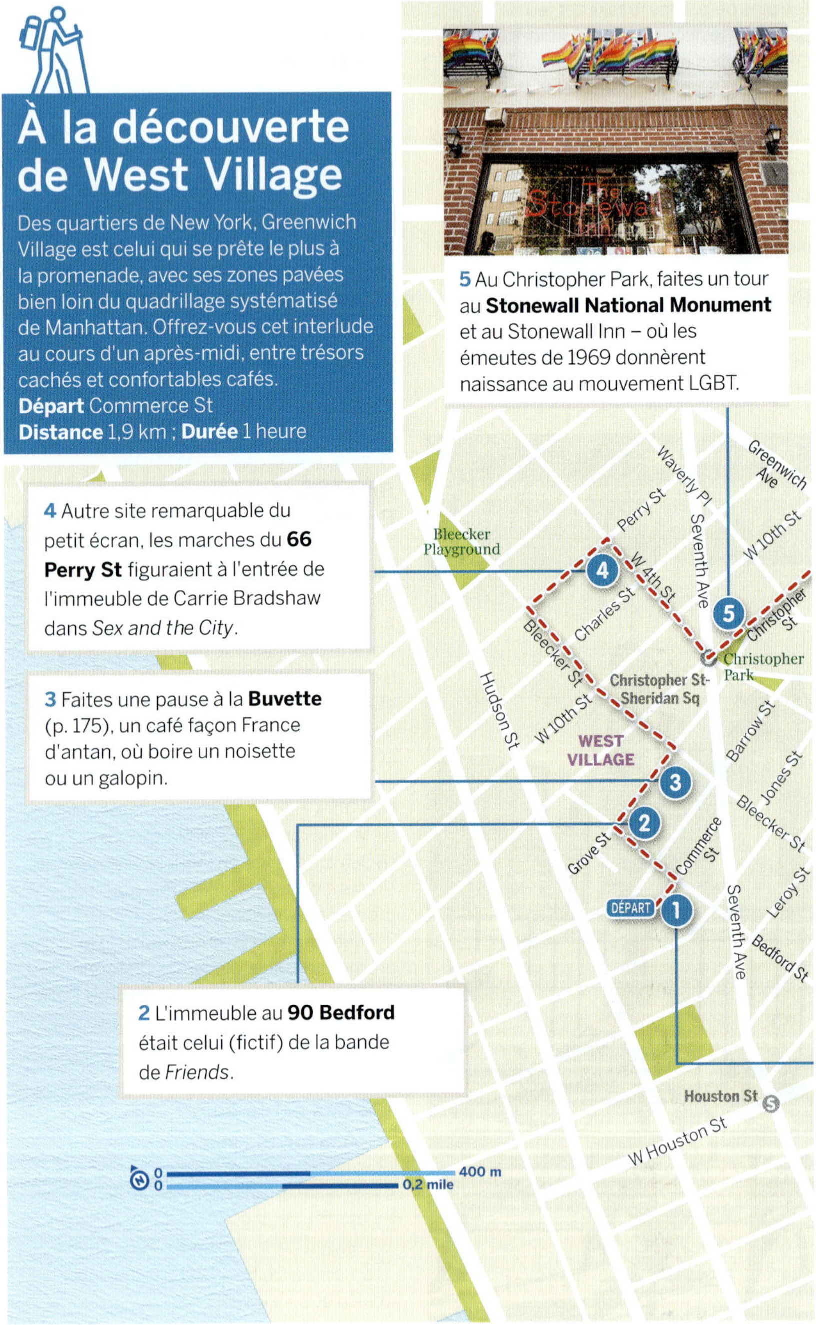

6 La **Jefferson Market Library** (1885) fut également un palais de justice et une tour de guet contre les incendies.

Une petite soif ?
Près de Washington Square, **Stumptown Coffee Roasters** (www.stumptowncoffee.com) sert l'un des meilleurs cafés de New York.

La photo à prendre : le Washington Square Arch

7 Washington Square Park est le point de convergence du Village. Tous s'y retrouvent, étudiants, musiciens, couples enlacés et rois des échecs.

1 Fondé en 1924, le **Cherry Lane Theatre** (p. 191) est le plus ancien établissement off-Broadway de la ville toujours en activité.

Metropolitan Opera (p. 110)

Lincoln Center

Cet ensemble étincelant de temples modernistes est dédié à la musique, au spectacle vivant et au cinéma. Il offre les salles de spectacle les plus renommées de Manhattan, comme le Metropolitan Opera, le New York City Ballet et l'orchestre philharmonique de New York.

Pour ceux qui aiment

☑ Ne ratez pas

La boutique du Met Opera propose tout un bric-à-brac d'objets pour mélomanes (comme des jumelles d'opéra) et un vaste choix de CD et de DVD de musique classique, dont beaucoup tirés de performances du Met.

Construction et reconstruction

Ce vaste campus artistique a été construit dans les années 1960 en lieu et place d'un quartier résidentiel, majoritairement afro-américain, appelé San Juan Hill (rasé sans ménagement par l'urbaniste Robert Moses) et immortalisé dans la comédie musicale *West Side Story*. Sur le plan architectural, le Lincoln Center reçut nombre de critiques, portant sur son aspect de forteresse, son classicisme et son acoustique très moyenne. Le cinquantenaire du centre en 2009-2010 a fourni l'occasion à Diller Scofidio + Renfro, entre autres agences d'architecture, de redessiner un Lincoln Center plus contemporain, plutôt bien accueilli.

Incontournables

La visite des 3 bâtiments classiques qui encadrent la fontaine Revson s'impose.

/GETTY IMAGES ©

Infos pratiques

Plan p. 270 ; ☎212-875-5456, visites guidées 212-875-5350 ; www.lincolncenter.org ; Columbus Ave, entre 62nd St et 66th St ; visites adulte/étudiant 25/20 $; ⊙visites guidées 11h30 et 13h30 lun-sam, 15h dim ; 👪 ; Ⓢ1, 2, 3 jusqu'à 66th St-Lincoln Center, A/C ou B/D jusqu'à 59th St-Columbus Circle GRATUIT

Une petite soif ?

Face au Lincoln Center, le bar sur le toit de l'Empire Hotel (p. 180) est l'un des plus grands et des plus séduisants de la ville.

★ Bon plan

Le New York Philharmonic, le New York City Ballet et le Metropolitan Opera proposent des billets de dernière minute à prix cassés, généralement disponibles en ligne. Ils sont souvent appelés "rush tickets".

Il y a le **Metropolitan Opera** – dont le hall principal est orné de fresques colorées signées Marc Chagall –, le **David Geffen Hall**, et enfin le **David H Koch Theater**, conçu par Philip Johnson. Ces 3 lieux incontournables sont situés sur la place principale de Columbus Ave, entre 62nd St et 65th St. Le soir, la **fontaine Revson** offre un magnifique spectacle avec des jeux de lumière dignes de Las Vegas (à 18h environ).

Parmi les bâtiments rénovés, certains méritent le coup d'œil, tels l'**Alice Tully Hall**, qui arbore aujourd'hui une façade anguleuse translucide très contemporaine, et le **David Rubenstein Atrium** (plan p. 270 ; ☎212-721-6500 ; atrium.lincolncenter.org ; 61 W 62nd St, à Broadway ; ⊙atrium 8h-22h lun-ven, 9h-22h sam et dim, billetterie 12h-19h lun-sam, 12h-17h dim ; Ⓢ1 jusqu'à 66th St-Lincoln Center), espace public à l'arrière de l'Empire Hotel avec un lounge (Wi-Fi gratuit), un café et un kiosque d'information. Des événements gratuits y sont organisés le jeudi soir, au moment où débutent les visites du Lincoln Center.

Représentations et projections

Chaque soir, le Lincoln Center donne au moins 10 spectacles, et davantage en été, lorsque le **Lincoln Center Out of Doors** (série de spectacles de danse et de concerts) et le **Midsummer Night Swing** (bal sous les étoiles) invitent la culture dans les parcs. Pour des détails sur les billets et la programmation – qui réunit opéra, danse, théâtre et ballet –, consultez le site Internet.

Metropolitan Opera

Résidence de la principale compagnie d'opéra de New York, le **Metropolitan Opera** (plan p. 270 ; ☎billets 212-362-6000, circuits 212-769-7028 ; www.metopera.org ; Lincoln Center, Columbus Ave au niv de W 64th St ; S 1 jusqu'à 66th St-Lincoln Center) est une référence internationale pour le répertoire lyrique classique. On vient y écouter *La Bohème, Madame Butterfly* ou *Macbeth*. Il accueille aussi les premières et les reprises d'œuvres plus contemporaines telles que *The Death of Klinghoffer* de John Adams. La saison s'étend de septembre à avril.

Les billets coûtent de 32 à 500 $. Notez que les places en loge sont parfois peu chères mais, à moins d'être situé juste au-dessus de la scène, la vue est très mauvaise. Vous devrez vous asseoir et pencher la tête par-dessus la rambarde.

New York City Ballet

Cette prestigieuse **compagnie de ballet** (plan p. 270 ; ☎212-496-0600 ; www.nycballet.com ; Lincoln Center, Columbus Ave, au niv de W 63rd St ; billets 35-199 $; ⏲billetterie 10h-20h30 lun-sam, 11h30-19h30 dim ; 👪 ; S 1 jusqu'à 66th St-Lincoln Center) fut dirigée dans les années 1940 par le célèbre chorégraphe d'origine russe George Balanchine. C'est aujourd'hui la plus grande formation permanente de danse du pays. Elle se produit pas moins de 23 semaines par an sur la scène du David H. Koch Theater au Lincoln Center. Pour les - 30 ans, des billets à 30 $ sont proposés à la dernière minute. Chaque fin d'année, la représentation du *Casse-Noisette* de George Balanchine est extrêmement populaire (billets en vente à partir de septembre : réservez tôt).

American Museum of Natural History

New York Philharmonic

Le plus ancien **orchestre** (plan p. 270 ; ☎212-875-5656 ; www.nyphil.org ; Lincoln Center, Columbus Ave au niv de W 65th St ; billets 29-125 $; 👪 ; Ⓢ1 jusqu'à 66 St-Lincoln Center) professionnel des États-Unis (1842) se produit en saison au David Geffen Hall ; le chef d'orchestre Jaap van Zweden a remplacé Alan Gilbert en 2017. L'orchestre joue des classiques (Tchaïkovski, Mahler, Haydn) et des œuvres contemporaines, et propose des concerts pour les enfants. Si vos moyens sont limités, des répétitions publiques ont lieu plusieurs fois par mois et débutent le jour du concert à 9h45, pour 22 $.

★ En coulisses

Visites guidées du Lincoln Center (25 $), 2 fois par jour du lundi au samedi, plus une visite le dimanche, qui débutent au David Rubenstein Atrium. Visites des coulisses de la Metropolitan Opera House (30 $) en semaine à 15h et le dimanche à 10h30 et 13h30 en saison.

DIE O GRANELY/SHUTTERSTOCK ©

À voir dans les environs

American Museum of Natural History — Musée

(Plan p. 270 ; www.amnh.org ; Central Park West, au niv de 79th St ; prix suggéré adulte/enfant 23/13 $; ⌚10h-17h45 ; ⓈC jusqu'à 81st St-Museum of Natural History, 1 jusqu'à 79th St). Fondé en 1869, ce musée abrite une collection de plus de 30 millions de pièces – dont d'impressionnants squelettes de dinosaures –, ainsi que le **Rose Center for Earth & Space** et un planétarium ultramoderne pour les férus d'astronomie. D'octobre à mai, on y découvre le **Butterfly Conservatory**, une verrière où volètent plus de 500 papillons du monde entier.

Mais le musée est avant tout connu pour sa section **Fossil Halls**, de vastes salles lumineuses présentant près de 600 spécimens de fossiles, dont un mammouth, un stégosaure, un tricératops et un terrifiant *Tyrannosaurus rex*.

De nombreuses autres salles sont consacrées aux animaux, aux pierres précieuses ou aux minéraux, et le cinéma IMAX programme des films sur les phénomènes naturels. Au niveau de 77th St, la Lobby Gallery vous accueillera avec un canoë de 19 m, sculpté par les Haida de Colombie-Britannique au XIXe siècle.

Si l'entrée générale est à prix libre (par personne), pour voir les spectacles du planétarium, une séance en IMAX ou certaines expositions (payantes), vous devrez payer le prix du billet d'entrée combiné à une exposition (adulte/enfant 28/16,50 $) ou à toutes les expositions (33/20 $).

★ Bon à savoir

Les visites guidées quotidiennes de 1 heure 15 sont un excellent moyen de se familiariser avec le complexe. Consultez le site Internet ou téléphonez.

Aire de restauration

Chelsea Market

Témoignant d'un superbe effort de réaménagement et de conservation, le marché de Chelsea occupe une ancienne usine transformée en galerie marchande pour gourmets.

Pour ceux qui aiment

☑ Ne ratez pas

Les tacos fusion de Takumi et une promenade au milieu des stands d'Artists and Fleas.

Le long édifice en brique du marché de Chelsea a été édifié dans les années 1890 pour abriter une grande boulangerie qui devint le siège de la National Biscuit Company (plus connue sous le nom de Nabisco, fabricant d'Oreos). Le marché, qui a ouvert dans les années 1990, est devenu un rendez-vous pour gastronomes et fashionistas en quête de quelque chose d'unique. Violoncellistes et musiciens de country égaient l'allée principale, et la High Line passe juste à l'arrière du bâtiment.

La Mecque des gourmets

Les tentations ne manquent pas avec plus d'une vingtaine d'enseignes. Goûtez le *ramen* coréen de **Mokbar** et les tacos fusion de **Takumi**, mêlant saveurs japonaises et mexicaines. Faites un tour

POLUDZIBER/SHUTTERSTOCK ©

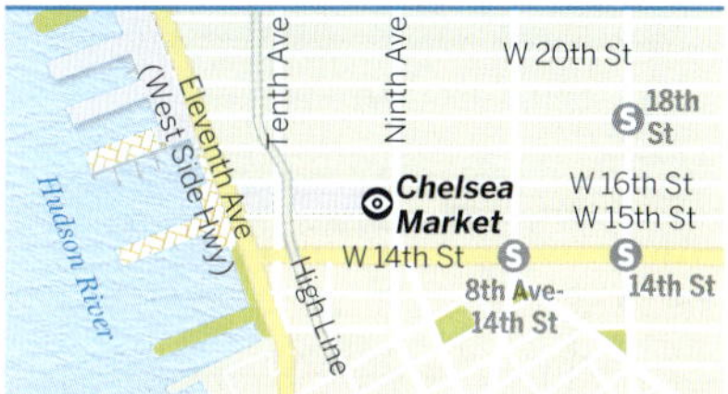

Infos pratiques

Plan p. 266 ; 212-652-2110 ; www.chelseamarket.com ; 75 9th Ave, entre W 15th St et W 16th St, Chelsea ; 7h-2h lun-sam, 8h-22h dim ; S A/C/E, L jusqu'à 8th Ave-14th St

Une petite pause

Depuis les entrées de 16th St et de 10th Ave, rejoignez la High Line (p. 52) pour respirer un peu d'air frais.

★ Bon à savoir

Préférez les plats à emporter car le nombre de places assises est limité dans de nombreux restaurants.

à **Very Fresh Noodles** pour observer l'étirage des nouilles du nord de la Chine derrière le comptoir. Il y a aussi le **Bar Suzette** pour les crêpes, et **Num Pang** pour les sandwichs cambodgiens. Accompagnez un délicieux café *latte* de **Ninth St Espresso** d'un minidonut tout chaud de **Doughnuttery** ou d'un brownie de **Fat Witch Bakery**. **The Lobster Place**, l'un des pionniers du lieu, propose des petits farcis au homard et d'excellents sushis.

Mode à gogo

Si vous recherchez des articles de mode haut de gamme à prix réduits, l'espace réservé aux événements, près de l'entrée sur 9th Ave, accueille souvent des **boutiques éphémères** et des ventes de vêtements pour hommes et femmes.

À l'autre bout du marché, à proximité de l'entrée de 10th Ave, **Artists and Fleas** (10h-21h lun-sam et 10h-20h dim) est un marché permanent où designers et artisans locaux vendent leurs articles. C'est le lieu où dégoter un portefeuille original, une paire de lunettes branchée ou un bijou. Ne manquez pas non plus les articles importés de Marrakech, spécialisé dans l'art et le design marocains. Feuilletez les livres de Posman Books et achetez une bonne bouteille en suivant les conseils avisés du personnel de Chelsea Wine Vault.

Des horizons nouveaux

Le marché n'occupe que la partie sud d'un terrain de près de 100 000 m² où étaient installées plusieurs chaînes de télévision. En 2018, Google a racheté tout le quartier pour 2,4 milliards de dollars, afin d'y installer, un jour, son nouveau QG new-yorkais.

Coney Island

Coney Island est l'un des parcs d'attractions les plus populaires de New York. En été, une foule de visiteurs vient profiter de ses hot dogs, ses montagnes russes, ses matchs de base-ball et pour déambuler le long de sa promenade.

Pour ceux qui aiment

☑ Ne ratez pas

Faites un tour sur Cyclone, puis gagnez la promenade pour savourer une bière fraîche.

Le jour sur la plage...

Jadis, Coney Island évoquait dans la culture américaine la plage et les promenades au bord de l'eau. Le lieu est devenu renommé au début du XXe siècle pour ses parcs d'attractions et son complexe balnéaire. Après des décennies de déclin, son charme kitsch connaît aujourd'hui un regain d'intérêt. Bien que l'endroit ne soit plus la grande attraction de la péninsule, il continue d'attirer des foules de touristes et d'habitants qui viennent profiter des montagnes russes, des hot dogs et d'une bière sur la promenade.

Luna Park (☎718-373-5862 ; www.lunaparknyc.com ; 1000 Surf Ave, au niv de W 10th St, Coney Island ; ⊙avr-oct ; Ⓢ D/F, N/Q jusqu'à Coney Island-Stillwell Ave) est l'un des parcs d'attractions les plus populaires de Coney Island. Il compte la mythique

Deno's Wonder Wheel

PIO3/SHUTTERSTOCK ©

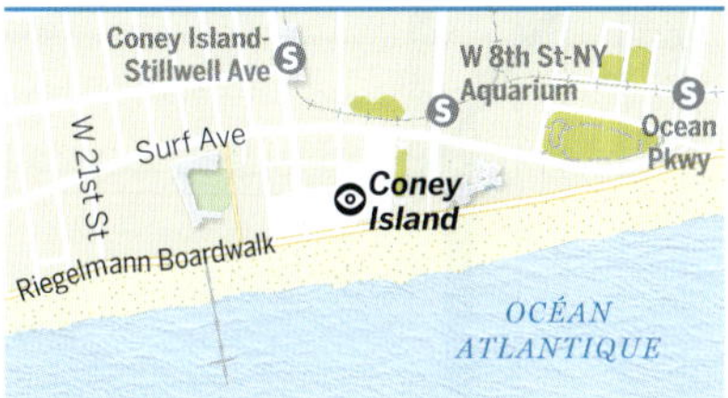

Infos pratiques

Surf Ave et Boardwalk, entre W 15th St et W 8th St ; S D/F, N/Q jusqu'à Coney Island-Stillwell Ave

Une petite faim ?

Totonno's (718-372-8606 ; www.totonnosconeyisland.com ; 1524 Neptune Ave, au niv de W 16th St, Coney Island ; pizzas 19-22 $, garnitures en supp 2,50 $; 12h-20h jeu-dim ; ; S D/F, N/Q jusqu'à Coney Island-Stillwell Ave) est l'une des plus anciennes et des plus authentiques pizzerias de Brooklyn.

★ Bon plan

Allez-y en semaine dans la journée pour éviter la foule et les longues files d'attente.

montagne russe en bois : Cyclone (10 $) qui atteint la vitesse de 95 km/h et chute presque à la verticale. Rose et vert menthe, la grande roue **Deno's Wonder Wheel** (718-372-2592 ; www.denoswonderwheel.com ; 1025 Riegelmann Boardwalk, au niv de W 12th St, Coney Island ; tour de grande roue 8 $; à partir de 12h tlj juil-août, à partir de 12h sam-dim avr-juin et sept-oct ; ; S D/F, N/Q jusqu'à Coney Island-Stillwell Ave) ravit les New-Yorkais depuis 1920. C'est de là qu'on a le meilleur point de vue sur Coney Island.

Le hot dog a été inventé à Coney Island en 1867, et le meilleur endroit pour en déguster est **Nathan's Famous** (718-333-2202 ; www.nathansfamous.com ; 1310 Surf Ave, au niv de Stillwell Ave, Coney Island ; hot dogs à partir de 4 $; 10h-23h lun-jeu, 10h-minuit ven, 9h-minuit sam, 10h-23h dim ; ; S D/F jusqu'à Coney Island-Stillwell Ave), fondé en 1916. Pour se désaltérer, **Ruby's** (718-975-7829 ; www.rubysbar.com ; 1213 Riegelmann Boardwalk, entre Stillwell Ave et W 12th St, Coney Island ; 11h-22h dim-jeu, jusqu'à 1h ven et sam avr-sept, sam-dim oct ; S D/F, N/Q jusqu'à Coney Island-Stillwell Ave) est un troquet légendaire sur la promenade.

... et la nuit au stade

Terminez votre journée par un match de base-ball en encourageant les **Brooklyn Cyclones** (718-372-5596 ; www.brooklyncyclones.com ; 1904 Surf Ave, au niv de W 17th St, Coney Island ; billets 10-19 $, mer 10 $; S D/F, N/Q jusqu'à Coney Island-Stillwell Ave), surtout s'ils affrontent l'équipe rivale des Staten Island Yankees. Sinon, sirotez une bière sur la promenade en contemplant le coucher de soleil.

Chaque vendredi soir en juillet-août, on peut admirer un feu d'artifice à partir de 21h30.

Le Flatiron et le One World Trade Center (p. 90)

Union Square

Union Square est l'arche de Noé de New York : on ne peut trouver échantillon plus éclectique de population. S'y pressent aussi bien des cadres en costume-cravate que des joueurs de percussions et des skateurs.

Pour ceux qui aiment

☑ Ne ratez pas

Pour une vue imprenable sur Union Square et l'Empire State Building, rendez-vous chez **DSW** (4 Union Sq, entre University Pl et Broadway), un magasin de chaussures installé au 3e étage d'un bâtiment à l'extrémité sud de la place.

Ouverte en 1839, cette place est vite devenue un lieu de ralliement pour la population environnante. La création de salles de concert et de sociétés artistiques a renforcé l'atmosphère culturelle, et les boutiques de luxe ont envahi Broadway, surnommé "The Ladies' Mile".

Opulence et protestation

Lorsque la guerre de Sécession éclata, ce vaste lieu public devint le théâtre de manifestations en tout genre, des syndicalistes aux militants politiques. Au plus fort de la Première Guerre mondiale, il n'était plus guère utilisé, permettant à de nombreuses organisations à vocation politique et sociale d'occuper le terrain, parmi lesquelles l'American Civil Liberties Union (ACLU ; Union américaine des libertés civiles), les Partis communiste

MARTIN/STOCKADOBE.COM ©

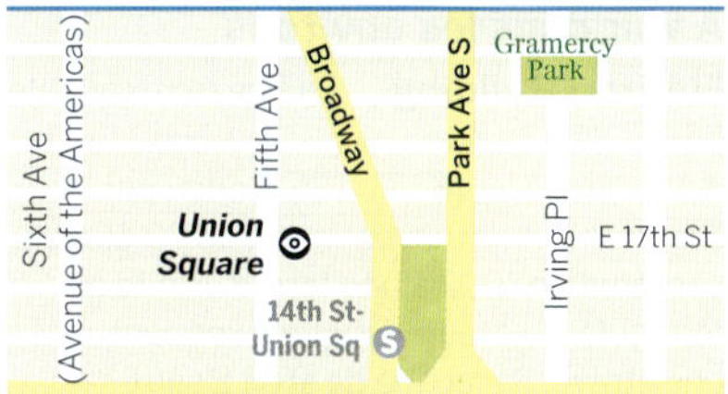

Infos pratiques

Plan p. 266 ; www.unionsquarenyc.org ; 17th St, entre Broadway et Park Ave South ; S 4/5/6, N/Q/R, L jusqu'à 14th St-Union Sq

Une petite faim ?

Les fameux hamburgers du Shake Shack (p. 119) sont à déguster en admirant les installations du Madison Square Park et le mythique Flatiron.

Bon plan

La foule peut être dense à Union Square, notamment dans 14th St. Si vous êtes pressé ou à pied, passez par 13th St, vous gagnerez du temps.

et socialiste et le Ladies' Garment Workers Union (Syndicat des travailleuses de l'industrie textile). Bien des décennies plus tard, Union Square est toujours un lieu populaire de rassemblements à caractère politique et social.

La Factory

Simultanément lieu des élégances et de la contestation politique, Union Square acquit une troisième dimension, artistique cette fois, voire franchement hippie, lorsque Andy Warhol déménagea son atelier, la Factory, au 33 Union Sq W, au 6e niveau du Decker Building. C'est là que, le 3 juin 1968, une écrivaine en colère, Valerie Solanas, blessa grièvement Warhol de trois coups de feu. Les temps ont changé : le rez-de-chaussée du bâtiment abrite désormais une chaîne de confiserie.

Le Metronome

En vous promenant sur Union Square, vous remarquerez des sculptures temporaires fantaisistes. Parmi les monuments permanents ; une imposante statue équestre de George Washington (une des plus anciennes œuvres d'art publiques de New York) et une statue de Gandhi. Du côté sud-est de la place, une énorme installation artistique attire les regards dubitatifs – quand elle n'est pas simplement ignorée – des passants. Représentation symbolique du temps, le *Metronome* se compose de deux éléments : un dispositif qui crache de la vapeur à midi et minuit à travers des cercles concentriques ; et une horloge digitale affichant 14 chiffres orange à décomposer en 2 séries de 7 – en partant de la gauche, l'heure actuelle (heures, minutes, secondes et 10es de seconde) et, en partant de la droite, en sens inverse, le temps restant de la journée.

À voir dans les environs

Flatiron Building Édifice remarquable

(Plan p. 266 ; Broadway, angle 5th Ave et 23rd St ; S N/R, F/M, 6 jusqu'à 23rd St). Conçu par Daniel Burnham, ce bâtiment de 20 étages construit en 1902 a une forme étroite et triangulaire caractéristique, évoquant une étrave. Sa façade de style Beaux-Arts en calcaire ornée de terre cuite, sur une structure en acier, révèle toute sa complexité à mesure que le regard s'y attarde. Jusqu'en 1909, le Flatiron fut le plus grand immeuble du monde.

Les écrits de William Sydney Porter, plus connu sous son nom de plume O. Henry, ainsi que les peintures de John Sloan et les photographies d'Alfred Stieglitz, ont su immortaliser le Flatiron de l'époque, tout comme l'actrice Katharine Hepburn, qui déclara au cours d'une interview télévisée qu'elle aimerait susciter autant d'admiration que ce majestueux édifice.

Il est prévu de transformer le Flatiron en un luxueux 5-étoiles, mais les travaux devront attendre que les derniers locataires aient quitté les lieux de leur plein gré. Entre-temps, le rez-de-chaussée de la "proue" du bâtiment a été converti en un espace artistique vitré exposant les œuvres d'artistes invités. Le tableau d'Edward Hopper *Nighthawks* (*Noctambules*, 1942) y fut reconstitué en 3D et à échelle humaine, son *diner* angulaire présentant une ressemblance frappante avec la forme du Flatiron.

Madison Square Park Parc

(Plan p. 266 ; ☎212-520-7600 ; www.madisonsquarepark.org ; E 23rd St à 26th St,

La Shake Shack, dans le Madison Square Park

entre 5th Ave et Madison Ave, Flatiron District ; 6h-23h ; ; S R/W, F/M, 6 jusqu'à 23rd St). Ce parc marquait la limite nord de Manhattan avant l'explosion démographique que connut l'île au lendemain de la guerre de Sécession. Aujourd'hui, on y trouve une populaire aire de jeux pour enfants et le premier des restaurants de burgers **Shake Shack** (plan p. 266 ; 646-889-6600 ; www.shakeshack.com ; Madison Sq Park, à l'angle de E 23rd St et Madison Ave, Flatiron District ; S R/W, F/M, 6 jusqu'à 23rd St). Il accueille nombre de manifestations culturelles et, aux beaux jours, diverses activités, comme des concerts. Voir le site Internet pour plus d'informations.

☑ Ne ratez pas

Les soirées de jazz live, du jeudi au samodi, de 21h à 1h.

DW LABS INCORPORATED/SHUTTERSTOCK ©

Le lieu offre un point de vue idéal sur les alentours, en particulier le Flatiron (p. 118) au sud-ouest, la moderne Metropolitan Life Tower au sud-est et l'immeuble de la New York Life Insurance Company surmonté d'une flèche dorée, au nord-est.

Entre 1876 et 1882, le bras de la statue de la Liberté portant la torche y fut exposé. Le premier Madison Square Garden, une salle de sport édifiée en 1879, se tenait sur ce site (à l'angle de Madison Ave et de 26th St). Dans l'angle sud-est, vous trouverez des toilettes à pièces, plutôt rares dans la ville.

Metropolitan Life Insurance Tower — Édifice historique

(Plan p. 266 ; 1 Madison Ave ; S N/R, F/M, 6 jusqu'à 23rd St). Achevée en 1909, cette tour de 213 m de haut qui domine l'angle sud-est de Madison Square est l'œuvre de Napoléon Le Brun, architecte d'origine française né à Philadelphie. Les italophiles auront sans doute une impression de déjà-vu : Le Brun s'inspira en effet du célèbre campanile de la place Saint-Marc, à Venise. Si elle n'est pas la plus haute de New York, cette tour de l'horloge reste l'une des plus imposantes au monde, avec ses 4 cadrans de 8 m de diamètre.

Tibet House — Centre culturel

(Plan p. 266 ; 212-807-0563 ; www.tibethouse.us ; 22 W 15th St, entre 5th Ave et 6th Ave ; don suggéré 5 $; 11h-18h lun-ven, 11h-16h dim ; S F/M jusqu'à 14th St, L jusqu'à 6th Ave). Parrainé par le dalaï-lama, cet espace culturel à but non lucratif présente à travers des expositions, une bibliothèque et différentes publications la civilisation tibétaine. Sont proposés des ateliers éducatifs, des séances de méditation, des week-ends de retraite et des voyages organisés au Tibet, au Népal ou au Bhoutan.

★ Bon plan

Allez-y en semaine pendant la journée afin d'éviter la foule et les longues files d'attente.

NO
SMOKING

SE RESTAURER

Pizzas, cuisine gastronomique et repas bon marché

Se restaurer

La scène culinaire new-yorkaise est un hommage à la diversité de sa population. Que vous soyez ou non un fin gourmet en quête de cuisines ethniques ou des derniers endroits ouverts par de grands chefs, les bons restaurants sont légion. À la différence de la Californie ou du Sud, New York ne possède pas de gastronomie typique. Sa cuisine est à son image, multiculturelle, et change constamment. Manger new-yorkais, c'est savourer la cuisine afro-américaine de Harlem, les délices italiennes de Little Italy, les bagels au saumon fumé des delis juifs de l'Upper East Side, les pancakes d'un diner à l'ancienne ou les pizzas de Brooklyn.

Dans ce chapitre

Tarifs et pourboire

Les symboles ci-dessous correspondent à un plat principal, hors taxes et pourboire.

$ moins de 15 $
$$ 15-25 $
$$$ plus de 25 $

Les New-Yorkais majorent généralement l'addition de 18 à 20%. Lorsqu'on commande à emporter, il est bien vu de déposer quelques dollars dans le récipient prévu à cet effet.

Page précédente : East Village

Sites Internet et blogs utiles

Yelp (www.yelp.com). Contenus et critiques d'utilisateurs ; très complet.

Open Table (www.opentable.com). Service de réservation de restaurants.

Tasting Table (www.tastingtable.com). Donne des informations sur les meilleures tables et les plus récentes.

Eater (ny.eater.com). Actualités culinaires et critiques de restaurants.

Grub Street (www.grubstreet.com). Articles bien informés sur les restaurants new-yorkais.

Les classiques new yorkais

Bagel Parfait pour commencer la journée, et encore meilleur avec du fromage à tartiner.

Pizza L'en-cas idéal à tout moment de la journée, servi dans les pizzerias partout en ville.

Hot dog Simple ou raffiné, il est meilleur avec de la moutarde brune et des oignons caramélisés.

New York-Style Cheesecake Dessert légendaire avec une croûte biscuitée surmontée de fromage frais.

Les meilleurs...

Restaurants de New York.

$

Chelsea Market (p. 134). Spécialités du monde entier.

Nom Wah Tea Parlor (p. 128). Authentique bistrot de dim sum des années 1920.

Burger Joint (p. 140). Des burgers juteux dans un bar tout simple, caché dans Midtown.

Berg'n (p. 145). Marché alimentaire avec bières artisanales.

Mamoun's (p. 133). Lieu réputé pour ses sandwichs *chawarma* épicés à petits prix.

$$

Upstate (p. 134). Pour un festin de fruits de mer dans East Village.

Ivan Ramen (p. 133). Succulents bols de nouilles au bouillon concoctés par un natif de Long Island passé par Tokyo.

Roberta's (photo ; p. 147). Pizzeria branchée de Williamsburg, avec un bar dans le jardin.

Butcher's Daughter (p. 131). Café-bar végétalien très couru, avec une ambiance californienne qui attire même les carnivores.

$$$

Eleven Madison Park (p. 139). Cuisine pointue et avant-gardiste.

Blue Hill (p. 137). Une icône de West Village dont les ingrédients sont issus de sa ferme.

Jeffrey's Grocery (photo ; p. 136). Adresse de quartier très appréciée dans West Village.

Agern (p. 142). Cuisine nordique nouvelle et étonnante, étoilée au Michelin, dans Grand Central Terminal.

Brunchs

Cookshop (photo ; p. 134). Bonne adresse de Chelsea pour s'asseoir dedans ou dehors.

Big Daddy's (p. 139). Bon *diner* à l'américaine près d'Union Square, avec *burritos* spécial petit-déjeuner et pancakes moelleux.

Dutch (p. 131). Plats copieux et diététiques, influences du monde entier et délicieux bagels saumon fumé-œufs brouillés.

Italien

Il Buco Alimentari & Vineria (p. 132). La cuisine de l'Italie d'antan dans ce restaurant d'exception de Nolita.

Rosemary's (photo ; p. 137). Établissement soigné de West Village aux plats mémorables.

Barbuto (p. 137). Lieu animé de Meatpacking District à la cuisine moderne et créative.

Végétarien et végétalien

Nix (p. 137). Une adresse étoilée au Michelin.

Butcher's Daughter (photo ; p. 131). Une carte végétarienne innovante à Nolita.

Hangawi (p. 141). Plats coréens sans viande.

Modern Love (p. 147). Plats végans fabuleux.

Two Boots Pizza (p. 138). Multiples pizzas, y compris végétaliennes et sans gluten.

Épiceries à l'ancienne

Barney Greengrass (p. 143). Saumon fumé et esturgeons préparés à la perfection depuis plus de 100 ans, dans l'Upper West Side.

Russ & Daughters (p. 156). Célèbre épicerie fine kasher du Lower East Side.

Di Fara Pizza (p. 138). Tartes succulentes dans un établissement apprécié de tous depuis les années 1960.

JG Melon (p. 142). Pub new-yorkais à l'ancienne, avec burgers au comptoir.

★ La sélection de Lonely Planet

Modern (p. 141). Cuisine étoilée au Michelin au bord du jardin de sculptures du MoMA.

Smorgasburg (p. 145 ; photo). Marché gastronomique itinérant avec plus d'une centaine de marchands.

Uncle Boons (p. 130). Cuisine de Thaïlande étoilée au Michelin, ambiance conviviale et cocktails aux saveurs d'Asie.

RedFarm (p. 136). Cuisine chinoise raffinée aux saveurs audacieuses, qui ne se prend pas au sérieux.

Foragers Table (p. 136). Des recettes issues de l'agriculture durable, pour une cuisine "de l'étable à la table".

Financial District et Lower Manhattan

Arcade Bakery Boulangerie $

(Plan p. 262 ; 212-227-7895 ; www.arcadebakery.com ; 220 Church St, entre Worth St et Thomas St, Tribeca ; pâtisseries à partir de 3 $, sandwichs 9 $, pizzas 10 $; 8h-15h lun-ven ; S 1 jusqu'à Franklin St). Il est facile de passer à côté de ce petit joyau situé dans le hall voûté d'un immeuble de bureaux des années 1920. On y trouve des produits frais : des sandwichs raffinés et (entre 12h et 15h, ou jusqu'à épuisement du pain) un petit choix de pizzas à la pâte croustillante aux champignons, oignons caramélisés et fromage de chèvre, mais surtout l'un des meilleurs croissants aux amandes de la ville.

Bluestone Lane Café

(Plan p. 260 ; 718-374-6858 ; www.bluestonelaneny.com ; 30 Broad St, Financial District ; 7h-17h30 lun-ven, 8h-17h sam-dim ; S J/Z jusqu'à Broad St, 2/3, 4/5 jusqu'à Wall St). Second avant-poste américain de l'empire Bluestone Lane, chaîne de cafés à l'australienne en plein essor aux États-Unis, ce minuscule établissement niché au coin d'un immeuble de bureaux Art déco déborde d'objets évoquant Melbourne. Outre une poignée de traders, s'y retrouvent des Australiens soignant leur mal du pays avec un café "flat white" et des en-cas comme le toast à l'avocat (9 $), un classique australien.

Kaffe 1668 South Café

(Plan p. 260 ; 212-693-3750 ; www.kaffe1668.com ; 275 Greenwich St, entre Warren St et Murray St, Lower Manhattan ; 6h30-21h lun-jeu, 6h30-20h30 ven, 7h-20h sam-dim ; ; S A/C, 1/2/3 jusqu'à Chambers St). Avec ses machines à café Synesso et ses cafés d'Afrique et des Amériques, Kaffe 1668 est un paradis pour connaisseurs. Autour d'une grande table commune se retrouvent cadres et créatifs pianotant sur leurs ordinateurs portables ; d'autres tables sont à disposition en bas. Côté en-cas : œufs, muesli, toasts à l'avocat, soupes et autres (plats 8-10 $). Deux autres adresses : au 530 5th Avenue et au 401 Greenwich Street.

Bar à café, Le District

LEONARD ZHUKOVSKY/SHUTTERSTOCK ©

Brookfield Place — Restaurants $$

(Plan p. 260 ; ☎212-978-1673 ; www.brookfieldplaceny.com ; 230 Vesey St, West St, Lower Manhattan ; 📶 ; Ⓢ E jusqu'à World Trade Center ; 2/3 jusqu'à Park Pl ; R/W jusqu'à Cortlandt St ; 4/5 jusqu'à Fulton St ; A/C jusqu'à Chambers St). Outre des bureaux et des magasins, ce complexe chic abrite deux superbes zones de restauration.

Les amateurs de cuisine hexagonale se retrouvent dans **Le District** (plan p. 260 ; ☎212-981-8588 ; www.ledistrict.com ; Brookfield Place, 225 Liberty St, à la hauteur de West St, Lower Manhattan ; plats marché 12-30 $, plats dîner Beaubourg 31-36 $; ⏲Beaubourg 8h-22h lun, 8h-23h mar-ven, 10h-23h sam, 10h-22h dim, autres horaires variables ; 📶), un charmant marché où l'on salive devant les stands et les restaurants vendant de tout, des fromages odorants aux steaks-frites.

À l'étage, l'**Hudson Eats** (plan p. 260 ; ☎212-978-1698 ; bfplny.com/directory/food ; Brookfield Place, 225 Liberty St, au niv de West St, Lower Manhattan ; plats à partir de 7 $; ⏲8h-21h lun-sam, 8h-19h dim ; 📶) est un espace branché offrant des en-cas chics : sushis, tacos, salades, burgers, etc.

Locanda Verde — Italien $$$

(Plan p. 262 ; ☎212-925-3797 ; www.locandaverdenyc.com ; 377 Greenwich St, au niv de Moore St, Tribeca ; plats déj 25-32 $, dîner 38-54 $; ⏲7h-23h lun-jeu, 7h-23h30 ven, 8h-23h30 sam, 8h-23h dim ; Ⓢ 1 jusqu'à Franklin St, A/C/E jusqu'à Canal St). Donnant sur la rue au Greenwich Hotel, ce restaurant italien gastronomique tenu par Andrew Carmellini dévoile derrière ses lourds rideaux de velours un décor superbe peuplé d'hommes sur leur trente et un, de femmes en robes de soirée et d'un personnel tiré à quatre épingles. On vient pour voir et être vu, mais la véritable vedette est la cuisine : morue de Sicile aux pois chiches, *orecchiette* avec saucisse de canard et chou kale ou encore raviolis aux truffes.

L'assiette dans les étoiles

New York est dans le peloton de tête des villes étoilées au Michelin, avec 75 adresses. Si l'addition y est souvent salée, nombre de ces adresses n'acceptent les réservations qu'une à deux semaines à l'avance, ce qui permet d'en profiter lors de son séjour.

Dans Midtown, **Le Bernardin** (www.le-bernardin.com), avec 3 étoiles au Michelin, sert de fantastiques produits de la mer préparés par le célèbre chef français Éric Ripert. Auréolé de 2 étoiles, le Modern (p. 141) domine le jardin de sculptures du MoMA. Avec 3 étoiles, Eleven Madison Park (p. 139), élu meilleur restaurant du monde en 2017, est désormais plus accessible grâce à l'ajout de tables au bar où l'on peut tester le menu dégustation (limité à 5 plats au lieu de 10), pour 175 $.

Il existe plusieurs tables d'une étoile et moins onéreuses. À Tribeca, le restaurant franco-italien **Bâtard** (www.batardtribeca.com) autorise à apporter sa propre bouteille le lundi, sans supplément. Agern (p. 142) propose des menus au déjeuner de nouvelle cuisine nordique à prix imbattables, et **The Finch** (www.thefinchnyc.com) sert une cuisine américaine moderne dans un immeuble de Brooklyn. Côté Asie, essayez Uncle Boons (p. 130), charmante adresse de SoHo, ou le JeJu Noodle Bar (p. 134), dans West Village. Végétarien ? Filez chez Nix (p. 137).

Desserts chez Le Bernardin
ELIZABETH A. ABTS/STOCKIMO/ALAMY STOCK PHOTO ©

★ Les meilleures boulangeries

Four & Twenty Blackbirds (p. 145)
Supermoon Bakehouse (p. 132)
Little Cupcake Bakeshop
Arcade Bakery (p. 126)

De gauche à droite : Little Cupcake Bakeshop ; Nom Wah Tea Parlor ; Canal St Market

RICHARD LEVINE/ALAMY STOCK PHOTO ©

PATTI MCCONVILLE/ALAMY STOCK PHOTO ©

Tiny's & the Bar Upstairs Américain $$$

(Plan p. 262 ; ☎212-374-1135 ; www.tinysnyc.com ; 135 W Broadway, entre Thomas St et Duane St, Tribeca ; plats 29-32 $; ⏰8h-23h lun-jeu, 8h-minuit ven, 9h-minuit sam, 9h-22h dim ; S 1 jusqu'à Franklin St, A, C jusqu'à Chambers St). L'intérieur rustique de cette maison de ville de Tribeca datant de 1810 (papier peint ancien, panneaux en bois de récupération, plafond étamé d'origine, comptoir en marbre et cuivre pressé, carreaux peints à la main) vaut à lui seul une visite, mais vous ne regretterez pas de rester pour un cocktail ou un repas. La cuisine américaine moderne a des accents français, comme avec le canard poêlé aux navets et échalotes ou les saint-jacques pêchées à la main.

Marc Forgione Américain $$$

(Plan p. 262 ; ☎212-941-9401 ; www.marcforgione.com ; 134 Reade St, entre Hudson St et Greenwich St, Tribeca ; plats 41-43 $; ⏰17h-22h dim-jeu, 17h-23h ven-sam ; S 1/2/3 jusqu'à Chambers St). La fabuleuse cuisine américaine novatrice de Marc Forgione a trouvé un décor idéal dans cette salle en brique ouverte, spacieuse et conviviale. Une attention particulière est portée à la fraîcheur, à la saisonnalité et à l'utilisation optimale de chaque produit composant les plats, comme dans le *branzino* (bar) égéen aux champignons sauvages, noix, riz et aiguilles de pin de Douglas, ou encore la morue d'Islande avec chaudrée de palourdes à la courge butternut et au bacon maison.

SoHo et Chinatown

Nom Wah Tea Parlor Chinois $

(Plan p. 262 ; ☎212-962-6047 ; www.nomwah.com ; 13 Doyers St, Chinatown ; dim sum à partir de 3,75 $; ⏰10h30-22h dim-mer, 10h30-23h ven-sam ; S J/Z jusqu'à Chambers St ; 4/5/6 jusqu'à Brooklyn Bridge-City Hall). Niché au fond d'une ruelle depuis les années 1920, le Nom Wah Tea Parlor est le doyen des restaurants de dim sum de New York. Installez-vous à une table, sur une des banquettes rouges ou au comptoir et cochez sur le menu en papier ce que vous souhaitez manger : petits pains au porc rôti, raviolis à la soupe de Shanghai, crevettes Siu Maï… on s'en lèche les babines.

RICHARD LEVINE/ALAMY STOCK PHOTO ©

Little Cupcake Bakeshop Desserts $

(Plan p. 262 ; ☎212-941-9100 ; www.littlecupcakebakeshop.com ; 30 Prince St, au niv de Mott St, Nolita ; gâteaux à partir de 4 $; ⏰7h30-23h lun-ven, 7h30-minuit ven, 8h-minuit sam, 8h-23h dim ; Ⓢ6 jusqu'à Spring St, R/W jusqu'à Prince St). Réputée pour sa recette du "blackout cake" de Brooklyn, considérée par beaucoup comme le meilleur gâteau au chocolat du pays, cette petite boulangerie au décor classique a également d'autres cordes à son arc. Les 4 frères de Brooklyn qui gèrent la boutique n'ont que faire de votre ligne, proposant notamment glaces maison (au beurre de cacahuète et confiture, par exemple), tartes au citron meringuées et mini-cupcakes moelleux.

Canal St Market Marché $

(Plan p. 262 ; www.canalstreet.market ; 265 Canal St, entre Broadway et Lafayette St ; ⏰alimentation 10h-20h, boutiques 11h-19h lun-sam, 12h-18h dim ; Ⓢ6, N/Q/R/W jusqu'à Canal St). À la frontière entre Chinatown et SoHo, ce nouveau marché mêlant mode et gastronomie fait tourner bien des têtes. L'espace gastronomique aux airs de hangar offre un tour du monde des saveurs (glaces râpées japonaises, ceviche, produits fermiers de saison, etc.), tandis que dans l'espace mode on peut faire de vraies trouvailles comme des skateboards vintage, des vêtements K-pop et des bijoux fabriqués à New York.

Xi'an Famous Foods Chinois $

(Plan p. 262 ; www.xianfoods.com ; 45 Bayard St, entre Elizabeth St et Bowery, Chinatown ; plats 4,70-12 $; ⏰11h30-21h dim-jeu, 11h30-21h30 ven-sam ; ⓈN/Q/R/W, J/Z, 6 jusqu'à Canal St, B/D jusqu'à Grand St). Les blogueurs culinaires font des syncopes à la seule mention de cette petite chaîne de nouilles tirées à la main. Également en vedette, les burgers au sauté d'agneau, cumin et graines de piment grillées, ou encore au ragoût de porc fondant. Il y a 12 adresses en ville au total.

Mamacha Café

(Plan p. 262 ; www.mamacha.nyc ; 312 Bowery, NoHo ; ⏰10h-20h ; 📶 ; ⓈB/D/F/M jusqu'à Broadway-Lafayette St). Ce café ressemble à tous ses congénères servant du thé matcha dans un décor artistique, mais celui-ci s'est fait une petite réputation en proposant des boissons infusées au CBD, une substance non psychoactive (et entièrement légale) tirée des plants de chanvre dont on fait le cannabis. Goûtez-en dans un *latte* curcuma-gingembre ou un soda grenade-menthe, et testez par vous-même les effets supposés relaxants de la molécule.

Uncle Boons Thaïlandais $$

(Plan p. 262 ; 646-370-6650 ; www.uncleboons.com ; 7 Spring St, entre Elizabeth St et Bowery, Nolita ; petite assiette 13-16 $, grande assiette 22-32 $; 17h30-23h dim-jeu, 17h30-minuit ven-sam ; ; S J/Z jusqu'à Bowery, 6 jusqu'à Spring St). Uncle Boons sert une cuisine étoilée au milieu de panneaux de bois rétro, d'affiches de films thaïlandais et de vieilles photos de famille. Les plats acidulés, copieux et créatifs mêlent tradition et innovation, comme le *kob woonsen* (cuisses de grenouilles marinées à l'ail et au soja), le *koong* (petits poulpes grillés) et le *kaduuk* (moelle rôtie au saté).

Gelso & Grand Italien $$

(Plan p. 262 ; 212-226-1600 ; www.gelsoandgrand.com ; 186 Grand St, au niv de Mulberry St, SoHo ; plats 17-31 $; 11h-1h dim-jeu, 11h-2h ven-sam ; S 6 jusqu'à Canal St/Spring St, J/Z jusqu'à Bowery). "Gelso" signifie mûre en italien (*mulberry* en anglais) – un clin d'œil à l'emplacement de ce restaurant italien raffiné à l'intersection historique entre Grand St et Mulberry St, dans Little Italy. Ici, pas de nappes à carreaux mais un décor de brique apparente et un menu qui fait de l'œil à la cuisine américaine moderne. S'il y a bien sûr les classiques pâtes et pizzas, c'est le regard neuf porté à la cuisine italienne qui fait de Gelso & Grand un établissement d'exception.

ATLA Mexicain $$

(Plan p. 262 ; www.atlanyc.com ; 372 Lafayette St, au niv de Great Jones St, NoHo ; plats 12-26 $; 11h-23h dim-mer, 11h-minuit jeu-sam ; S 6 jusqu'à Bleecker St, B/D/F/M jusqu'à Broadway-Lafayette St). Si les dénominations des plats mexicains d'ATLA (*enchiladas*, *quesadillas*, tacos, *chilaquiles)* ne laissent rien présager de nouveau, ici ces classiques sont

Gelso & Grand

élevés au rang de cuisine gastronomique. Installez-vous dans la superbe salle noire et blanche, sirotez un Negroni au mezcal et commandez un festin d'assiettes à partager, comme l'omble chevalier et sa tostada au fromage fermier, l'*aguachile* noir au bar rayé ou encore les ailes de canard aux oignons nouveaux.

Butcher's Daughter Végétarien $$

(Plan p. 262 ; 212-219-3434 ; www.thebutchersdaughter.com ; 19 Kenmare St, au niv d'Elizabeth St, Nolita ; salades et sandwichs 13-16 $, plats dîner 15-18 $; 8h-22h ; ; S J jusqu'à Bowery, 6 jusqu'à Spring St). La "fille du boucher" s'est définitivement émancipée et ne sert plus que des plats végétariens. La cuisine y est saine, épatante, divine : muesli bio, salade César au chou kale avec parmesan d'amande (végétalien), ou *Butcher's burger* (steak de haricots rouges et cheddar de noix de cajou).

Chefs Club Fusion $$$

(Plan p. 262 ; 212-941-1100 ; www.chefsclub.com ; 275 Mulberry St, Nolita ; plats 20-40 $; 17h30-22h30 lun-sam ; S R/W jusqu'à Prince St, B/D/F/M jusqu'à Broadway-Lafayette St). Occupant un édifice qui fut en partie utilisé pour le tournage de la série *Will & Grace*, le Chefs Club tient plus de l'entrepôt que d'un restaurant spectaculaire. Des chefs de passage y officient pendant 3 semaines, voire 3 mois, préparant des mets exquis et des menus qui exhalent les saveurs du globe.

Dutch Américain moderne $$$

(Plan p. 262 ; 212-677-6200 ; www.thedutchnyc.com ; 131 Sullivan St, au niv de Prince St, SoHo ; plats déj 18-38 $, dîner 27-68 $; 11h30-15h et 17h30-22h30 lun-jeu, jusqu'à 23h30 ven, 10h-15h et 17h30-23h30 sam, jusqu'à 22h30 dim ; S C/E jusqu'à Spring St, N/R jusqu'à Prince St ; 1 jusqu'à Houston St). Attendez-vous à une cuisine élégante, saine et réjouissante dans cette adresse en vue. Faites faire le tour du monde à vos papilles, du tartare de bœuf wagyu avec béarnaise à l'aïoli (22 $) aux côtelettes d'agneau grillées avec sauce "jerk" épicée et crêpe thaïlandaise (46 $).

Halles et marchés

Les rues et immeubles de New York ne doivent pas vous berner : les marchés y fleurissent. De nombreux quartiers ont leur propre *greenmarket*. L'**Union Square Greenmarket** (plan p. 266 ; 212-788-7476 ; www.grownyc.org/unionsquaregreenmarket ; E 17th St, entre Broadway et Park Ave S, Union Sq ; 8h-18h lun, mer, ven et sam ; S 4/5/6, N/Q/R/W, L jusqu'à 14th St-Union Sq) est l'un des plus importants. Le site Grow NYC (www.grownyc.org/greenmarket) recense les marchés de la ville.

Depuis quelques années, marchés et halles gastronomiques se multiplient à New York. Souvent branchés, ces lieux sont parfaits pour grignoter et essayer la cuisine d'établissements émergents qui n'ont pas encore les moyens d'ouvrir un restaurant. L'un des meilleurs marchés, et l'un des pionniers du genre, est le Chelsea Market (p. 134), où l'on trouve toutes sortes de mets. Il y en a aussi d'excellents à Brooklyn, notamment Smorgasburg (p. 145) et Berg'n (p. 145), où sont rassemblés des myriades de petits commerces gastronomiques. Vous pourrez aussi explorer le Gansevoort Market (p. 134), dans le Meatpacking District, le nouveau Canal St Market (p. 129) de Chinatown et le trio de halles de Brookfield Place (p. 127), dans Lower Manhattan.

Union Square Greenmarket
LITTLENYSTOCK/SHUTTERSTOCK ©

Réservation conseillée, notamment le soir et le week-end.

Où est passé le vrai Little Italy ?

À l'apogée de l'immigration italienne à New York, entre les années 1880 et 1920, le quartier coincé entre SoHo et Chinatown est devenu un nid de micro-communautés : les Siciliens vivaient dans Elizabeth St, les Napolitains dans Mulberry St et les Calabrais dans Mott St. Ce sont dans ces rues qu'est née la mafia new-yorkaise. Martin Scorsese grandit dans Elizabeth St. Il était enfant de chœur à l'ancienne cathédrale Saint-Patrick, située dans Mulberry St, où il tourna des années plus tard une scène de *Mean Streets*. Mais depuis près de 50 ans, cet authentique quartier italien est progressivement devenu une parodie de lui-même. Si l'on trouve toujours quelques restaurants kitsch aux nappes à carreaux rouges et blancs autour de Mulberry St, dont Lombardi's (la plus vieille pizzeria d'Amérique, ouverte en 1905), ils sont surtout fréquentés par les touristes et la cuisine laisse à désirer. Pour déguster une véritable cuisine italo-américaine, trouver les meilleures boulangeries de cannellonis ou observer le pétrissage des pâtes, l'étirage de la mozzarella et la confection des paninis dans des boutiques artisanales, il faut se rendre dans le Bronx, sur Arthur Ave, considérée aujourd'hui comme le "véritable Little Italy". Prendre le Metro North à destination de Fordham au Grand Central Terminal, ou les lignes B/D du métro jusqu'à la station Fordham Rd.

Ancienne cathédrale Saint-Patrick
ED ROONEY/ALAMY STOCK PHOTO ©

Il Buco Alimentari & Vineria Italien $$$

(Plan p. 262 ; ✆212-837-2622 ; www.ilbucovineria.com ; 53 Great Jones St, entre Bowery et Lafayette St, NoHo ; plats déj 14-34 $, dîner 34-70 $; ⏲8h-23h lun-jeu, 8h-minuit ven, 9h-minuit sam, 9h-23h dim ; 📶 ; **S** 6 jusqu'à Bleecker St ; B/D/F/M jusqu'à Broadway-Lafayette St). Que vous optiez pour un expresso au comptoir, du fromage au *deli* ou un festin de délices d'Italie dans la salle en contrebas, vous ne serez pas déçu. Le minimalisme branché du décor (brique, lampes industrielles géantes) se reflète dans le menu. Au déjeuner, les énormes paninis sont divins ; essayez le *porchetta*/œufs au plat/*salsa verde*/roquette (18 $).

Estela Américain $$$

(Plan p. 262 ; ✆212-219-7693 ; www.estelanyc.com ; 47 E Houston St, entre Mulberry St et Mott St, Nolita ; plats 18-39 $; ⏲17h30-23h lun-jeu, 11h30-15h et 17h30-23h30 ven-sam, jusqu'à 23h dim ; **S** B/D/F/M jusqu'à Broadway-Lafayette St ; 6 jusqu'à Bleecker St). Figurant en bonne place dans nombre de classements des meilleurs restaurants de New York, Estela semble pourtant commencer à se reposer sur ses lauriers. Certes, la cuisine est savoureuse et originale, mais l'on y est très serré, au point qu'il devient difficile d'avoir une conversation sans la partager avec ses voisins, et les portions sont minuscules.

East Village et Lower East Side

Supermoon Bakehouse Boulangerie $

(Plan p. 262 ; www.supermoonbakehouse.com ; 120 Rivington St, au niv d'Essex St, Lower East Side ; pâtisseries 6-8 $; ⏲8h-22h lun-jeu, 8h-11h ven, 9h-23h sam, 9h-22h dim ; **S** F jusqu'à Delancey St). Tenue par de sympathiques Australiens, que l'on peut voir à l'œuvre derrière des vitres, cette boulangerie fait les donuts les plus inventifs et les plus remarquables de tout New York. Chaque pâtisserie est une explosion de couleurs et de saveurs, comme le croissant

Momofuku Noodle Bar

"Green & Red" fourré d'une ganache chocolat blanc-menthe et de confiture de framboises, le croissant aux Ferrero Rocher ou encore le donut au curcuma fourré au caramel salé.

Mamoun's Moyen-oriental $

(Plan p. 262 ; ☎646-870-5785 ; www.mamouns.com ; 30 St Marks Pl, entre 2nd Ave et 3rd Ave, East Village ; sandwichs 4-7 $, assiettes 9-13 $; ⌚11h-1h lun-mer, 11h-3h jeu, 11h-5h ven-sam, 11h-1h dim ; ; S 6 jusqu'à Astor Pl ; L jusqu'à 3rd Ave). Ce petit établissement de la chaîne de falafels new-yorkaise bien connue s'est agrandi avec plus d'espace à l'intérieur comme en terrasse. Tard le week-end, les noctambules éméchés font la queue pour déguster un sandwich *chawarma* juteux nappé de la fameuse sauce de Mamoun's. Si vous ne mangez pas d'agneau, optez pour un sandwich aux falafels ou un copieux bol de *fool mudammas* (haricots bouillis).

Ivan Ramen Ramen $$

(Plan p. 262 ; ☎646-678-3859 ; www.ivanramen.com ; 25 Clinton St, entre Stanton St et E Houston St, East Village ; plats 16-19 $; ⌚12h30-22h dim-jeu, 12h30-23h ven-sam ; S F, J/M/Z jusqu'à Delancey-Essex Sts, F jusqu'à 2nd Ave). Satisfait du succès rencontré par ses deux restaurants de *ramen* de Tokyo, Ivan Orkin, originaire de Long Island, est de retour au pays. Si chaque New-Yorkais ne jure que par son propre spot de *ramen* secret, tous reconnaissent que cet établissement intimiste, où l'on regarde au comptoir son bol de nouilles prendre forme en salivant, est l'un des meilleurs. Le *tsukumen* ("nouilles trempées"), avec chou vinaigré et poitrine de porc mariné à la sauce soja, est incomparable.

Momofuku Noodle Bar Nouilles $$

(Plan p. 262 ; ☎212-777-7773 ; momofukunoodlebar.com ; 171 First Ave, entre E 10th St et E 11th St, East Village ; plats 17-23 $; ⌚12h-16h et 17h30-23h dim-jeu, 12h-16h et 17h30-1h ven-sam ; ; S L jusqu'à 1st Ave, 6 jusqu'à Astor Pl). Une poignée de tables, pas de réservation et un succès grandissant : vous devrez sans doute patienter pour savourer la cuisine délicieuse de Momofuku. *Ramen* épicé aux travers de porc, nouilles au gingembre avec shiitakés vinaigrés, nouilles froides avec saucisse du Sichuan et basilic thaï... tout est succulent. Le menu sans cesse renouvelé comprend des petits pains garnis (poitrine de bœuf et raifort, par exemple), des en-cas (ailes de poulet fumées) et des desserts.

Russ & Daughters Cafe Juif $$

(Plan p. 262 ; ☎212-475-4880 ; www.russanddaughterscafe.com ; 127 Orchard St, entre Delancey St et Rivington St, Lower East Side ; plats 18-21 $; ⏲9h-22h lun-ven, 8h-22h sam-dim ; Ⓢ F, J/M/Z jusqu'à Delancey-Essex Sts). Installez-vous pour un festin de bagels dorés garnis d'un saumon fumé parmi les meilleurs en ville dans le confort de ce *diner* à l'ancienne, antenne du légendaire traiteur juif Russ & Daughters, situé non loin sur Orchard Street. Outre les belles portions de poisson fumé, on peut savourer *latkes* aux pommes de terre, bortsch, œufs en tous genres et même du foie haché, pour les plus téméraires.

Upstate Poisson et fruits de mer $$

(Plan p. 262 ; ☎646-791-5400 ; www.upstatenyc.com ; 95 1st Ave, au niv de E 6th St, East Village ; plats 15-18 $; ⏲17h-22h lun-mer, 17h-23h ven-sam, 17h-22h dim ; Ⓢ F jusqu'à 2nd Ave). Ce petit établissement sert d'excellents fruits de mer et bières artisanales. La brève carte sans cesse renouvelée pourra comporter des moules à la bière, du ragoût de fruits de mer, des saint-jacques sur lit de risotto aux champignons, de l'*uni* (œufs d'oursin) et un vaste choix d'huîtres. Tous les ingrédients sont achetés quotidiennement au marché. Venez tôt car la file d'attente peut être longue.

West Village, Chelsea et Meatpacking District

Chelsea Market Marché $

(Plan p. 266 ; www.chelseamarket.com ; 75 Ninth Ave, entre W 15th St et W 16 St, Chelsea ; plats 10-15 $; ⏲7h-2h lun-sam, 8h-22h dim ; Ⓢ A/C/E, L jusqu'à 8th Ave-14th St). Illustration parfaite de reconversion urbaine réussie, le Chelsea Market a transformé une fabrique de biscuits du XIXe siècle en une halle gastronomique de 240 m de long. Là où fut inventé le légendaire biscuit Oreo, on salive désormais devant les 35 stands proposant une variété de produits étonnants, des nouilles *dandan* étirées à la main à la viande séchée de Jamaïque en passant par de bons fromages ou des homards entiers.

Gansevoort Market Marché $

(Plan p. 262 ; ☎646-449-8400 ; www.gansmarket.com ; 353 W 14th St, entre 8th Ave et 9th Ave, Meatpacking District ; plats 10-15 $; ⏲7h-21h ; 📶 ; Ⓢ A/C/E, L jusqu'à 8th Ave-14th St). Installé dans un bâtiment au cœur du Meatpacking District, ce marché alimentaire est le plus récent et le plus grand de New York. Dans un décor industriel minimaliste illuminé par des puits de lumière, vous trouverez un bar et une quinzaine de stands gastronomiques proposant entre autres délices : *bibimbap* coréens, *fish and chips* "irlandais", ceviches, pizzas, nouilles thaïlandaises, *ramen* et gaufres belges.

JeJu Noodle Bar Nouilles $$

(Plan p. 262 ; ☎646-666-0947 ; www.jejunoodlebar.com ; 679 Greenwich St, au niv de Christopher St, West Village ; nouilles 18-19 $; ⏲17h-22h dim-mer, 17h-23h jeu-sam ; 🚌 M8 jusqu'à Greenwich St-Christopher St, Ⓢ 1 jusqu'à Christopher St-Sheridan Sq). Maintenant que le *ramen* commence à être connu à travers le monde entier, il est peut-être temps d'explorer ses différentes déclinaisons, comme le *ramyun* coréen servi dans ce restaurant convivial installé dans un quartier tranquille à l'ouest de Christopher Street. Commencez par un *toro ssam bap* (thon gras, algues grillées, riz *tobiko* et œufs brouillés) avant de goûter au *ramyun* (nouilles et poitrine de bœuf dans un bouillon de veau).

Cookshop Américain $$

(Plan p. 266 ; ☎212-924-4440 ; www.cookshopny.com ; 156 10th Ave, au niv de W 20th St, Chelsea ; plats brunch 16-18 $, déj 18-24 $, dîner 24-30 $; ⏲8h-23h30 lun-ven,

★ Les meilleurs bagels

Russ & Daughters Cafe (p. 134)
Barney Greengrass (p. 143)
Eli's Essentials (p. 142)

Dans le sens horaire à partir du haut : Chelsea Market ; Barney Greengrass (p. 143) ; Jeffrey's Grocery

Gansevoort Market (p. 134)

à partir de 10h sam, 10h-22h dim ; ; S 1, C/E jusqu'à 23rd St). Idéal pour prendre un brunch avant (ou après) une promenade sur la verdoyante High Line (p. 52) de l'autre côté de la rue, Cookshop est un endroit animé. Le lieu est très apprécié à Chelsea pour son excellent service, ses cocktails énergisants (le Blushing Monk vous mettra un coup de fouet), son pain frais, son agréable terrasse et ses inventives recettes aux œufs.

Foragers Table Américain $$$

(Plan p. 266 ; 212-243-8888 ; www.foragerscitygrocer.com ; 300 W 22nd St, angle 8th Ave, Chelsea ; plats 28-32 $; dîner 17h30-22h lun-sam, 17h30-21h dim, brunch 9h-15h sam-dim ; ; S 1, C/E jusqu'à 23rd St). Les propriétaires de ce fabuleux restaurant utilisent de nombreux produits de leur ferme de 11 ha de la vallée de l'Hudson dans la composition de leurs menus de saison. La carte est souvent renouvelée, mais pourra comprendre des *fettuccine* aux champignons exotiques au beurre et au sherry, du poisson aux blettes nouvelles, riz soufflé et pommes marinées au yuzu, ou encore du porc berkshire sur lit de polenta rouge et *kimchi* de daikon.

Jeffrey's Grocery Américain $$$

(Plan p. 262 ; 646-398-7630 ; jeffreysgrocery.com ; 172 Waverly Pl, au niv de Christopher St, West Village ; plats 26-29 $; 8h-23h lun-mer, jusqu'à 1h jeu-ven, 9h30-1h sam, jusqu'à 23h dim ; S 1 jusqu'à Christopher St-Sheridan Sq). Les produits de la mer tiennent la vedette dans cette institution de West Village, notamment le bar à huîtres et des plats magnifiquement exécutés tels que les moules au curry madras, lait de coco et herbes aromatiques avec salade niçoise au thon et bisque de homard. Côté viande, vous pourrez savourer un onglet de bœuf aux pommes de terre nappé de sauce *romesco* (noix et poivrons rouges).

RedFarm Fusion $$$

(Plan p. 262 ; 212-792-9700 ; www.redfarmnyc.com ; 529 Hudson St, entre 10th St et Charles St, West Village ; plats 28-52 $, ravioles 15-17 $; dîner 17h-23h45 lun-sam, 17h-23h dim, brunch 11h-14h30 sam-dim ; S 1 jusqu'à Christopher St-

Sheridan Sq, A/C/E, B/D/F/M jusqu'à W 4th St-Washington Sq). Ce petit restaurant animé propose une cuisine chinoise unique de haute volée. Parmi les plats défiant toute classification, citons la bruschetta thon-aubergines, l'entrecôte marinée à la papaye, au gingembre et à la sauce soja, les nems au pastrami, le homard sauté avec œufs et émincés de porc, le cheeseburger en rouleaux de printemps ou encore les raviolis à la soupe de poulet et truffe noire.

Barbuto Italien $$$

(Plan p. 262 ; ☎212-924-9700 ; www.barbutonyc.com ; 775 Washington St, W 12th St, West Village ; plats 31-32 $; ⏰déj 12h-15h30, dîner 17h30-23h lun-jeu, 17h30-minuit ven-sam, 17h30-22h dim ; Ⓢ A/C/E, L jusqu'à 8th Ave-14th St, 1 jusqu'à Christopher St-Sheridan Sq). Aménagé dans un ancien garage au décor minimaliste et élégant, dont les portes coulissantes ouvrent sur une terrasse dès qu'il fait assez bon, ce restaurant propose une succulente cuisine nouvelle italienne. Vous pourrez y déguster de l'espadon avec courge, chou fumé et beurre brun ou des *cavatelli* à la ricotta avec champignons sauvages et parmesan.

Blue Hill Américain $$$

(Plan p. 262 ; ☎212-539-1776 ; www.bluehill-farm.com ; 75 Washington Pl, entre 6th Ave et Washington Sq W, West Village ; formules 95-108 $; ⏰17h-23h ; Ⓢ A/C/E, B/D/F/M jusqu'à W 4th St-Washington Sq). Avis aux adeptes de Slow Food, le Blue Hill a été l'un des pionniers du mouvement locavore. Le talentueux chef Dan Barber, originaire d'une famille de fermiers du Massachusetts, utilise les produits de sa région.

Nix Végétarien $$$

(Plan p. 262 ; ☎212-498-9393 ; www.nixny.com ; 72 University Pl, entre E 10th St et E 11th St, West Village ; plats 26-28 $; ⏰11h30-14h30 et 17h30-23h lun-jeu, 11h30-14h30 et 17h-23h ven, 10h30-14h30 et 17h-23h sam, 10h30-14h30 et 17h-22h30 dim ; 🌶 ; Ⓢ 4/5/6, N/Q/R/W, L jusqu'à 14th St-Union Sq). D'apparence modeste et pourtant étoilé au Michelin, ce restaurant est tenu par les chefs John Fraser et Garrett Eagleton qui font de leur palette de légumes de véritables chefs-d'œuvre culinaires. Commencez par du pain tandoori à tremper dans différentes sauces (poivron rouge et noix par exemple), puis passez aux saveurs plus complexes des plats comme la burrata au pesto avec truffes d'hiver, figues et noix, ou le tempura de chou-fleur avec légumes vinaigrés et pains vapeur.

Chumley's Américain $$$

(Plan p. 262 ; ☎212-675-2081 ; www.chumleysnewyork.com ; 86 Bedford St, entre Grove St et Barrow St, West Village ; plats 29-36 $; ⏰17h30-22h15 lun-jeu, jusqu'à 22h30 ven-sam, 11h30-15h30 dim ; Ⓢ 1 jusqu'à Christopher St-Sheridan Sq, A/C/E, B/D/F/M jusqu'à W 4th St-Washington Sq). Installé dans les locaux d'un légendaire bar clandestin de 1922 dans West Village, Chumley's a conservé une atmosphère historique tout en améliorant le reste. L'ambitieux menu de saison comprend de l'omble chevalier en papillote et un burger garni de deux steaks de 100 g, de moelle et d'échalotes. Les murs arborent des portraits et des couvertures de livres d'écrivains de l'époque de la Prohibition.

Rosemary's Italien $$$

(Plan p. 262 ; ☎212-647-1818 ; www.rosemarysnyc.com ; 18 Greenwich Ave, au niv de W 10th St, West Village ; plats 24-28 $, formule déj/dîner 24/34 $; ⏰8h-16h et 17h-23h lun-jeu, 8h-16h et 17h-minuit ven, 10h-16h et 17h-minuit sam, 10h-16h et 17h-23h dim ; Ⓢ 1 jusqu'à Christopher St-Sheridan Sq). Ce restaurant, l'un des plus courus de West Village, sert une exceptionnelle cuisine gastronomique italienne dans un décor aux vagues airs de ferme. Généreuses portions de pâtes maison, salades copieuses, plateaux de fromage et de charcuterie, légumes amers aux noisettes, porc de la ferme Meiller avec oranges à la moutarde... tout est succulent.

New York en un plat

La pâte est étalée à la main pour être fine et croustillante une fois cuite.

Pepperoni (salami au porc et au bœuf), oignons et champignons (jamais d'ananas) constituent la garniture typique.

L'acidité et le goût sucré doivent parfaitement s'équilibrer dans la sauce tomate.

On utilise de la mozzarella râpée (de la ricotta pour la "white pie").

Il est d'usage de manger une part de pizza en la pliant en deux dans la longueur.

ADIDAS4747/SHUTTERSTOCK ©

La meilleure pizza

Une part de paradis

Que vous en emportiez une part ou la mangiez entière au restaurant, la pizza fait partie des aliments les plus fréquents et les plus appréciés à New York. Sa pâte fine et croustillante est nappée d'une sauce tomate légèrement sucrée et d'une épaisse couche de mozzarella fondue qui doit enchanter le palais. Il suffit d'ajouter de la viande ou des légumes pour avoir un repas new-yorkais classique.

Juliana's (p. 146)
ROBERT CICCHETTI/SHUTTERSTOCK ©

★ Les 5 meilleures adresses pour manger une pizza

Juliana's (p. 146)

Roberta's (photo ; p. 147)

Two Boots Pizza (plan p. 262 ; ☎212-633-9096 ; www.twoboots.com ; 201 W 11th St, au niv de Greenwich Ave, West Village ; ⏰11h-minuit dim-mer, 11h-1h jeu, 11h-2h ven-sam ; Ⓢ A/C/E, L jusqu'à 8th Ave-14th St)

Totonno's (p. 115)

Di Fara Pizza (☎718-258-1367 ; www.difarany.com ; 1424 Ave J, angle E 15th St, Midwood ; part de pizza 5-6 $; ⏰12h-20h mar-sam, 13h-20h dim ; Ⓢ Q jusqu'à Ave J)

SIVAN ASKAYO/LONELY PLANET ©

Union Square, Flatiron District et Gramercy

Eataly Italien $$

(Plan p. 266 ; 212-229-2560 ; www.eataly.com ; 200 5th Ave, au niv de 23rd St, Flatiron District ; 7h-23h ; ; S R/W, F/M, 6 jusqu'à 23rd St). L'élégant et immense magasin de Mario Batali est un véritable temple de la gastronomie italienne. Des tables permettent de se poser pour se régaler aussi bien de *crudo* (poisson cru) et de *fritto misto* (légumes frits façon tempura) que de pâtes et de pizzas. On peut aussi se contenter d'un café au comptoir et fouiller les rayons pour se composer un pique-nique improvisé.

Big Daddy's Diner $

(Plan p. 266 ; 212-477-1500 ; www.bigdaddysnyc.com ; 239 Park Ave S, entre E 19th St et E 20th St, Gramercy ; plats 10-16 $; 8h-minuit lun-jeu, 8h-5h ven-sam, 8h-23h dim ; ; S 6 jusqu'à 23rd St ; 4/5/6, L, N/Q/R/W jusqu'à 14th St-Union Sq). Pour le petit-déjeuner comme pour reprendre des forces après une soirée arrosée, Big Daddy's est apprécié pour ses omelettes moelleuses, ses burgers copieux et ses montagnes de frites de pommes de terre ou de patates douces. Le décor est kitsch à l'américaine, mais contrairement à certains *diners* typiques, la cuisine est au niveau et les prix raisonnables.

Maialino Italien $$$

(Plan p. 266 ; 212-777-2410 ; www.maialinonyc.com ; Gramercy Park Hotel, 2 Lexington Ave, au niv de 21st St, Gramercy ; plats déj 24-36 $, dîner 34-58 $; 7h30-10h, 12h-14h et 17h30-22h lun-mer, jusqu'à 22h30 jeu-ven, 10h-14h30 et 17h30-22h30 sam, jusqu'à 22h dim ; S 6, R/W jusqu'à 23rd St). Les tables du restaurant de Danny Meyer se réservent jusqu'à un mois à l'avance, pourtant, le mieux est de s'installer au bar, où les serveurs sont aussi sympathiques que compétents. Dans les deux cas, vous dégusterez une cuisine italienne traditionnelle de première qualité, concoctée avec les fruits et légumes de l'Union Square Greenmarket (p. 131) voisin

Eleven Madison Park Américain $$$

(Plan p. 266 ; 212-889-0905 ; www.elevenmadisonpark.com ; 11 Madison Ave, entre 24th St et 25th St, Flatiron District ; menu dégustation 315 $; 17h30-22h lun-mer, 17h30-22h30 jeu, 12h-13h et 17h30-22h30 ven-dim ; S R/W, 6 jusqu'à 23rd St). Eleven Madison Park est un habitué des classements des meilleurs restaurants de la ville. Fraîchement rénové, emblème d'une cuisine américaine moderne et durable, c'est aussi l'un des 6 restaurants new-yorkais à arborer 3 étoiles au Michelin. Avec le chef Daniel Humm, créativité et fantaisie se conjuguent avec un sens du détail qui frise l'obsession.

Craft Américain $$$

(Plan p. 266 ; 212-780-0880 ; www.craftrestaurant.com ; 43 E 19th St, entre Broadway Ave et Park Ave S, Union Square ; plats déj 17-23 $, plats dîner 35-55 $; 12h-14h30 et 17h30-22h lun-jeu, jusqu'à 23h ven, 17h30-23h sam, jusqu'à 21h dim ; ; S 4/5/6, N/Q/R/W, L jusqu'à 14th St-Union Sq). Animé et haut de gamme, le Craft prend la défense des petits producteurs, transformant leurs produits en plats raffinés. Chaque ingrédient participe à l'explosion des saveurs des plats comme le poulpe braisé, la caille rôtie ou les pâtes *mezzaluna* au potiron avec sauge, beurre brun et parmesan. Réservez du mercredi au samedi ou allez-y à 18h ou après 21h30.

Gramercy Tavern Américain $$$

(Plan p. 266 ; 212-477-0777 ; www.gramercytavern.com ; 42 E 20th St, entre Broadway et Park Ave S, Flatiron District ; plats taverne 32-36 $, menu 3 plats en salle 134 $, menu dégustation 164-184 $; taverne 11h30-23h dim-jeu, 11h30-minuit ven-sam, salle 11h30-14h et 17h-21h45 dim-jeu, jusqu'à 22h30 ven-sam ; ; S R/W, 6 jusqu'à 23rd St). Ingrédients locaux et de saison sont au menu de cette vénérable institution chargée d'atmosphère, au charme rustique chic, avec ses chandeliers en cuivre, ses fresques et de spectaculaires compositions florales. Deux salles au choix : la taverne (sans réservation) qui propose un menu

Eataly, temple de la gastronomie italienne

à la carte (essayez le succulent canard haché aux champignons, châtaignes et choux de Bruxelles) ou la salle à manger élégante où l'on sert des menus plus raffinés (formule 3 plats ou menu dégustation). Dans l'une comme dans l'autre, le service est impeccable. L'endroit a un succès fou : réservez.

Midtown

Totto Ramen Japonais $

(Plan p. 268 ; ☎212-582-0052 ; www.tottoramen.com ; 366 W 52nd St, entre 8th Ave et 9th Ave ; ramen 12-18 $; ⏰12h-16h30 et 17h30-minuit lun-sam, 16h-23h dim ; S C/E jusqu'à 50th St). L'enseigne compte à présent deux autres établissements dans Midtown, mais les puristes savent que rien ne vaut l'original. Dans ce petit restaurant de 20 places, on écrit son nom et le nombre de convives sur le tableau à l'entrée, puis on attend son tour. Votre patience sera récompensée par des *ramens* extraordinaires. Vous pourrez agrémenter un *ramen* au miso (pâte de soja fermenté, œufs, oignons nouveaux, pousses de soja, purée de piment) de *char siu* (porc) délicieusement fondant.

Burger Joint Hamburgers $

(Plan p. 268 ; ☎212-708-7414 ; www.burgerjointny.com ; Parker Meridien, 119 W 56th St, entre 6th Ave et 7th Ave ; burgers 9-17 $; ⏰11h-23h30 dim-jeu, 11h-minuit ven et sam ; S F jusqu'à 57th St). Avec pour seul indice un petit néon en forme de hamburger, ce restaurant aux allures de bar clandestin se cache derrière le rideau du hall de l'hôtel Parker New York. S'il n'est plus aussi secret qu'autrefois (comme en témoigne l'attente), il propose toujours la même formule gagnante : murs tapissés de graffitis, box rétro et personnel branché servant des burgers sublimes.

Stumptown Coffee Roasters Café

(Plan p. 266 ; ☎855-711-3385 ; www.stumptowncoffee.com ; 18 W 29th St, entre Broadway et 5th Ave ; ⏰6h-20h lun-ven, 7h-20h sam-dim ; S R/W jusqu'à 28th St). Baristas branchés, coiffés de borsalinos, préparant un café d'exception ? Non, vous n'êtes pas à Williamsburg, mais bien à Manhattan, dans l'avant-poste new-yorkais de la légendaire chaîne de cafés de Portland. Oui, il y a la queue, mais que ne ferait-on pas pour un véritable expresso ? Il n'y a pas de place assise, et si la fatigue vous gagne tentez de trouver un siège dans le hall de l'**Ace Hotel** (212-679-2222 ; www.acehotel.com/newyork ; 20 W 29th St, entre Broadway et 5th Ave, Midtown West ; ch à partir de 399 $; ; R/W jusqu'à 28th St) voisin.

Turnstyle Underground Market Cuisine de rue $

(Plan p. 270 ; www.turn-style.com ; 8th Ave, entre W 58th St et 57th St ; horaires variables ; A/C, 1, B/D jusqu'à 59th St-Columbus Circle). Transformer un banal couloir de métro en une véritable artère commerciale et halle de restauration souterraine : en voilà une idée ! Un bonheur pour les usagers, qui peuvent prendre un café au passage ou s'arrêter pour manger tacos, poulet, gaufres, beignets russes ou sushis, et même faire du shopping dans de petites boutiques.

Fournos Theophilos Grec $

(Plan p. 268 ; 212-278-0015 ; www.fournos.com ; 45 W 45th St, entre 5th Ave et 6th Ave ; déj 11,90 $; 7h-22h lun-sam, 8h-22h dim ; B/D/F/M jusqu'à 47th-50th Sts-Rockefeller Center). Baptisé en l'honneur d'un peintre grec miséreux qui se faisait rémunérer en nourriture, Fournos Theophilos sert une délicieuse cuisine traditionnelle grecque au cœur d'un quartier de Midtown pratiquement dénué de restaurants. Tartes, pâtisseries et même milk-shakes au baklava sont disponibles à la boulangerie ; au fond, paniers-déjeuners à emporter, riches en saveurs méditerranéennes.

Sons of Thunder Poisson et fruits de mer $

(Plan p. 266 ; 646-863-2212 ; www.sonsofthunder.com ; 204 E 38th St, entre 3rd Ave et Tunnel Exit St ; bols poke 9-14 $; 11h-21h lun-ven, 12h-20h sam ; 6 jusqu'à 33rd St). Le *poke* hawaïen est désormais bien installé à New York, mais certaines adresses restent meilleures que d'autres. Ici, vous le composerez vous-même (poulpe, saumon, thon, tofu ou betterave sur un lit de riz, de légumes ou de riz de chou-fleur). Si vous n'êtes pas fan de poisson cru, essayez les tacos de poisson Baja ou les bols de chili.

Hangawi Coréen $$

(Plan p. 266 ; 212-213-0077 ; www.hangawirestaurant.com ; 12 E 32nd St, entre 5th Ave et Madison Ave ; plats déj 13-14 $, dîner 18-30 $; 12h-14h30 et 17h30-22h15 lun-jeu, jusqu'à 22h30 ven, 13h-22h30 sam, 17h-21h30 dim ; ; B/D/F/M, N/Q/R/W jusqu'à 34th St-Herald Sq). Une excellente cuisine coréenne sans viande, servie dans un décor zen sur fond de musique apaisante. On se déchausse, puis on s'installe sur des coussins à même le sol pour savourer des plats aux saveurs à la fois simples et complexes, comme les nouilles au potiron, les crêpes épicées au *kimchi* et une marmite de tofu onctueux nappé de sauce au gingembre. Venez au déjeuner afin de profiter du menu de 6 plats pour seulement 25 $.

Modern Français $$$

(Plan p. 268 ; 212-333-1220 ; www.themodernnyc.com ; 9 W 53rd St, entre 5th Ave et 6th Ave ; déj 3/6 plats 138/178 $, dîner 6 plats 228 $; restaurant 12h-14h et 17h-22h lun-mer, 12h-14h et 17h-22h30 jeu-sam, bar 11h30-22h lun-mer, 11h30-22h30 jeu-sam, 11h30-21h30 dim ; ; E, M jusqu'à 5th Ave-53rd St). Auréolé de ses 2 étoiles au Michelin, le Modern propose des créations audacieuses comme la tarte au foie gras ou la bûche au beurre de cacahuète. Un personnel sympathique apporte les plats dans un décor lumineux aux airs de salles d'exposition, avec d'immenses fenêtres donnant sur le jardin de sculptures du MoMA. Les fans de *Sex and the City* reconnaîtront l'endroit où Carrie annonce qu'elle va épouser Mr Big.

O-ya Japonais $$$

(Plan p. 266 ; 212-204-0200 ; www.o-ya.restaurant/o-ya-nyc ; 120 E 28th St ; nigiri 6-25 $; 17h30-22h lun-sam ; 4/6 jusqu'à 28th St). Les *nigiri* les moins chers avoisinant les 15 $, ce n'est pas un établissement où l'on ira tous les jours. Cependant, si vous désirez déguster des sushis pour une grande occasion, les saveurs sont exquises. Le poisson est si tendre qu'il fond sur la langue et les mets si artistiquement présentés qu'on regrette presque de les manger.

Agern Cuisine nordique nouvelle $$$

(Plan p. 268 ; ☎646-568-4018 ; www.agernrestaurant.com ; 89 E 42nd St, Grand Central Terminal ; plats dîner 28-44 $, déj 2/3 plats 40/48 $; ⏲11h30-14h30 et 17h30-22h lun-ven, 17h30-22h sam ; ; S S, 4/5/6, 7 jusqu'à Grand Central-42nd St, Metro North jusqu'à Grand Central-42nd St). On ne s'étonnera pas de trouver dans le restaurant de Claus Meyer, pionnier de la révolution gastronomique danoise, un élégant décor à la scandinave et une cuisine créative et de saison. Dans cet établissement, installé dans Grand Central Terminal, le chef propose des plats d'une simplicité trompeuse, comme l'endive à la confiture de mûres ou l'épaule de porc à l'oseille. L'addition est raisonnable, notamment le menu déjeuner à 40 $.

Grand Central Oyster Bar & Restaurant Poisson et fruits de mer $$$

(Plan p. 268 ; ☎212-490-6650 ; www.oysterbarny.com ; niveau inférieur, Grand Central Terminal, 42nd St, au niv de Park Ave ; plats 15-39 $; ⏲11h30-21h30 lun-sam ; S S, 4/5/6, 7 jusqu'à Grand Central-42nd St). Ce bar-restaurant animé de Grand Central a beaucoup de cachet avec son plafond voûté et carrelé conçu par l'ingénieur Rafael Guastavino. En entrant, délaissez la salle guindée à gauche pour les élégantes tables communes sur votre droite, où les convives enchaînent les huîtres aussi vite que les serveurs arrivent à les ouvrir.

Upper East Side

JG Melon Cuisine de pub $

(Plan p. 270 ; ☎212-744-0585 ; 1291 3rd Ave, au niv d'E 74th St ; plats 10-30 $; ⏲11h30-4h ; S Q jusqu'à 72nd St-2nd Ave). Un pub de quartier à l'ancienne et bruyant qui sert consommations et burgers (12 $) sur des soucoupes à thé à des prix abordables depuis 1972. Tout le quartier s'y presse pour manger et/ou boire (les Bloody Mary sont excellents), notamment à la sortie des bureaux. Espèces uniquement.

Papaya King Hot dogs $

(Plan p. 270 ; ☎212-369-0648 ; www.papayaking.com ; 179 E 86th St, au niv de 3rd Ave ; hot dogs 2,75-4,50 $; ⏲8h-minuit dim-jeu, 8h-1h ven-sam ; S 4/5/6, Q jusqu'à 86th St). Ouvert en 1932, il n'y a pas plus authentique que cet établissement de hot dogs et jus de papaye, et surtout pas son concurrent **Gray's Papaya** (plan p. 270 ; ☎212-799-0243 ; 2090 Broadway, au niv de 72nd St, entrée sur Amsterdam Ave ; hot dogs 2,50 $; ⏲24h/24 ; S 1/2/3, B, C jusqu'à 72nd St), de l'autre côté de la ville et de plus de 40 ans son cadet. En presque un siècle, Papaya King a vu plus d'un New-Yorkais défiler devant ses néons pour un savoureux repas bon marché de hot dogs et de jus de papaye pressée. Pourquoi la papaye ? Étudiez les panneaux explicatifs pour le découvrir. Essayez le hot dog "Homerun", garni de choucroute et de sauce aux oignons *relish*, typique de New York.

Eli's Essentials Américain $

(Plan p. 270 ; ☎646-755-3999 ; www.elizabar.com/ElisEssentials_91_Madison.aspx ; 1270 Madison Ave, au niv d'E 91st St ; buffet 16,95 $/livre, sandwichs à partir de 7 $; ⏲7h-23h ; ; S 6 jusqu'à 96th St). Le fils cadet des fondateurs du *delicatessen* Zabar's (p. 164) est en train de bâtir un mini-empire dans l'Upper East Side, dont fait partie ce *deli* juif traditionnel revisité, une halte idéale entre deux visites dans le Museum Mile de 5th Ave. Outre les bagels au saumon fumé et le sandwich brioché aux œufs (la spécialité maison), il y a un buffet avec poulet, macaronis au fromage et salades.

Tanoshi Japonais $$$

(Plan p. 270 ; ☎917-265-8254 ; www.tanoshisushinyc.com ; 1372 York Ave, entre 73rd et 74th St ; sélection de sushis du chef 95-100 $; ⏲services 18h, 19h30 et 21h mar-sam ; S Q jusqu'à 72nd St). Il est difficile de trouver une place dans le minuscule Tanoshi, mais un festival de saveurs vous y attend, exclusivement composé des sushis de l'*omakase* (sélection) du chef : pétoncles de Hokkaido, requin fumé aux algues ou encore *uni* (oursins). Prévoyez d'apporter votre bouteille de bière ou de saké. Réservez bien en avance.

Café Boulud Français $$$

(Plan p. 270 ; ☎212-772-2600 ; www.cafeboulud.com/nyc ; 20 E 76th St, entre 5th Ave et Madison Ave ; plats env 45 $; ⏰7h-10h30, 12h-14h30 et 17h30-22h30 lun-ven, 8h-10h30, 11h30-14h30 et 17h30-22h30 sam, 8h-10h30, 11h30-15h et 17h-22h dim ; ; S 6 jusqu'à 77th St). Établi de longue date et étoilé au Michelin, le bistrot de Daniel Boulud attire une clientèle guindée grâce à sa cuisine française aux accents internationaux. Le menu de saison pourra comprendre bar en paupiette ou du canard avec gnocchis aux pommes. Les végétariens apprécieront l'inventivité de la carte "marché fermier".

Upper West Side et Central Park

Peacefood Cafe Végétalien $

(Plan p. 270 ; ☎212-362-2266 ; www.peacefoodcafe.com ; 460 Amsterdam Ave, au niv de 82nd St ; plats 11-18 $; ⏰10h-22h ; ; S 1 jusqu'à 79th St). Ce paradis végan, spacieux et lumineux, est apprécié pour ses paninis au seitan frit (servis dans une *focaccia* maison et garnis de fromage de cajou, roquette, tomates et *pesto*), ses pizzas, ses assiettes de légumes rôtis et son excellente salade de quinoa. Il y a aussi des plats du jour crus, des jus énergisants et d'appétissants desserts, ainsi qu'un copieux menu dîner de 17h à 22h.

Barney Greengrass Traiteur $$

(Plan p. 270 ; ☎212-724-4707 ; www.barneygreengrass.com ; 541 Amsterdam Ave, au niv de 86th St ; plats 12-23,50 $; ⏰traiteur 8h30-18h mar-dim, café à partir de 8h30 ; S 1 jusqu'à 86th St). Autoproclamé "roi de l'esturgeon," Barney Greengrass sert toujours des plats

De la ferme urbaine à la table

Qu'il s'agisse du fromage triple crème Kunik fabriqué dans l'État de New York et vendu à la **Bedford Cheese Shop** (plan p. 266 ; ☎718-599-7588 ; www.bedfordcheeseshop.com ; 67 Irving Pl, entre E 18th St et 19th St, Gramercy ; ⏰8h-20h dim-jeu, 8h-21h ven-sam ; S 4/5/6, N/Q/R/W, L jusqu'à 14th St-Union Sq) ou des huîtres de Montauk servies au chic Craft (p. 139), l'engouement de New York pour les produits locaux et artisanaux est toujours aussi fort. La ville est devenue un immense potager, avec des toits d'immeuble, des cours et des jardins transformés en fermes urbaines. On trouve des tomates bio au-dessus des *delis* d'Upper East Side, des ruches sur les toits des *tenements* d'East Village, mais l'actuelle reine de la récolte bio est la **Brooklyn Grange** (www.brooklyngrangefarm.com), une ferme de 8 000 m², répartie sur 2 toits, à Long Island City et au chantier naval du Brooklyn Navy Yard. Le père de ce projet est Ben Flanner, jeune fermier et partisan du mouvement "de la ferme à la table". Cet ancien directeur de marketing d'E-Trade a lancé la culture sur le toit à New York en 2009, en ouvrant la première ferme verticale, **Eagle Street Rooftop Farm**, dans le quartier voisin de Greenpoint. Il collabore avec de hauts lieux de la restauration new-yorkaise, comme Roberta's (p. 147) à Brooklyn, et Gramercy Tavern (p. 139) à Manhattan.

Ferme sur un toit d'Eagle Street

généreux avec œufs et saumon fumé, caviar et *babka* au chocolat fondant, qui ont fait sa gloire dès son ouverture il y a un siècle. Prenez le petit-déjeuner dans l'atmosphère décontractée des tables disposées parmi les étals de légumes ou déjeunez au café installé dans une salle attenante.

Boulud Sud Méditerranéen $$$

(Plan p. 270 ; 212-595-1313 ; www.bouludsud.com ; 20 W 64th St, entre Broadway et Central Park W ; menu 3 plats à prix fixe 17h-19h lun-sam 65 $, plats déj 18-35 $, dîner 35-63 $; 11h30-14h30 et 17h-23h lun-ven, 11h-15h et 17h-23h sam, jusqu'à 22h dim ; S). Les panneaux en bois de poirier et les tons jaune-gris confèrent une atmosphère années 1960 digne de la série *Mad Men* au restaurant de Daniel Boulud, où l'on savoure une cuisine méditerranéenne et du Maghreb. Produits de la mer, légumes et épices régionaux sont à l'honneur dans des plats tels que la paella de Valence, la brick de Tunisie au thon confit et les *linguine* au citron et safran de Sardaigne. Profitez des menus spéciaux comme le déjeuner express (25 $), le menu pré-spectacle (65 $) et l'happy hour sur les pâtes (moitié prix).

Harlem et Upper Manhattan

Vinatería Européen $$

(212-662-8462 ; www.vinaterianyc.com ; 2211 Frederick Douglass Blvd, entre 119th St et 120th St ; plats 19-29 $; 17h-22h lun, 17h-23h mar-jeu, 17h-minuit ven, 10h30-minuit sam, 10h30-22h dim ; S A/C, B jusqu'à 116th St). Recommandé par le guide Michelin, cet élégant restaurant de quartier vous fera découvrir un aspect méconnu de Harlem. Inspirés de saveurs italiennes et espagnoles, les plats savoureux comme les boulettes de veau épicées sur polenta au parmesan ou le poulpe aux piments poblano grillés et pollen de fenouil. Les pâtes sont faites maison ; goûtez les spaghettis noirs aux fruits de mer, spécialité de l'établissement.

Sylvia's Sud des États-Unis $$

(212-996-0660 ; www.sylviasrestaurant.com ; 328 Malcolm X Blvd, entre 126th St et 127th St, Harlem ; plats 14-27 $; 8h-22h30 lun-sam, 11h-20h dim ; S 2/3 jusqu'à 125th St). Ouverte par Sylvia Woods en 1962, cette institution de Harlem épate résidents et visiteurs (dont plusieurs présidents) grâce à sa succulente cuisine traditionnelle du sud des États-Unis : poulet frit, *mac'n'cheese* et poisson-chat pané au maïs, accompagnés par exemple de chou vert. Venez le dimanche pour les brunchs gospel, et réservez pour ne pas avoir à jouer des coudes pour vous installer à une table.

Red Rooster Américain $$$

(212-792-9001 ; www.redroosterharlem.com ; 310 Malcolm X Blvd, entre 125th St et 126th St, Harlem ; plats déj 20-25 $, dîner 25-40 $; 11h30-15h et 16h30-22h30 lun-jeu, jusqu'à 23h30 ven, 10h-15h et 16h30-23h30 sam, jusqu'à 22h dim ; S 2/3 jusqu'à 125th St). Dans cette brasserie, le chef Marcus Samuelsson propose des plats simples mais raffinés et rehaussés de saveurs du monde. Ici, le *mac'n'cheese* est associé au homard, le *blackened catfish* (poisson-chat frit aux herbes et épices) est accompagné de pickles de mangue, et les boulettes de viande suédoises sont un rappel aux origines du chef. L'ambiance bar avec DJ est presque meilleure que les plats : débarquez après minuit le week-end et l'endroit sera toujours plein à craquer.

Brooklyn

Ample Hills Creamery Glacier $

(Plan p. 272 ; 347-725-4061 ; www.amplehills.com ; 305 Nevins St, au niv de Union St, Gowanus ; cônes 4,35-7,35 $; 12h-23h dim-jeu, jusqu'à minuit ven-sam ; S R jusqu'à Union St, F, G jusqu'à Carroll St). Avis aux amateurs de glaces : tous les fabuleux parfums d'Ample Hills (goût gâteau de Rice Krispies, chocolat chaud mexicain, caramel croquant au beurre salé, gâteau au beurre) sont conçus et réalisés sur place, à Gowanus, dans

Sylvia's

la fabrique du glacier. Prenez un cône et observez la confection de ces délices à travers la lucarne de la cuisine.

Four & Twenty Blackbirds — Boulangerie $

(Plan p. 272 ; ☎718-499-2917 ; www.birdsblack.com ; 439 Third Ave, angle 8th St, Gowanus ; part de tarte 6 $; ⌚8h-20h lun-ven, 9h-20h sam 10h-19h dim ; ; Ⓢ R jusqu'à 9th St). Inspirées par leur grand-mère, Emily et Melissa Elsen utilisent des produits locaux et de saison pour préparer les meilleures tartes de New York, haut la main. Faites-y donc une halte pour savourer une part de tarte pomme-caramel salé ou potiron au beurre brun avec un mug de café Stumptown. Les pâtissiers en herbe pourront aussi acheter une copie du *Pie Book*, leur livre de recettes.

Berg'n — Marché $

(Plan p. 272 ; www.bergn.com ; 899 Bergen St, entre Classon Ave et Franklin Ave, Crown Heights ; plats 13-16 $; ⌚alimentation 9h-22h mar-jeu, 10h-23h ven-sam, jusqu'à 22h dim, bar 11h-tard mar-dim ; ; Ⓢ C, 2/3, 4/5 jusqu'à Franklin Ave). Créé par l'équipe de Smorgasburg et Brooklyn Flea (p. 165), Berg'n est une vaste halle gastronomique tout en brique parsemée de longues tables en bois où vous attend un véritable festin : poitrine de bœuf fumé (Mighty Quinn's), sandwichs au fromage grillés et burgers (LandHaus), cuisine de rue inspirée de Shanghai (Jianbing) et pizzas étirées à la main (Pizza by Charlie). Il y a aussi un stand de café et un bar à bières des micro-brasseries de la région.

Smorgasburg — Marché $

(www.smorgasburg.com ; plats 12-16 $; ⌚Williamsburg 11h-18h sam, Prospect Park 11h-16h dim avr-oct, Atlantic Center 11h-20h sam, 11h-17h dim nov-fév ;). La plus grande manifestation culinaire de Brooklyn réunit une centaine de vendeurs offrant une profusion de produits : en-cas italiens, confit de canard, tacos de pain indien, burgers aux champignons rôtis, plats éthiopiens végétaliens, glace au caramel salé, donuts au fruit de la Passion, bière artisanale, entre autres. Les lieux changent d'une saison à l'autre ; consultez le site Internet.

Fette Sau Barbecue $

(Plan p. 273 ; 718-963-3404 ; www.fettesaubbq.com ; 354 Metropolitan Ave, entre Havemeyer St et Roebling St, Williamsburg ; viandes 12-13 $/demi-livre ; 17h-23h lun, 12h-23h mar-dim ; S L jusqu'à Bedford Ave). Une atmosphère sans chichis vous attend dans ce temple à la gloire de la viande fumée, la meilleure adresse de Brooklyn pour les fans de barbecue. Le sol en ciment et l'espace intérieur-extérieur rappellent que l'endroit était jadis un garage, et l'on festoie en commandant à la livre, avant de s'installer aux tables communes posées sur des tréteaux. Amateur de *brisket*, de *pulled pork* et de saucisse au chili ancho : vous êtes au bon endroit.

Juliana's Pizzeria $$

(Plan p. 272 ; 718-596-6700 ; www.julianaspizza.com ; 19 Old Fulton St, entre Water St et Front St, Brooklyn Heights ; pizza 26-29 $; 11h30-15h15 et 16h-22h ; ; S A/C jusqu'à High St). Le pizzaiolo légendaire Patsy Grimaldi est de retour à Brooklyn, avec de délicieuses pizzas à pâte fine classiques ou créatives, comme la n°1, avec de la mozzarella, du fromage *scamorza affumicata* (fromage fumé italien au lait de vache), de la pancetta, des échalotes et de l'huile d'olive aux truffes blanches. Juliana's ferme 45 minutes l'après-midi pour recharger le four à charbon.

Olmsted Américain $$

(Plan p. 272 ; 718-552-2610 ; www.olmstednyc.com ; 659 Vanderbilt Ave, entre Prospect Pl et Park Pl, Prospect Heights ; petites assiettes 15-16 $, grandes assiettes 23-24 $; dîner 17h30-22h lun-jeu, 17h-22h30 ven-sam, 17h-21h30 dim, brunch 11h30-14h30 ven, 11h-15h sam-dim ; S B, Q jusqu'à 7th Ave). Le chef et propriétaire Greg Baxtrom, qui a bourlingué en cuisine dans de nombreux restaurants, prépare des plats de saison si succulents que même les Manhattanites daignent traverser le fleuve pour les savourer. De nombreux ingrédients de la carte proviennent du jardin à l'arrière du restaurant, où l'on s'installe également pour le dessert ou boire un cocktail. Pas de réservations le lundi. Sinon réservez.

Smorgasburg (p. 145)

LITTLENYSTOCK/SHUTTERSTOCK ©

Modern Love Végétalien $$

(Plan p. 273 ; ☎929-298-0626 ; www.modernlovebrooklyn.com ; 317 Union Ave, près de S 1st St, East Williamsburg ; plats brunch 16-18 $, dîner 20-23 $; ⏰17h30-22h mar-jeu, 17h30-23h ven, 17h-23h sam, 10h-15h et 17h-22h dim ; ; S G jusqu'à Metropolitan Ave, L jusqu'à Lorimer St). La chef réputée Isa Chandra Moskowitz fait des heureux à Williamsburg grâce à sa cuisine végane haut de gamme et réconfortante. Délicieuses versions de plats classiques, comme le *mac'n'shews* (à base de fromage au lait de noix de cajou et de tofu enrobé de farine de maïs et de noix de pécan), la *Manhattan glam chowder*, le steak de seitan et la poutine à la truffe. Réservez.

Roberta's Pizzeria $$

(Plan p. 273 ; ☎718-417-1118 ; www.robertaspizza.com ; 261 Moore St, près de Bogart St, East Williamsburg ; pizzas 19-20 $; ⏰11h minuit lun-ven, 10h-minuit sam-dim ; ; S L jusqu'à Morgan Ave). Dans un entrepôt reconverti en espace branché de ce quartier gastronomique de Brooklyn en plein essor, vous savourerez des pizzas parmi les meilleures de New York. Si le personnel est “à la cool”, la préparation des pizzas, croustillantes et garnies d'ingrédients frais et délicieux, est d'un sérieux irréprochable. La Margherita est d'une sublime simplicité, mais les palais plus aventureux peuvent choisir les succès saisonniers comme la Beastmaster (gorgonzola, saucisse de porc et *jalapeños*).

Zenkichi Japonais $$$

(Plan p. 273 ; ☎718-388-8985 ; www.zenkichi.com ; 77 N 6th St, au niv de Wythe Ave, Williamsburg ; menu végétarien/classique 65/75 $; ⏰18h-minuit lun-sam, 17h30-23h30 dim ; ; S L jusqu'à Bedford Ave). Fondé par un chef de Tokyo souffrant du mal du pays, ce restaurant à l'atmosphère feutrée allie sérénité et plaisir en proportions égales. Isolez-vous dans l'un des box, commandez l'*omakase* (sélection du chef) et laissez-vous emporter par une ribambelle de délices de saison : en hiver, vous aurez peut-être de la lotte (*anou*) avec tempura de céleri, du bœuf washugyu en sauce soja sucrée, et du riz aux truffes avec champignons *shimeji*.

SHOPPING

Partez à la chasse aux trésors

Shopping

Capitale du commerce, de la créativité et de la mode, New York est l'une des destinations shopping phares de la planète. Les lumières de la ville attirent designers, artisans et entrepreneurs de renommée mondiale, qui parsèment les rues et marchés d'articles uniques et de magasins branchés. Difficile de ne pas faire de folies lorsque l'on est cerné de boutiques indépendantes et de grands magasins mythiques. Noël, en particulier, voit des touristes du monde entier débarquer en ville pour profiter des soldes.

Dans ce chapitre

Sites Web

Time Out (www.timeout.com/newyork/shopping). Actualité sur les nouveaux magasins, les soldes et les boutiques éphémères.

New York Magazine (www.nymag.com). Conseils avisés sur les meilleurs endroits où dépenser son argent.

The Stylish City (www.thestylishcity.com). Liste exhaustive des ventes privées de New York.

Page précédente : Brooklyn Flea (p. 165)
NIELSKLIIM/SHUTTERSTOCK ©

Heures d'ouverture

Généralement, les commerces ouvrent de 10h à 19h en semaine, et de 11h à 20h le samedi. Le dimanche, les horaires sont plus variables – certains magasins restent fermés, tandis que d'autres ouvrent comme en semaine. Les boutiques tendent à rester ouvertes plus tard dans les quartiers de Lower Manhattan. Beaucoup de petites échoppes ouvrent seulement à midi.

Saison des soldes

Les soldes sur les vêtements ont généralement lieu à la fin de chaque saison. D'autres périodes de soldes coïncident avec les week-ends prolongés tels que ceux de Memorial Day et Labor Day. Mais c'est bien le Black Friday (le vendredi qui suit Thanksgiving) qui remporte la palme de la frénésie, notamment sur 5th Ave. Les réductions vont de 30 à 50%.

Les meilleurs...

Magasins de New York pour faire du shopping jusqu'à l'épuisement

Pour les femmes

Shishi (p. 163). Renouvelez votre garde-robe sans vous ruiner dans cette merveille de l'Upper West Side.

Galeria Melissa (p. 155). Chaussures élégantes et originales de la marque brésilienne écologique.

Resurrection (p. 156). Paradis du design vintage avec des employés sympathiques.

Barneys (photo ; p. 162). Une institution pour les passionnés de mode. Renommée pour sa sélection de marques en devenir.

Pour les hommes

By Robert James (p. 157). Des vêtements robustes par un styliste local en vogue.

Nepenthes New York (p. 162). Un collectif japonais et des articles de marques branchés.

New York Shaving Company (p. 155). Chez un barbier apprécié des stars : eaux de Cologne classiques d'inspiration SoHo et kits de rasage traditionnels.

Opening Ceremony (p. 156). Articles streetwear stylés et un "customization bar".

Pour les enfants

FAO Schwarz (photo ; p. 162). Cette institution new-yorkaise du jouet, ressuscitée depuis peu, est un paradis pour petits et grands enfants.

Dinosaur Hill (p. 159). Dans East Village, des jouets créatifs, des livres et de la musique pour stimuler les jeunes esprits.

Yoya (p. 160). Jolie petite boutique de vêtements dans West Village.

Décoration et design

Shinola (p. 154). Accessoires originaux.

Fishs Eddy (p. 160). Design excentrique de New York.

Guggenheim Store (p. 32). Articles de maison et objets d'art inspirés par le musée.

Museum of Art & Design Store (p. 65). Superbes bols, vases et articles de cuisine, plus des bijoux de créateurs à prix doux.

Librairies

Strand Book Store (photo ; p. 159). La meilleure librairie de livres d'occasion en ville.

Housing Works Bookstore (p. 156). Livres d'occasion et café dans un lieu plein de poésie de Nolita.

192 Books (p. 159). Librairie de quartier comme on les aime, à Chelsea.

Souvenirs

Lower East Side Tenement Museum (p. 94). Livres, sacs, écharpes et nombreux articles dans la boutique du musée.

Strand Book Store (p. 159). Un rayon entier sur la culture populaire américaine, et des ouvrages sur New York.

Artists & Fleas (en photo ; p. 164). Bijoux, articles de maison et textiles fabriqués localement dans une ambiance de marché.

Spots vintage

Housing Works Thrift Shop (p. 159). Des magasins toujours sympathiques à explorer, partout en ville.

Screaming Mimis (p. 159). Nombre de jolis vêtements des décennies passées.

Resurrection (photo ; p. 156). Pièces de marque vintage en parfait état.

★ La sélection de Lonely Planet

Bergdorf Goodman (p. 161). Le plus magique des légendaires grands magasins new-yorkais, aux vitrines et présentoirs féeriques.

Brooklyn Flea (p. 165). Un bric-à-brac de meubles vintage et de vêtements rétro, à Brooklyn.

ABC Carpet & Home (p. 160). Comme dans un musée, les 6 niveaux d'ABC débordent de trésors.

MoMA Design & Book Store (p. 160). Beaux livres, reproductions et objets surprenants.

FAO Schwarz (p. 162). Le plus célèbre magasin de jouets de New York connaît une seconde vie au Rockefeller Center.

Financial District et Lower Manhattan

Philip Williams Posters Vintage

(Plan p. 260 ; ☎212-513-0313 ; www.postermuseum.com ; 122 Chambers St, entre Church St et W Broadway, Lower Manhattan ; ⏲10h-19h lun-sam ; Ⓢ A/C, 1/2/3 jusqu'à Chambers St). Cette caverne d'Ali Baba réunit plus de 100 000 affiches, dont certaines de 1870. Affiches françaises géantes pour des parfums et du cognac, affiches de films d'Europe de l'Est et affiches décoratives du Nouvel An chinois. Comptez de 15 $ pour une reproduction à taille réduite à des milliers de dollars pour les originaux les plus rares (une pièce d'A. M. Cassandre, par exemple). Autre entrée au 52 Warren St.

Century 21 Mode

(Plan p. 260 ; ☎212-227-9092 ; www.c21stores.com ; 22 Cortlandt St, entre Church St et Broadway, Financial District ; ⏲7h45-21h lun-mer, 7h45-21h30 jeu-ven, 10h-21h sam, 11h-20h dim ; Ⓢ A/C, J/Z, 2/3, 4/5 jusqu'à Fulton St, R/W jusqu'à Cortlandt St). Avec des réductions jusqu'à 65%, ce magasin à prix cassés est addictif pour les fashionistas au budget serré. Tout n'est pas sensationnel, il faut fouiller. On y trouve vêtements, accessoires, chaussures, cosmétiques, articles pour la maison, jouets et un atelier de retouche.

Pearl River Mart Grand magasin

(Plan p. 262 ; ☎212-431-4770 ; www.pearlriver.com ; 395 Broadway, au niv de Walker St, Tribeca ; ⏲10h-19h20 ; Ⓢ N/Q/R/W, J/M/Z, 6 jusqu'à Canal St). Destination shopping incontournable du centre-ville depuis 1971. D'innombrables articles asiatiques remplissent les rayonnages, entre autres pyjamas en soie, robes *cheongsam*, vaisselle en céramique japonaise, gadgets de cuisine ingénieux, lanternes en papier, kits d'origami et de calligraphie, bambous et chats porte-bonheur à gogo.

Shinola Accessoires

(Plan p. 262 ; ☎917-728-3000 ; www.shinola.com ; 177 Franklin St, entre Greenwich St et Hudson St, Tribeca ; ⏲11h-19h mer-sam, 11h-18h dim, 10h-17h lun ; Ⓢ 1 jusqu'à Franklin St). Réputée pour ses montres, cette marque de Detroit se diversifie avec un large choix d'accessoires

Century 21

TUPUNGATO/SHUTTERSTOCK ©

made in USA : étuis pour tablette ou journal de bord en cuir, vélos en édition limitée avec sacoches customisées et platines pour vinyles haut de gamme. Monogrammes gratuits sur les articles en cuir et en papier, et un artisan-horloger résident.

SoHo et Chinatown

Galeria Melissa — Chaussures

(Plan p. 262 ; ☎212-775-1950 ; www.melissa.com.br/us/galerias/ny ; 500 Broadway, entre Broome St et Spring St, SoHo ; ⏲10h-19h lun-ven, 10h-20h sam, 11h-19h dim ; ; S 6 jusqu'à Spring St, R/W jusqu'à Prince St). Ce designer brésilien est spécialisé dans les chaussures en plastique, idéales par temps de pluie. Recyclables, durables et élégantes, ces chaussures pour femmes et enfants se déclinent en sandales, chaussures basses ou running et, bien sûr, des bottes.

Saturdays — Mode et accessoires

(Plan p. 262 ; ☎212-966-7875 ; www.saturdaysnyc.com ; 31 Crosby St, entre Broome St et Grand St, SoHo ; ⏲boutique 10h-19h, café 8h-18h lun-sam, 10h-18h dim ; ; S N/Q/R/W, J/Z jusqu'à Canal St ; 6 jusqu'à Spring St). Ce *surf shop* version SoHo ne vend pas que des planches et de la *wax*, mais aussi des articles de toilette design, de l'art graphique, des ouvrages sur le surf et sa propre ligne de vêtements. Adresse dans **West Village** (plan p. 262 ; ☎347-246-5830 ; www.saturdaysnyc.com ; 17 Perry St, au niv de Waverly St, West Village ; ⏲10h-19h ; S A/C/E, L jusqu'à 8th Ave-14th St ; 1/2/3 jusqu'à 14th St).

New York Shaving Company — Santé et bien-être

(Plan p. 262 ; ☎212-334-4495 ; www.nyshavingcompany.com ; 202b Elizabeth St, entre Prince St et Spring St, Nolita ; ⏲11h-20h lun-ven, 10h-20h sam, 11h-19h dim ; S 6 jusqu'à Spring St, J/Z jusqu'à Bowery). Un établissement de soins pour hommes créé par John Scala, un Sicilien né à Brooklyn. Dans des casiers en bois sont exposés de beaux articles de toilette à l'ancienne (crèmes, gels et kits de rasage). Parmi les eaux de Cologne, il paraît que Justin Timberlake apprécie l'Elizabeth St.

Chelsea Market
YMGERMAN/SHUTTERSTOCK ©

Ventes privées

Outre les promotions qui peuvent avoir lieu toute l'année, des *sample sales* (ventes privées) sont régulièrement organisées, en particulier dans les vastes entrepôts du Fashion District de Midtown ou à SoHo, et parfois au **Chelsea Market**. Il s'agissait au départ pour les créateurs de se débarrasser de prototypes un peu usés, mais aujourd'hui la plupart de ces ventes sont l'occasion pour les marques haut de gamme d'écouler leurs stocks à prix cassés. Tenez-vous au courant via le site *The Stylish City* (www.thestylishcity.com). On peut également trouver des vêtements de luxe peu portés à prix réduits dans les dépôts-ventes. L'Upper East Side est le territoire de chasse des amateurs de grandes marques, avec notamment Michael's (p. 162).

Rag & Bone — Mode

(Plan p. 262 ; ☎212-219-2204 ; www.rag-bone.com ; 117-119 Mercer St, entre Prince St et Spring St, SoHo ; ⏲11h-20h lun-sam, 11h-19h dim ; S R/W jusqu'à Prince St). Cette marque new-yorkaise, née en 2002, est très prisée des New-Yorkais branchés. Au choix, chemises et blazers épurés, T-shirts imprimés, robes légères à bretelles, articles en cuir et les fameux jeans de la marque (à partir de 200 $) à la coupe généralement impeccable. On trouve également de nombreux accessoires (chaussures, chapeaux et maroquinerie).

Marchés aux puces et vêtements vintage

Les boutiques d'occasion et les brocantes mêlent shopping, découvertes gourmandes et explorations touristiques. Le Brooklyn Flea (p. 165), installé à Dumbo le dimanche, est la brocante la plus populaire de la ville. Artists & Fleas (p. 164), avec ses nombreux marchands, est une autre merveille. Il y a aussi le **Hell's Kitchen Flea Market** (plan p. 266 ; ☎212-220-0239 ; www.annexmarkets.com/hells-kitchen-foundation ; W 39th St, entre 9th Ave et 10th Ave ; ⏰9h-17h sam-dim ; Ⓢ A/C/E jusqu'à 42nd St-Port Authority Bus Terminal), marché aux puces hebdomadaire en plein cœur de Midtown. L'East Village est le quartier des magasins de vêtements vintage et de seconde main.

Hell's Kitchen Flea Market

Resurrection Vintage

(Plan p. 262 ; ☎212-625-1374 ; www.resurrectionvintage.com ; 45 Great Jones St, entre Lafayette St et Bowery St, SoHo ; ⏰10h-18h lun-ven, 11h-19h sam ; Ⓢ 6 jusqu'à Spring St ; N/R jusqu'à Prince St). On ressuscite ici les styles phares des dernières décennies, avec de superbes pièces mod, glam-rock et new wave en parfait état. Ne manquez pas les robes Halston, les manteaux Courrèges et les bijoux Jack Boyd. Marc Jacobs est passé par ici pour trouver l'inspiration.

MiN New York Cosmétiques

(Plan p. 262 ; ☎212-206-6366 ; www.min.com ; 117 Crosby St, entre Jersey St et Prince St, SoHo ; ⏰11h-19h mar-sam, 12h-18h dim-lun ; Ⓢ B/D/F/M jusqu'à Broadway-Lafayette St ; N/R jusqu'à Prince St). Cette accueillante boutique d'apothicaire aux airs de bibliothèque propose des fragrances uniques (telle "*stories*", une création artisanale de la maison), que l'on retrouve dans des produits pour le corps, bougies et parfums haut de gamme. Les prix peuvent être abordables ou exorbitants (à partir de 70 $). Chose rare, on ne vous pousse pas à acheter.

Opening Ceremony Mode et accessoires

(Plan p. 262 ; ☎212-219-2688 ; www.openingceremony.com ; 35 Howard St, entre Broadway et Lafayette St, SoHo ; ⏰11h-20h lun-sam, 12h-19h dim ; Ⓢ N/Q/R, J/Z, 6 jusqu'à Canal St). Une boutique réputée pour sa sélection sans cesse renouvelée des meilleures marques de vêtements indé et streetwear du monde entier, établies ou émergentes. Articles pour hommes, femmes et unisexe, ainsi que les créations d'avant-garde d'Opening Ceremony. Des vêtements sensationnels, malins, audacieux... et coûteux !

Housing Works Bookstore Librairie

(Plan p. 262 ; ☎212-334-3324 ; www.housingworks.org/locations/bookstore-cafe ; 126 Crosby St, entre E Houston St et Prince St, SoHo ; ⏰10h-21h lun-jeu, 10-18h ven-dim ; 📶 ; Ⓢ B/D/F/M jusqu'à Broadway-Lafayette St, N/R jusqu'à Prince St). Cet endroit typiquement local vous offrira une échappée pour quelques heures, avec une excellente sélection de livres d'occasion, vinyles, disques et comics en vente pour la bonne cause (les bénéfices sont reversés aux personnes séropositives de New York et aux sans-abri atteints du sida). Pour un après-midi de lecture sur place ou au café d'à côté, et une visite à la friperie voisine.

East Village et Lower East Side

Russ & Daughters Alimentation

(Plan p. 262 ; ☎212-475-4800 ; www.russanddaughters.com ; 179 E Houston St, entre Orchard St et Allen St, Lower East Side ; ⏰8h-18h ven-mer, 8h-19h jeu ; Ⓢ F jusqu'à 2nd Ave). Ce *deli*

Tictail Market

régale New York depuis 1914 de ses délices juives d'Europe de l'Est : caviar, esturgeon, hareng et saumon fumé. Sans doute le meilleur de New York, c'est le lieu idéal pour composer un pique-nique ou faire ses emplettes. Apprécié des gourmets, férus d'histoire et architectes d'intérieur.

Tictail Market Mode et accessoires

(Plan p. 262 ; ☎917-388-1556 ; www.tictail.com ; 90 Orchard St, au niv de Broome St, Lower East Side ; ⏲12h-21h lun-sam, 12h-18h dim ; Ⓢ B/D jusqu'à Grand St, F, J/M/Z jusqu'à Delancey St-Essex St). Tictail Market est spécialisé dans les vêtements, accessoires, bijoux fantaisie et objets d'art d'une "communauté mondiale" d'artisans. Tous les articles sont achetés directement à leurs créateurs : vos achats permettront donc à de petits commerces de survivre. La collection est variée mais tend vers une esthétique minimaliste et branchée.

Obscura Antiques Antiquaire

(Plan p. 262 ; ☎212-505-9251 ; www.obscuraantiques.com ; 207 Ave A, entre E 12th St et E 13th St, East Village ; ⏲12h-20h lun-sam, 12h-19h dim ; Ⓢ L jusqu'à 1st Ave). Une collection excentrique et variée qui ravira les amateurs de curiosités comme les chasseurs d'antiquités aguerris : trophées de chasse, crânes et squelettes de rongeurs, collections de papillons sous verre, photographies post-mortem de l'ère victorienne, instruments (dentaires ?) terrifiants, drapeaux indicateurs de mines allemands, fioles de poison anciennes et yeux en verre. *Oddities*, une série TV de 6 épisodes, est consacrée à ce lieu, aux curiosités qu'il contient et aux fouineurs qui les recherchent.

By Robert James Mode et accessoires

(Plan p. 262 ; ☎212-253-2121 ; www.byrobertjames.com ; 74 Orchard St, entre Broome St et Grand St, Lower East Side ; ⏲12h-20h lun-sam, 12h-18h dim ; Ⓢ F, J/M/Z jusqu'à Delancey St-Essex St). Robert James est obsédé par les vêtements pour hommes robustes et bien taillés. Il se fournit et fabrique à New York (l'atelier est installé au-dessus). Les rayons débordent de jeans ajustés, de belles chemises et de vestes de style classique. Lola, le labrador de James, arpente parfois le magasin

Top 5 des souvenirs de New York

GUGGENHEIM SPIRAL MUG, KRISTOPHER MCKAY ©

Mugs Guggenheim

L'architecture aux airs de ziggourat moderniste du Guggenheim est reproduite en miniature sur les mugs, théières, salières et poivriers de la boutique-musée (p. 78).

CONCHI MARTINEZ/SHUTTERSTOCK ©

Senteurs uniques

Pour des eaux de Cologne à l'ancienne, inspirées des rues de Little Italy, cap sur la New York Shaving Company (p. 155).

NANO CALVO/ALAMY STOCK PHOTO ©

Fringues locales

Trouvez un vêtement fabriqué à New York à ajouter à votre garde-robe, comme un sweat à capuche Brooklyn de chez Artists & Fleas (p. 164).

DW LABS INCORPORATED/SHUTTERSTOCK ©

Sacs et T-shirts Strand Books

Arrêtez-vous dans la plus grande librairie indépendante de New York (p. 159) pour un T-shirt ou un sac de toile portant l'emblématique logo.

S.POPOVIC RM/ALAMY STOCK PHOTO ©

Décorations de Noël

Si vous êtes à New York en novembre ou décembre, passez à la boutique de l'Empire State Building (p. 66) pour acheter vos décorations de Noël.

Dinosaur Hill Jouets

(Plan p. 262 ; ☎212-473-5850 ; www.dinosaurhill.com ; 306 E 9th St, entre 1st Ave et 2nd Ave, East Village ; ⏰11h-19h ; 👶 ; Ⓢ6 jusqu'à Astor Pl). Un regard à la vitrine donne un avant-goût coloré des superbes jouets faits main, stimulants et originaux de ce magasin à l'ancienne. Marionnettes tchèques, ombres chinoises, jeux de construction, trousses de calligraphie, pianos-jouets, kits du petit peintre/scientifique, CD de musiques du monde et puzzles-alphabet en bois dans une demi-douzaine de langues, sans oublier des vêtements en fibre naturelle.

West Village, Chelsea et Meatpacking District

Strand Book Store Livres

(Plan p. 262 ; ☎212-473-1452 ; www.strandbooks.com ; 828 Broadway, au niv de E 12th St, West Village ; ⏰9h30-22h30 lun-sam, 11h-22h30 dim ; ⓈL, N/Q/R/W, 4/5/6 jusqu'à 14th St-Union Sq). L'iconique Strand incarne l'intellect du centre-ville new-yorkais – un pays des merveilles littéraires, où des générations de bibliophiles armés de sacs frappés du logo de la boutique viennent se perdre avec bonheur pendant des heures. Ouvert en 1927, Strand vend des titres neufs, d'occasion et rares, avec près de 29 km de rayons (plus de 2,5 millions d'ouvrages) répartis dans un labyrinthe sur 3 étages.

Murray's Cheese Alimentation

(Plan p. 262 ; ☎212-243-3289 ; www.murrayscheese.com ; 254 Bleecker St, entre Morton St et Leroy St, West Village ; sandwichs 7-8 $; ⏰8h-21h lun-sam, 9h-20h dim ; ⓈA/C/E, B/D/F/M jusqu'à W 4th St-Washington Sq, 1 jusqu'à Christopher St-Sheridan Sq). Fondée en 1940 par Murray Greenberg, vétéran de la guerre d'Espagne, cette fromagerie est l'une des meilleures de New York. Rob Kaufelt, l'ancien propriétaire désormais "consultant", est connu pour son talent lorsqu'il s'agit de trouver les meilleurs laits caillés au monde, ensuite vieillis en caves sur place et dans le Queens.

Meadow Chocolat

(Plan p. 262 ; ☎212-645-4633 ; themeadow.com ; 523 Hudson St, entre W 10th St et Charles St, West Village ; ⏰11h-21h lun-jeu, 11h-22h ven-sam, 11h-20h dim ; Ⓢ1 jusqu'à Christopher St-Sheridan Sq). Importée de Portland, cette jolie épicerie fine à l'atmosphère feutrée vend du chocolat d'origine unique, du sel fin, du miel et tout ce qu'il faut pour remplir ses placards. Le propriétaire sélectionne des chocolats d'exception du monde entier et est aussi l'auteur d'un ouvrage de 300 pages sur le sel. On vous offrira peut-être un épais chocolat chaud mélangé sur place ou du pop-corn généreusement saupoudré de truffe salée.

Housing Works Thrift Shop Vintage

(Plan p. 266 ; ☎718-838-5050 ; 143 W 17th St, entre 6th Ave et 7th Ave, Chelsea ; ⏰10h-19h lun-sam, 12h-18h dim ; Ⓢ1 jusqu'à 18th St). Avec sa vitrine joliment présentée, cette boutique gérée par une association caritative ressemble à un magasin classique. On y trouve vêtements (notamment de grandes marques), accessoires, meubles, livres et disques d'un excellent rapport qualité/prix. Les bénéfices servent à secourir les sans-abri séropositifs et malades du sida. Treize autres adresses en ville.

192 Books Librairie

(Plan p. 266 ; ☎212-255-4022 ; www.192books.com ; 192 10th Ave, entre W 21st St et W 22nd St, Chelsea ; ⏰11h-19h ; Ⓢ1, C/E jusqu'à 23rd St). Cette petite librairie indépendante, nichée au cœur du quartier des galeries d'art, propose un vaste choix d'ouvrages de fiction, d'histoire, de voyage, d'art et de critique. En bonus : des expositions d'art temporaires pendant lesquelles sont mis à l'honneur des ouvrages liés aux œuvres ou à l'artiste, et des lectures hebdomadaires d'auteurs et d'intellectuels de renom.

Screaming Mimis Vintage

(Plan p. 262 ; ☎212-677-6464 ; www.screamingmimis.com ; 240 W 14th St, entre 7th Ave et 8th Ave, Chelsea ; ⏰12h-20h lun-sam, 13h-19h dim ; ⓈA/C/E, L jusqu'à 8th Ave-14th St). Fan de vintage, de nippes de créateurs et de costumes excentriques : vous êtes

Housing Works
NEW YORK CITY/ALAMY STOCK PHOTO ©

Icônes new-yorkaises

Certains magasins sont devenus de telles légendes à New York que la ville ne serait pas tout à fait pareille sans eux. Pour les marques, Century 21 (p. 154) est une institution de la Grosse Pomme qui vend à prix cassés des pièces de D&G, Prada et Marc Jacobs, parmi tant d'autres. Les passionnés de livres accourent chez Strand (p. 159), plus grande librairie de la ville. Géré par des juifs hassidiques et équipé d'étonnantes machines, B&H Photo Video est le royaume de la technologie numérique et audio. Quant aux philanthropes de **Housing Works** (plan p. 268 ; 646-963-2665 ; www.shop.housingworks.org ; 730-732 9th Ave, entre 49th St et 50th St, Midtown West ; 12h-20h lun-sam, 12h-18h dim ; S C/E jusqu'à 50th St), ils vous permettront de dénicher vêtements, livres et meubles de seconde main. Le piano de sol géant sur lequel dansait Tom Hanks dans le film *Big*, ça vous dit quelque chose ? Il se trouvait chez FAO Schwarz (p. 162). Ce magasin de jouets légendaires ferma en 2015, mais il connaît une seconde vie depuis 2018 au Rockefeller Center, dans un espace tout aussi magique où le fameux clavier a retrouvé sa place.

au paradis ! Cette formidable boutique propose un excellent choix d'articles d'antan ingénieusement classés par décennies, des années 1940 à 1990. Des très sages cardigans de laine aux minijupes en daim, en passant par les fourrures fluo, les bottines en cuir blanc, les accessoires et les bijoux, en parfait état.

Yoya Vêtements pour enfants
(Plan p. 262 ; 646-336-6844 ; www.yoyanyc.com ; 605 Hudson St, entre Bethune St et W 12th St, West Village ; 11h-19h lun-sam, 12h-17h dim, horaires réduits en hiver ; S A/C/E, L jusqu'à 8th Ave-14th St). Vêtements pour enfants, élégants et de qualité, avec de grandes marques telles que Bobo Choses, Bang Bang Copenhagen et 1+ In The Family.

Union Square, Flatiron District et Gramercy

Fishs Eddy Articles de maison
(Plan p. 266 ; 212-420-9020 ; www.fishseddy.com ; 889 Broadway, au niv de E 19th St, Union Sq ; 10h-21h lun-ven, 10h-20h sam-dim ; S R/W, 6 jusqu'à 23rd St). Les produits de qualité Fishs Eddy – tasses, soucoupes, beurriers et carafes parmi tant d'autres, aux couleurs élégantes ou aux motifs délicieusement extravagants – agrémentent les foyers des New-Yorkais branchés depuis des années.

ABC Carpet & Home Articles de maison
Plan p. 266 ; 212-473-3000 ; www.abchome.com ; 888 Broadway, au niv de 19th St ; 10h-19h lun-mer et ven-sam, 10h-20h jeu, 11h-18h dim ; S 4/5/6, N/Q/R/W, L jusqu'à 14th St-Union Sq). Mecque des architectes d'intérieur et décorateurs, ce temple du bon goût sur 7 niveaux déborde de meubles et d'accessoires. On y trouve bibelots, bijoux, mobilier de qualité, luminaires design, objets en céramique, plaids et tapis anciens. À la période de Noël, c'est un lieu féerique pour acheter des décorations.

Midtown

MoMA Design & Book Store Cadeaux, souvenirs
(Plan p. 268 ; 212-708-9700 ; www.momastore.org ; 11 W 53rd St, entre 5th Ave et 6th Ave ; 9h30-18h30 sam-jeu, 9h30-20h ven ; S E, M

jusqu'à 5th Ave-53rd St). La boutique du MoMA (p. 32) est une librairie et une boutique de souvenirs design. Outre d'excellents livres (sur l'art, l'architecture ou la culture populaire, avec une section de livres d'images pour enfants), on y trouve des reproductions d'œuvres d'art, des affiches et toutes sortes d'articles originaux. Mobilier, luminaires, articles de maison, bijoux, sacs et cadeaux élégants au **MoMA Design Store**, de l'autre côté de la rue.

Bergdorf Goodman Grand magasin

(Plan p. 270 ; ✆212-753-7300 ; www.bergdorfgoodman.com ; 754 5th Ave, entre 57th St et 58th St ; ⏲10h-21h lun-ven, 10h-20h sam, 11h-20h dim ; S N/R/W jusqu'à 5th Ave-59th St ; F jusqu'à 57th St). Le "BG", présent depuis 1928, n'est pas seulement apprécié pour ses vitrines de Noël (les plus belles de la ville), il est aussi à la pointe en matière de marques. Rendez-vous des dames de la haute société, ce magasin compte parmi ses atouts des collections exclusives et un vaste rayon consacré aux souliers feminins. La boutique pour hommes est en face de celle consacrée aux femmes.

Saks Fifth Ave Grand magasin

(Plan p. 268 ; ✆212-753-4000 ; www.saksfifthavenue.com ; 611 5th Ave, au niv de E 50th St ; ⏲10h-20h30 lun-sam, 11h-19h dim ; S B/D/F/M jusqu'à 47th St-50th St-Rockefeller Center, E, M jusqu'à 5th Ave-53rd St). Avec ses escalators vintage et ses 10 niveaux, le fleuron de l'empire Saks renferme l'incroyable "Shoe Salon", le plus grand espace de chaussures pour dames de New York, avec un ascenseur dédié et son propre code postal ! Ne manquez pas le niveau "beauté", rénové, et les rayons homme, avec le salon de soins John Allan's et une sélection de vêtements très pointue. Les soldes de janvier y sont légendaires.

Bloomingdale's Grand magasin

(Plan p. 270 ; ✆212-705-2000 ; www.bloomingdales.com ; 1000 3rd Ave, au niv de E 59th St, Midtown East ; ⏲10h-20h30 lun-sam, 11h-19h dim ; 📶 ; S 4/5/6 jusqu'à 59th St ; N/R/W jusqu'à Lexington Ave-59th St). Le "Bloomies" est aux magasins ce que le Metropolitan Museum est aux musées : mythique, gigantesque, incontournable… et bondé. Arpentez ses rayons pour

Saks Fifth Ave

VICTORIA LIPOV/SHUTTERSTOCK ©

Bloomingdale's

découvrir vêtements et chaussures des plus grands couturiers, ainsi que de jeunes créateurs. On y trouve aussi une boutique Magnolia Bakery, le paradis du *cupcake*.

FAO Schwarz Jouets

(Plan p. 268 ; ☎800-326-8638 ; www.faoschwarz.com ; 30 Rockefeller Plaza ; ⌚9h-22h lun-sam, 11h-22h dim ; S B/D/F/M 47 St-50 St-Rockefeller Center). Les New-Yorkais attristés par la fermeture, en 2015, de ce célèbre magasin (fondé en 1862) de 5th Ave, se réjouissent de la renaissance réussie de ce temple du jouet dans le Rockefeller Center en 2018. Comble du bonheur : même le piano géant (voir p. 160) est de retour !

Nepenthes New York Mode et accessoires

(Plan p. 266 ; ☎212-643-9540 ; www.nepenthesny.com ; 307 W 38th St, entre 8th Ave et 9th Ave, Midtown West ; ⌚12h-19h lun-sam, 12h-17h dim ; S A/C/E jusqu'à 42nd St-Port Authority Bus Terminal). Installée dans un ancien atelier de couture du Garment District, cette coopérative japonaise culte vend des marques pointues pour hommes comme Needles & Engineered Garments, réputées pour leur souci du détail et leur production artisanale. Leur style s'inspire du *workwear* américain vintage. Parmi les accessoires : sacs, cartables, gants, lunettes et chaussures.

Barneys Grand magasin

(Plan p. 270 ; www.barneys.com ; 660 Madison Ave, au niv de 61st St, Midtown East ; ⌚10h-20h lun-mer et sam, 10h-21h jeu-ven, 11h-19h dim ; wifi ; S N/R/W jusqu'à 5th Ave). Les vrais fashionistas vont chez Barneys, réputé pour les collections de marques pointues telles Isabel Marant Étoile, Mr & Mrs Italy ou Lanvin, chacune avec l'espace dédié que sa réputation exige. Les prix sont intimidants.

Upper East Side

Michael's Vêtements

(Plan p. 270 ; ☎212-737-7273 ; www.michaelsconsignment.com ; 1125 Madison Ave, entre E 84th St et 85th St ; ⌚10h-18h30 lun-sam, 10h-20h jeu, 12h-18h dim, fermé dim juil-août ; S 6 jusqu'à 77th St). Ouverte dans les années 1950 et installée depuis 2018 dans une nouvelle boutique sur rue, cette enseigne très appréciée vend des vêtements de seconde main de grandes marques telles que Chanel, Gucci, Prada et Jimmy Choo. Presque tous les articles ont moins de deux ans. Les prix restent élevés, mais ce sera toujours moins cher que dans les grandes boutiques de Madison Ave.

Ricky's NYC Cosmétiques

(Plan p. 270 ; ☎212-988-2291 ; www.rickysnyc.com ; 1425 2nd Ave, angle E 74th St ; ⏱9h-21h lun-sam, 10h-20h dim ; S Q jusqu'à 72nd St). C'est l'une des nombreuses boutiques de cette chaîne de cosmétiques incontournable à New York. Propose toutes sortes de maquillages et de produits pour la peau ou les cheveux du monde entier (des marques comme NYX, Klorane ou OPI). Accessoires et instruments de qualité professionnelle.

Albertine Librairie

(Plan p. 270 ; ☎212-650-0070 ; www.albertine.com ; 972 5th Ave, au niv de 79th St ; ⏱librairie 11h-19h lun-sam, 11h-18h dim, événements horaires variables ; S 4/5 jusqu'à 86th St, 6 jusqu'à 77th St ou 86th St). Cette librairie créée et gérée par l'ambassade de France propose une jolie collection d'ouvrages en anglais et en français. La belle demeure des services culturels français qui l'héberge accueille nombre d'événements : lectures, rencontres, conférences (voir le site Internet).

Upper West Side et Central Park

Shishi Mode et accessoires

(Plan p. 270 ; ☎646-692-4510 ; www.shishiboutique.com ; 2488 Broadway, entre 92nd St et 93rd St ; ⏱11h-20h lun-sam, 11h-19h dim ; S 1/2/3 jusqu'à 96th St). Tenue par des Israéliens, cette superbe boutique propose une collection sans cesse renouvelée de vêtements stylés et abordables : pulls élégants, robes d'été, bijoux de créateurs brésiliens, etc. Tous les vêtements sont lavables en machine. Entrez et laissez-vous guider par le personnel aux petits soins vers les luxueuses cabines d'essayage : quel plaisir d'avoir son styliste professionnel !

Les grands magasins de New York

Une tournée des légendaires grands magasins de Midtown est incontournable pour les accros au shopping, mais peut s'avérer épuisante. La plupart de ces géants offrent des sélections très proches de prêt-à-porter, chaussures, sacs à main et cosmétiques : des grandes marques du monde entier et les prix assortis. Chez **Macy's** (plan p. 266 ; ☎212-695-4400 ; www.macys.com ; 151 W 34th St, au niv de Broadway ; ⏱10h-22h lun-sam, 11h-21h dim ; S B/D/F/M, N/Q/R/W jusqu'à 34th St-Herald Sq ; A/C/E jusqu'à Penn Station), le plus abordable, les touristes bénéficient de 10% de réduction sur présentation de leur passeport à l'office du tourisme du magasin. Bloomingdale's (p. 161) et Saks Fifth Ave (p. 161) ont quant à eux l'avantage d'un décor d'époque sublime. Barneys (p. 162) et Bergdorf Goodman (p. 161), à la pointe de la mode, attirent les fashionistas venues admirer les dernières collections, et verser une larme en regardant les prix. Ces grands magasins sont des emblèmes de la ville, même si peu de créateurs locaux y sont représentés et très peu de New-Yorkais s'y habillent.

Brooklyn (p. 164) et les environs de SoHo concentrent magasins et marchés. Les musées d'art et de design possèdent des boutiques ultra-créatives vendant un peu de tout : horloges, bijoux faits main, vaisselle ou art mural.

Macy's
LITTLENY/SHUTTERSTOCK ©

Zabar's
Alimentation

(Plan p. 270 ; ☎212-787-2000 ; www.zabars.com ; 2245 Broadway, au niveau de W 80th St ; ⏱8h-19h30 lun-ven, 8h-20h sam, 9h-18h dim ; S 1 jusqu'à 79th St). Bastion de la gastronomie kasher et institution du quartier depuis les années 1930, ce vaste marché vend fromages, viande, olives, caviar, poisson fumé, pickles, noix, fruits séchés et *knishes* (boulettes de pommes de terre enrobées de pâte, originaires d'Europe de l'Est).

Harlem et Upper Manhattan

Harlem Haberdashery
Mode et accessoires

(☎646-707-0070 ; www.harlemhaberdashery.com ; 245 Malcolm X Blvd, entre 122nd St et 123rd St, Harlem ; ⏱12h-20h lun-sam ; S 2/3 jusqu'à 125th St). Une boutique ultra-branchée de l'Uptown et des collections sans cesse renouvelées de styles et de tailles variés : jolis T-shirts, baskets haut de gamme, chapeaux tissés raffinés, etc.

Brooklyn

Artists & Fleas
Marché

(Plan p. 273 ; ☎917-488-4203 ; www.artistsandfleas.com ; 70 N 7th St, entre Wythe Ave et Kent Ave, Williamsburg ; ⏱10h-19h sam-dim ; S L jusqu'à Bedford Ave). Ce marché aux puces extravagant réunit dans un décor minimaliste plus de 75 marchands d'articles vintage et artisanaux : vêtements, disques, peintures, photos, chapeaux, bijoux, T-shirts et sacs uniques... Il y a même un café avec DJ. Deux autres marchés similaires à Manhattan ouvrent aussi en semaine : l'un à SoHo, l'autre au Chelsea Market (p. 113).

Dellapietras
Alimentation

(Plan p. 272 ; ☎718-618-9575 ; 193 Atlantic Ave, entre Court St et Clinton St, Downtown Brooklyn ; sandwichs 12 $; ⏱10h-19h lun-sam, 10h-17h dim ; S 4/5 jusqu'à Borough Hall). La viande qui sèche dans la vitrine de ce *deli* et boucher d'exception annonce la couleur : pièces de viande, saucisses et charcuterie sont reines. Également poulet frit, salades, ragoûts et d'incroyables sandwichs (le porchetta, rapini et pecorino est divin !).

Brooklyn Flea

Brooklyn Flea — Marché

(Plan p. 272 ; www.brooklynflea.com ; 80 Pearl St, Manhattan Bridge Archway, Anchorage Pl au niv de Water St, Dumbo ; 10h-18h dim avr-oct ; ; B67 jusqu'à York St/Jay St, F jusqu'à York St). Du printemps jusqu'au début de l'automne, des commerçants s'installent chaque dimanche sous une gigantesque arche du Manhattan Bridge. On y trouve de tout : antiquités, disques, vêtements vintage, cuisine maison, objets artisanaux insolites, articles de maison et meubles. Le lieu peut changer (voir le site Internet).

Rough Trade — Disquaire

(Plan p. 273 ; 718-388-4111 ; www.roughtradenyc.com ; 64 N 9th St, entre Kent Ave et Wythe Ave, Williamsburg ; 11h-23h lun-sam, 11h-21h dim ; ; L jusqu'à Bedford Ave). Importé de Londres, ce disquaire (900 m²) déborde de vinyles, CD, livres et magazines sur la musique et la mode. Également DJ résidents, bornes d'écoute, expositions et le Brompton Bike Cafe, qui sert café et donuts. Une petite scène accueille des concerts d'artistes divers tels Gang of Four ou Get Up Kids (billets 10-42 $).

Desert Island Comics — BD

(Plan p. 273 ; 718-388-5087 ; www.desertislandcomics.tumblr.com ; 540 Metropolitan Ave, entre Union Ave et Lorimer St, Williamsburg ; 14h-19h lun, 12h-20h mar-ven et dim, jusqu'à 21h sam ; ; L jusqu'à Lorimer St, G jusqu'à Metropolitan Ave). Cette librairie indépendante, aménagée dans une ancienne boulangerie, vend des centaines de BD, romans graphiques, fanzines locaux, planches originales et ouvrages d'art dessinés à la main. Également des sérigraphies et lithographies originales d'artistes tels qu'Adrian Tomine et Peter Bagge. Le tout sur fond de bonne musique.

Twisted Lily — Parfums

(Plan p. 272 ; 347-529-4681 ; www.twistedlily.com ; 360 Atlantic Ave, entre Bond St et Hoyt St, Boerum Hill ; 12h30-19h30 mer-dim ; F, G jusqu'à Hoyt-Schermerhorn). Cette "parfumerie et apothicaire" est spécialisée dans des senteurs inhabituelles du monde entier. Un personnel aux petits soins vous aidera à trouver votre parfum (personnalisé, si vous le souhaitez), ainsi que les bougies parfumées et les soins pour la peau et la barbe.

Industry City — Design

(718-736-2516 ; www.industrycity.com ; 220 36th St, entre 2nd Ave et 3rd Ave, Sunset Park ; 9h-21h ; ; D, N, R jusqu'à 36th St). Ces 6 immenses entrepôts des quais de Brooklyn ont été reconvertis en un temple dédié à l'art, au commerce et au consumérisme. S'étalant sur 14 ha, le centre accueille associations, studios de design, start-up et entreprises, et abrite des galeries d'art et des magasins de meubles et de mode. En cas de fringale, de nombreux délices vous attendent. Les cours accueillent une programmation de festivals, cours et spectacles.

Shopping à Brooklyn

Quoi que vous cherchiez, Brooklyn devrait l'avoir. Boutiques de décoration d'intérieur, de mobilier rétro et de vêtements, librairies, disquaires et magasins indé abondent à Williamsburg et Greenpoint. Quelques adresses intéressantes (avec de bons arrivages) dans les environs de Boerum Hill et de Cobble Hill, dans le sud de Brooklyn. Atlantic Ave, qui s'étend d'est en ouest près de Brooklyn Heights, est émaillée de magasins d'antiquités. Park Slope rassemble un bon choix de boutiques de vêtements décontractés.

Park Slope
SOLEPSIZM/SHUTTERSTOCK ©

PRENDRE UN VERRE

Des lieux où étancher votre soif, danser jusqu'à l'aube et bien plus...

JENA CUMBO/GETTY IMAGES ©

Prendre un verre

Des vieux bistrots, des établissements spécialisés ou des bars glamour sur les toits qui semblent suspendus entre les gratte-ciel : vous aurez l'embarras du choix. Sur la terre qui a vu naître le terme cocktail, les alcools sont toujours mixés avec une précision maximale. New York reste une destination prisée des mixologues de talent. Les bars à cocktails de style Prohibition et les speakeasies (bars cachés) sont très tendance. Sans oublier les légendaires discothèques new-yorkaises, repaires de célébrités ou les petits clubs indé sans fioriture. Rendez-vous dans le centre-ville ou à Brooklyn, les parties de la ville qui, vraiment, "ne dorment jamais".

Dans ce chapitre

Heures d'ouverture

Les cafés sont généralement ouverts de 7h à 19h ou 20h. Certains bars sont à pied d'œuvre dès 8h du matin, mais la plupart démarrent leur activité vers 17h. Beaucoup d'entre eux ne baissent le rideau qu'aux alentours de 4h du matin, mais d'autres ferment vers 1h en semaine et 2h du jeudi au samedi. Les discothèques ouvrent généralement de 22h à 4h ou 5h.

Prix et pourboire

Les prix sont élevés à New York : essayez de profiter de l'happy hour (généralement à partir de 16h-18h). Le prix de base se situe autour de 8 $ pour une bière, 10 $ pour un verre de vin et 17-20 $ pour un cocktail signature.

Au bar, laissez 1 $ de pourboire par verre et 2-3 $ pour les cocktails originaux. Dans les bars plus luxueux avec service à table, le pourboire habituel de 18 à 20% de la note sera bienvenu.

Sites Internet

New York Magazine (www.nymag.com/nightlife). Brillante sélection de bars et de clubs par de fins connaisseurs.
Thrillist (www.thrillist.com). Aperçu des tendances et événements concernant les bars de New York. Entretiens avec des personnes du secteur.
Urbandaddy (www.urbandaddy.com). Dernières nouvelles et liste des adresses tendance.
Partyearth (www.partyearth.com/new-york). Avis détaillés sur des clubs par des oiseaux de nuit parmi les plus connaisseurs.

Les meilleurs...

Lieux où boire un verre et faire la fête jusqu'au bout de la nuit

Cocktails

Bar Goto (p. 175). Bar légendaire de Lower East Side géré par Kenta Goto, le plus célèbre mixologue de la ville.

Dead Rabbit (p. 172). Cocktails, punchs et *pop-inn* très recherchés – bières légèrement houblonnées avec une touche aromatisée – dans un bar cosy de Financial District.

Employees Only (p. 175). Barmen primés et cocktails remarquables.

Raines Law Room (p. 177). Cocktails savamment préparés par les mixologues de ce salon de style Prohibition, près d'Union Sq.

Clubs et DJ

Le Bain (photo ; p. 177). Cet incontournable accueille toujours une foule élégante.

Berlin (p. 175). L'esprit libre d'antan vit encore dans ce refuge caché d'East Village.

Bossa Nova Civic Club (p. 181). Petit repaire tendance dans Bushwick pour ceux qui veulent sortir des sentiers battus.

Bars à bières

Spuyten Duyvil (p. 183). Bières de qualité dans ce lieu très couru de Williamsburg.

Harlem Hops (p. 180). Bières artisanales et tourtes à la viande épicée : duo gagnant de la seule brasserie 100% afro-américaine de Harlem.

Dead Rabbit (photo ; p. 172). Véritable bijou de Financial District avec un étage dédié aux bières de spécialité.

Troquets dans leur jus

Cowgirl SeaHorse (p. 173). Bons moments garantis dans ce bar au thème nautique de Lower Manhattan.

Ear Inn (photo ; p. 173). Clients chaleureux et éclectiques dans l'un des plus vieux bars de New York.

Montero Bar & Grill (p. 181). Bière bon marché et karaoké dans ce bijou suranné de Brooklyn.

Voyageurs solo

Brandy Library (p. 172). Établissement raffiné de Tribeca où l'on peut siroter sans hâte cognac, whisky et brandy de qualité.

Spuyten Duyvil (photo ; p. 183). Clientèle locale et sociable dans ce bar à bières de Brooklyn.

Caledonia (p. 179). Barmen amateurs de whisky dans ce bar long et confortable d'Upper East Side.

Compagnie des vins surnaturels (p. 174). Cave à vins francisée dans Nolita. Places au bar et excellente sélection de vins au verre.

Bars à vins

Compagnie des vins surnaturels (p. 174). Une déclaration d'amour aux vins français, à quelques pas de Little Italy.

Buvette (p. 175). Un bar à vins éclairé aux chandelles, dans une rue de West Village bordée d'arbres.

Immigrant (p. 175). Vins et service excellents dans un établissement exigu d'East Village.

Soirée romantique

Manhattan Cricket Club (p. 180). Bar à cocktails de l'Upper West Side intimiste et joliment aménagé.

Pegu Club (p. 173). Cocktails improvisés dans un bar de SoHo d'inspiration birmane.

Maison Premiere (p. 181). Cap sur La Nouvelle-Orléans dans ce bar à cocktails osé qui sert aussi des huîtres.

★ La sélection de Lonely Planet

House of Yes (photo ; p. 180). Espace industriel de Bushwick, destination sans égale pour une folle soirée.

Apothéke (p. 173). Ancienne fumerie d'opium de Chinatown aménagée en charmant lounge aux sublimes cocktails.

Rue B (p. 175). Agréable petit club de jazz de l'East Village qui réunit une foule sympathique.

Ear Inn (p. 173). Ancien pub aux tables en bois et plancher grinçant, dans SoHo. Jazz le dimanche.

Maison Premiere (p. 181). Absinthe, *mint juleps* (bourbon-menthe) et huîtres à l'honneur dans ce lieu de Williamsburg.

À PARTIR DE LA GAUCHE : SIMON DACK/ALAMY STOCK PHOTO © ; TRAVELSTOCK44/ALAMY STOCK PHOTO © ; ED ROONEY/ALAMY STOCK PHOTO © ; DAN HERRICK/LONELY PLANET © ; YIDHNA WANG/EYEEM/GETTY IMAGES © ; ROBERT K CHIN - STOREFRONTS/ALAMY STOCK PHOTO ©

Financial District et Lower Manhattan

Dead Rabbit Bar

(Plan p. 260 ; ☎646-422-7906 ; www.deadrabbitnyc.com ; 30 Water St, entre Broad St et Coenties Slip, Financial District ; ⏲bar 11h-4h, Parlor 11h-14h30 et 17h-2h lun-sam, 17h-minuit dim ; Ⓢ R/W jusqu'à Whitehall St, 1 jusqu'à South Ferry). Cet établissement de 3 étages, portant le nom d'un gang irlando-américain qui sévit au XIXe siècle, est régulièrement classé parmi les meilleurs bars du monde. En journée, rejoignez le bar, au sol recouvert de sciure, où sont servis bières spéciales, punchs mémorables et *pop-inn* (bière légèrement amère et aromatisée). Les deux autres étages abritent le confortable "Parlor", pour des cocktails très étudiés, et l'"Occasional Room" (réservation obligatoire) pour les amoureux de whisky.

Pier A Harbor House Bar

(Plan p. 260 ; ☎212-785-0153 ; www.piera.com ; 22 Battery Pl, Battery Park, Financial District ; ⏲Harbor House 11h-minuit dim-mer, 11h-2h jeu-sam, BlackTail 17h-2h ; 📶 ; Ⓢ 4/5 jusqu'à Bowling Green, R/W jusqu'à Whitehall St, 1 jusqu'à South Ferry). Ancien siège de la Commission de New York chargée des docks, construit sur le port en 1886, Pier A est un immense établissement où l'on peut manger et boire en toute simplicité. Par beau temps, on s'installe sur la terrasse au bord de l'eau : bancs pour pique-niquer, parasols et *skyline* en font un lieu sublime où siroter une bière artisanale ou un cocktail maison.

Brandy Library Bar à cocktails

(Plan p. 262 ; ☎212-226-5545 ; www.brandylibrary.com ; 25 N Moore St, entre Varick St et Hudson St, Tribeca ; ⏲17h-1h dim-mer, 16h-2h jeu, 16h-4h ven-sam ; Ⓢ 1 jusqu'à Franklin St). Ce bastion des alcools bruns est le lieu idéal pour un cognac, un whisky ou un brandy de premier choix. On s'installe dans un fauteuil club face au mur de bouteilles et on sirote un verre avec en-cas (gougère, tartare au couteau, foie gras...). Pour un tête-à-tête chic, préférez le samedi soir, plus calme.

Smith & Mills Bar à cocktails

(Plan p. 262 ; ☎212-226-2515 ; www.smithandmills.com ; 71 N Moore St, entre

Pier A Harbor House

Hudson St et Greenwich St, Tribeca ; 11h-2h lun, mer et dim, 11h-3h jeu-sam ; S 1 jusqu'à Franklin St). Smith & Mills coche toutes les bonnes cases : extérieur propre, intérieur de style industriel recherché et cocktails classiques préparés d'une main experte. Arrivez tôt pour profiter des banquettes luxueuses car les places sont chères. Le menu de saison propose plusieurs options, allant de petites bouchées au remarquable burger et ses oignons caramélisés.

Cowgirl SeaHorse Bar

(Plan p. 260 ; 212-608-7873 ; www.cowgirlseahorse.com ; 259 Front St, au niv de Dover St, Lower Manhattan ; 11h-23h lun-jeu, 11h-tard ven, 10h-tard sam, 10h-23h dim ; S A/C, J/Z, 2/3, 4/5 jusqu'à Fulton St). Un esquif festif sur un océan de bars et restaurants très sérieux. On craque pour cette rencontre entre ranch et mer (roues de wagonnets et hippocampes aux murs) et la cuisine maison des États du Sud (*blackened fish*, sandwichs po'boy, *shrimp and grits*, etc.). Concerts le lundi, happy hour tous les jours (sauf samedi) et divines Margaritas glacées.

SoHo et Chinatown

Ear Inn Pub

(Plan p. 262 ; 212-226-9060 ; www.earinn.com ; 326 Spring St, entre Washington St et Greenwich St, SoHo ; bar 11h30-4h, cuisine 11h30-2h ; ; S C/E jusqu'à Spring St). Curieux de voir à quoi ressemblait SoHo avant les influenceurs et les fashionistas ? Rendez-vous au grinçant Ear Inn, présenté avec fierté comme l'un des plus vieux bars de New York. La maison qui l'abrite a été construite à la fin du XVIIIe siècle pour James Brown, aide de camp afro-américain de George Washington. Petits prix et clientèle éclectique.

Apothéke Bar à cocktails

(Plan p. 262 ; 212-406-0400 ; www.apothekenyc.com ; 9 Doyers St, Chinatown ; 18h30-2h lun-sam, 20h-2h dim ; S J/Z jusqu'à Chambers St, 4/5/6 jusqu'à Brooklyn Bridge-City Hall). Cet ancien repaire d'opiomanes de Doyers St (repérez le becher suspendu au-dessus de la porte), devenu un bar-pharmacie, est difficile à localiser. Des barmen compétents, tels des chimistes prudents, y produisent des "ordonnances" intenses et savoureuses à base de produits locaux et bio. Le Sitting Buddha et son mélange relevé ananas-coriandre est l'une des meilleures boissons de la carte.

Clubs tendance

Les New-Yorkais sont toujours à l'affût des dernières tendances, et la scène des clubs de la ville évolue plus vite que la musique. Des organisateurs amènent des groupes de fêtards en ville pour des événements hebdomadaires aux meilleures adresses, et, quand rien n'est prévu, c'est le moment de rejoindre la piste de danse des grandes discothèques. Pour sortir le soir, il est judicieux de s'organiser ; avoir son nom sur la liste des invités peut permettre d'éviter désillusion et frustration. Si vous ne faites pas partie des habitués, votre meilleure chance résidera dans votre tenue. Vous pouvez aussi tenter un coup de bluff – votre nom aura certainement été oublié par mégarde. Prévoyez suffisamment d'espèces : de nombreux clubs n'acceptent pas les cartes bancaires et les distributeurs sur place occasionnent des frais délirants.

ANGELINA PILARINOS/SHUTTERSTOCK ©

Pegu Club Bar à cocktails

(Plan p. 262 ; 212-473-7348 ; www.peguclub.com ; 2e ét., 7 W Houston St, entre W Broadway et Wooster St, SoHo ; 17h-2h dim-mer, 17h-4h jeu-sam ; S B/D/F/M jusqu'à Broadway-

Une autre facette du New York gay

Si Chelsea est un athlète musclé et tape-à-l'œil, alors Lower East Side est son petit frère punk entêté. Au milieu des bars étudiants et des bars à cocktails, ses nombreux bars gays plaisent aux hommes qui préfèrent flanelle et barbe de 3 jours aux marcels et abdos. Faites de nouvelles rencontres à **Nowhere** (plan p. 262 ; 212-477-4744 ; www.nowherebarnyc.com ; 322 E 14th St, entre 1st Ave et 2nd Ave, East Village ; 15h-4h ; S L jusqu'à 1st Ave) ou **Phoenix** (plan p. 262 ; 212-477-9979 ; www.phoenixbarnyc.com ; 447 E 13th St, entre 1st Ave et Ave A, East Village ; 15h-4h ; S L jusqu'à 1st Ave). La clientèle du **Cock** (plan p. 262 ; 93 2nd Ave, entre E 5th St et E 6th St, East Village ; 21h-4h lun-mar, 18h-4h mer-dim ; S F/M jusqu'à 2nd Ave) est plus exaltée et les boissons sont souvent moins chères.

NICK BAYLIS/ALAMY STOCK PHOTO ©

Lafayette St ; C/E jusqu'à Spring St, 1 jusqu'à Houston St). Cette élégante adresse à l'ambiance tamisée (qui tient son nom d'un légendaire *gentleman's club* birman, dans le Rangoon de l'ère coloniale) est une halte obligatoire pour les amateurs de cocktails. Lovez-vous dans un fauteuil en velours et savourez l'"Earl Grey MarTEAni" (gin infusé au thé, jus de citron et blanc d'œuf cru). Petite faim ? Goûtez le poulet au saté ou le calamar croustillant.

Compagnie des vins surnaturels Bar à vins

(Plan p. 262 ; 212-343-3660 ; www.compagnienyc.com ; 249 Centre St, entre Broome St et Grand St, Nolita ; 17h-1h lun-mer, 17h-2h jeu-ven ; S 6 jusqu'à Spring St ; N/R jusqu'à Prince St). Alliance chaleureuse de papier peint d'inspiration française, de fauteuils confortables et de bougies, la Compagnie des vins surnaturels est le frère jumeau du bar parisien du même nom. Le chef sommelier Theo Lieberman jongle avec une impressionnante carte de quelque 600 vins, principalement français, dont beaucoup peuvent être commandés au verre. Quelques en-cas sophistiqués, notamment de la charcuterie maison et des rillettes de poulet.

Spring Lounge Bar

(Plan p. 262 ; 212-965-1774 ; www.thespringlounge.com ; 48 Spring St, au niv de Mulberry St, Nolita ; 8h-4h lun-sam, 12h-4h dim ; S 6 jusqu'à Spring St, R/W jusqu'à Prince St). Cet établissement aux néons rouge électrique n'en a jamais fait qu'à sa tête. Au temps de la Prohibition, il servait des torrents de bière. Dans les années 1960, son sous-sol abritait un tripot. Aujourd'hui, l'endroit est plus connu pour ses requins empaillés, ses habitués et ses joyeuses fins de soirée ouvertes à tous. C'est la conclusion idéale à votre tournée des bars du quartier.

Ghost Donkey Bar

(Plan p. 262 ; 212-254-0350 ; www.ghostdonkey.com ; 4 Bleecker St, Noho ; 17h-2h ; S 6 jusqu'à Bleecker St ; B/D/F/M jusqu'à Broadway-Lafayette St). Ce bar à mezcal et tequila, à l'ambiance festive, psychédélique et artisanale, évoque à la fois le Mexique, le Moyen-Orient et le Far West. On n'y boit pas seulement un shot avec une tranche de citron : les types de mezcal et de tequila sont classés par région et les mezcals sont servis avec des fruits de saison et du sel.

East Village et Lower East Side

Flower Shop Bar

(Plan p. 262 ; 212-257-4072 ; www.theflowershopnyc.com ; 107 Eldridge St, entre Grand St et Broome St, Lower East Side ; 17h-minuit dim-mer, 17h-2h jeu-sam ; S B/D jusqu'à

Grand St, J/Z jusqu'à Bowery). Descendez au sous-sol du restaurant bondé du même nom et découvrez un bar à la décoration éclectique rétro : vous aurez l'impression de débarquer dans la salle de billard de votre père qui aurait fusionné avec la chambre de vos grands-parents. Les photos et affiches pêle-mêle font souvent sourire, et les banquettes fleuries et les bons cocktails invitent à la flânerie.

Sel Rrose Bar à cocktails

(Plan p. 262 ; 212-226-2510 ; www.selrrose.com ; 1 Delancey St, entre Bowery St et Chrystie St ; café 9h-15h lun-ven, bar et restaurant 16h-tard ; S B/D jusqu'à Grand St, F jusqu'à Delancey St). Lieu prisé pour les tête-à-tête, ce bar de Downtown sert de bons cocktails et une large sélection d'huîtres. Ambiance calme malgré son emplacement de choix, juste en face de la rue du **Bowery Ballroom** (plan p. 262 ; 800-745-3000, 212-533-2111 ; www.boweryballroom.com ; 6 Delancey St au niv de Bowery, Lower East Side ; S J/Z jusqu'à Bowery, B/D jusqu'à Grand St), ce qui en fait le lieu idéal pour un verre avant ou après un concert.

Bar Goto Bar à cocktails

(Plan p. 262 ; 212-475-4411 ; www.bargoto.com ; 245 Eldridge St, entre E Houston St et Stanton St, Lower East Side ; 17h-minuit mar-jeu et dim, jusqu'à 2h ven-sam ; S F jusqu'à 2nd Ave). Kenta Goto, le franc-tireur du cocktail, régale les amateurs avec ses breuvages recherchés, qui reflètent ses origines nippones (tel l'Umami Mary : vodka, shiitaké, *dashi*, miso, citron, tomate et jus *clamato*) et sont associés à d'authentiques en-cas japonais tels les *okonomiyaki* (omelettes garnies).

Rue B Bar

(Plan p. 262 ; 212-358-1700 ; rueb-nyc.com ; 188 Ave B, entre 11th St et E 12th St, East Village ; 17h-4h ; S L jusqu'à 1st Ave). Ce petit bar à l'éclairage tamisé, installé sur un segment de l'Avenue B très animé, propose tous les soirs des concerts de jazz (et, de temps en temps, de rockabilly) de 21h à minuit. Une foule jeune et festive remplit la petite salle – mettez-vous dans un coin, sinon le tromboniste finira dans vos bras. L'ambiance est étayée par des photographies et des posters de célèbres jazzmen et autres icônes de New York.

Berlin Club

(Plan p. 262 ; 347-586-7247 ; www.berlinundera.com ; 25 Ave A, entre E 1st St et E 2nd St, East Village ; entrée 5 $ (ou gratuite) ; 20h-4h ; S F jusqu'à 2nd Ave). Cette cave voûtée en briques sous Ave A fait tout pour rester discrète : trouvez la porte non signalée (derrière un café se trouvant à l'adresse du club), descendez l'escalier raide jusqu'à ce repaire indé peu éclairé et débridé. C'est parti pour une nuit de rock, funk, house et autres sons dansants au milieu d'autres fêtards.

Immigrant Bar

(Plan p. 262 ; 646-308-1724 ; www.theimmigrantnyc.com ; 341 E 9th St, entre 1st Ave et 2nd Ave, East Village ; 17h-2h ; S L jusqu'à 1st Ave, 6 jusqu'à Astor Pl). Installé dans un tout petit immeuble du XIXe siècle, ce bijou au plancher de bois, à la fois bar à vins et à bières, a tout pour devenir votre adresse préférée du quartier. Le personnel, connaisseur et aimable, se mêle aux habitués tout en servant des assiettes d'olives et des verres de vin importé.

West Village, Chelsea et Meatpacking District

Employees Only Bar

(Plan p. 262 ; 212-242-3021 ; www.employeesonlynyc.com ; 510 Hudson St, près de Christopher St, West Village ; 18h-4h ; S 1 jusqu'à Christopher St-Sheridan Sq). Ce repaire incontournable se cache derrière un store vert discret sur Hudson St. Dans un décor boisé Art déco et chic, les barmen, experts en cocktails, concoctent des mélanges incroyables et addictifs tels que le Ginger Smash. Ouverte jusqu'à 3h30, la cuisine vaut le détour avec des délices telles que les bouchées à la moelle et les crevettes épicées sur polenta (plats 27-31 $).

Buvette Bar à vins

(Plan p. 262 ; 212-255-3590 ; www.ilovebuvette.com ; 42 Grove St, entre Bedford St et Bleecker St,

PATTI MCCONVILLE/ALAMY STOCK PHOTO ©

Birreria (p. 177)

West Village ; petites assiettes 12-18 $; 7h-2h ; S 1 jusqu'à Christopher St-Sheridan Sq, A/C/E, B/D/F/M jusqu'à W 4th St-Washington Sq). Habitants du quartier aux conversations animées, couples et amateurs de théâtre se mêlent dans ce bar à vins et restaurant dévotement francophile. Idéal pour faire une pause au milieu d'une balade dans les ruelles de West Village. Sirotez un cocktail ou un verre de vin, ou installez-vous pour manger. Croque-monsieur dans le menu brunch et tartines et petites assiettes le soir.

Pier 66 Maritime Bar

(Plan p. 266 ; 212-989-6363 ; www.pier66maritime.com ; Pier 66, au niv de W 26th St, Chelsea ; 12h-minuit mai-sept et, selon météo, avr et oct ; S 1, C/E jusqu'à 23rd St). Repêché des fonds marins (ou de Chesapeake Bay), le bateau-phare *Frying Pan* et le bar à 2 niveaux sur les docks devant lequel il est amarré sont de bonnes adresses pour un verre en fin de journée. Aux beaux jours, le sobre espace extérieur attire du monde avec ses transats et ses bières fraîches (bière artisanale/pichet 7/25 $).

Cubbyhole Bar gay, lesbien

(Plan p. 262 ; 212-243-9041 ; www.cubbyholebar.com ; 281 W 12th St, au niv de W 4th St, West Village ; 16h-4h lun-ven, 14h-4h sam-dim ; S A/C/E, L jusqu'à 8th Ave-14th St). Si sa clientèle est surtout féminine, ce bar "lesbien, gay et hétéro depuis 1994" dans West Village accueille quiconque souhaite prendre un verre en bonne compagnie sous un plafond de lampions, jouets ou autres. Excellent jukebox, barmen sympathiques et habitués discutent et ne s'éclipsent pas à la première touche.

Eagle NYC Bar gay

(Plan p. 266 ; 646-473-1866 ; www.eagle-ny.com ; 554 W 28th St, entre 10th Ave et 11th Ave, Chelsea ; 22h-4h lun-mer, 19h-4h jeu-sam, 17h-4h dim ; S 1, C/E jusqu'à 23rd St). Nouvelle adresse du *leather* (cuir) *bar*, l'Eagle est le lieu idéal pour les personnes ouvertement fétichistes. Ses 2 niveaux, son toit-terrasse et son ambiance "sombre et miteuse" sont parfaits pour danser, boire et draguer librement. Vérifiez sur le site Internet le thème de la soirée pour enfiler la bonne tenue (ou ne rien porter, justement).

Marie's Crisis Bar
(Plan p. 262 ; 212-243-9323 ; www.mariescrisis.us ; 59 Grove St, entre 7th Ave et Bleecker St, West Village ; 16h-3h dim-jeu, 16h-4h ven-sam ; S 1 jusqu'à Christopher St-Sheridan Sq, A/C/E, B/D/F/M jusqu'à W 4th St-Washington Sq). Anciennes reines de Broadway, jeunes provinciales aux yeux écarquillés, touristes amusés et autres amoureux de comédies musicales se réunissent autour du piano et entonnent de façon théâtrale des chansons tirées des spectacles – et parfois une célébrité invitée. Une bonne vieille soirée comme on les aime. Photos avec flash et vidéos interdites.

Le Bain Club
(Plan p. 262 ; 212-645-7600 ; www.standardhotels.com ; Standard, 848 Washington St, au niv de 13th St, Meatpacking District ; 22h-minuit lun, 16h-4h mar-jeu, 14h-4h ven-sam, 14h-3h dim ; S A/C/E, L jusqu'à 14th St-8th Ave). Ce grand toit-terrasse, au-dessus du Standard hotel extrêmement branché, voit défiler les organisateurs de soirée peu importe le jour de la semaine. Au programme : vue sur la *skyline*, Jacuzzi géant sur la piste de danse, DJ légendaires tels que Tony Humphries et Danny Krivit, et une clientèle éclectique qui enchaîne les verres coûteux.

Union Square, Flatiron District et Gramercy

Raines Law Room Bar à cocktails
(Plan p. 266 ; www.raineslawroom.com ; 48 W 17th St, entre 5th Ave et 6th Ave, Flatiron District ; 17h-2h lun-jeu, 17h-3h ven-sam, 17h-1h dim ; S F/M jusqu'à 14th St, L jusqu'à 6th Ave, 1 jusqu'à 18th St). Rideaux en velours, banquettes en cuir, briques apparentes et cocktails à partir de spiritueux idéalement vieillis : rien n'est laissé au hasard. Pas d'enseigne ; cherchez le n°48 et sonnez pour entrer.

Birreria Bar panoramique
(Plan p. 266 ; 212-937-8910 ; www.eataly.com ; 200 5th Ave, au niv de W 23rd St, Flatiron District ; 11h30-23h ; S F/M, R/W, 6 jusqu'à 23rd St). Ce jardin couvert installé sur un toit terrasse entre les tours de bureaux de Flatiron est le joyau du grand magasin Eataly (p. 139). La déco change chaque saison et l'on peut débarquer sur une plage au bord de la Méditerranée ou dans un chalet de montagne... Le cadre est superbe et la carte des plats et boissons s'accorde avec les délicieux mets que l'on trouve plus bas.

Lillie's Victorian Establishment Bar
(Plan p. 266 ; 212-337-1970 ; www.lilliesnyc.com ; 13 E 17th St, entre Broadway et 5th Ave, Union Sq ; 11h-4h ; S 4/5/6, L, N/Q/R/W jusqu'à 14th St-Union Sq). Plongez dans une atmosphère de froufrous et observez les décorations sous les hauts plafonds de tôle à motifs, dans des fauteuils romantiques en velours rouge, et face aux murs couverts de vieilles photos dans des cadres dorés extravagants. Sans tomber dans la parodie, Lillie a tout de "l'abreuvoir" britannique traditionnel. Les mets de pub typiques (*shepherd pie*) nourrissent aussi cet imaginaire.

Old Town Bar & Restaurant Bar
(Plan p. 266 ; 212-529-6732 ; www.oldtownbar.com ; 45 E 18th St, entre Broadway et Park Ave S, Union Sq ; 11h30-23h30 lun-ven, 12h-23h30 sam, 12h-22h dim ; S 4/5/6, N/Q/R/W, L jusqu'à 14th St-Union Sq). L'Old Town est un classique. Plafond et carrelage d'origine : on se croirait encore en 1892, lorsqu'il fut créé. La plupart des clients viennent surtout y déguster une bière et un hamburger (à partir de 12,50 $).

Midtown

The Campbell Bar à cocktails
(Plan p. 268 ; 212-297-1781 ; www.thecampbellnyc.com ; D Hall, Grand Central Terminal ; 12h-2h ; S S, 4/5/6, 7 jusqu'à Grand Central-42nd St). En 1923, cette salle

★ Top 5 des rooftops

- Cantor Roof Garden Bar (p. 178)
- Empire Rooftop (p. 180)
- Bar SixtyFive (p. 178)
- Top of the Strand (p. 178)
- Birreria (p. 177)

cachée était le bureau du financier John W. Campbell. Elle a ensuite abrité le bureau d'un aiguilleur, une prison et un stock d'armes avant d'être oubliée. En 2017, elle a retrouvé son faste d'origine avec le beau plafond peint à la main et le coffre-fort de Campbell placé dans la cheminée.

Bar SixtyFive Bar à cocktails

(Plan p. 268 ; ☎212-632-5000 ; www.rainbowroom.com/bar-sixty-five ; 30 Rockefeller Plaza, entrée dans W 49th St ; ⏱17h-minuit lun-ven, 16h-21h dim, fermé le sam ; S B/D/F/M jusqu'à 47th St-50th St-Rockefeller Center). Situé au 65e étage du General Electric Building, au Rockefeller Center (p. 82), ce bar raffiné est le point de vue le plus haut de Midtown accessible sans billet. La vue est incroyable, mais l'endroit peut être bondé à certaines heures. Réservez une table près d'une fenêtre, sinon vous serez dirigé vers la plateforme centrale avec tout le monde.

Top of the Strand Bar à cocktails

(Plan p. 266 ; ☎646-368-6426 ; www.topofthestrand.com ; Marriott Vacation Club Pulse, 33 W 37th St, entre 5th Ave et 6th Ave, Midtown East ; ⏱17h-1h mar-sam, 17h-minuit dim-lun ; 📶 ; S B/D/F/M, N/Q/R jusqu'à 34th St). Pour une vue inoubliable sur l'Empire State Building, gagnez le bar vitré sur le toit du Marriott Vacation Club Pulse (ancien Strand Hotel), commandez un martini ("extra dirty", avec olives et jus d'olive), installez-vous et profitez du spectacle. Clientèle de tous les âges.

Upper East Side

Cantor Roof Garden Bar Bar panoramique

(Plan p. 270 ; ☎212-570-3711 ; www.metmuseum.org/visit/dining ; Metropolitan Museum, 1000 5th Ave, 4e ét, au niv de E 82nd St ; ⏱11h-16h30 dim-jeu, 11h-20h15 ven-sam mi-avr à oct ; 📶 ; S 4/5/6 jusqu'à 86th St). Une terrasse verdoyante au sommet du Met, donnant sur la canopée de Central Park et les gratte-ciel : un cadre dont on ne se lasse pas, surtout un verre de martini à la main. La vue est très romantique au coucher du soleil.

UES NYC Bar à cocktails

(Plan p. 270 ; ☎646-559-5889 ; www.theuesnyc.com ; 1707 2nd Ave, entre E 88th St et 89th St ;

The Campbell

HEMIS/ALAMY STOCK PHOTO ©

17h-tard lun-sam ; Q jusqu'à 86th St). Délicieux glacier multicolore le jour, *speakeasy* la nuit. Les cocktails portent le nom de lieux de l'Upper East Side, comme "Meet me at the Met" et "2nd Avenue Subway". Attention : baskets, tongs, jeans déchirés et T-shirts ne sont pas acceptés.

Entrez dans la "réserve" peu éclairée par le mur de pots de glace au fond de la boutique. L'espace devient un cinéma le dimanche à partir de 18h.

Bemelmans Bar Bar lounge

(Plan p. 270 ; 212-744-1600 ; www.thecarlyle.com ; Carlyle Hotel, 35 E 76th St, au niv de Madison Ave ; 12h-1h30 ; 6 jusqu'à 77th St). Ce bar mythique respire l'élégance : des banquettes en cuir chocolat, des serveurs vêtus de vestes blanches qui servent des martinis, un quart-de-queue que fait résonner un pianiste, un plafond couvert de feuilles d'or 24 carats et des murs ornés de charmantes peintures de Ludwig Bemelmans, auteur des livres *Madeline* qui donne son nom au lieu.

Flora Bar Bar

(Plan p. 270 ; 646-558-5383 ; www.florabarnyc.com ; Met Breur, 945 Madison Ave, étage inférieur, au niv de E 75th St ; bar 11h30-22h mar-sam, 11h30-21h dim, café 10h-17h30 mar-dim ; ; 6 jusqu'à 77th St ; Q jusqu'à 72nd St). Bien plus que le bar du musée **Met Breuer** (plan p. 270 ; 212-731-1675 ; www.metmuseum.org/visit/met-breuer ; billet 3 jours adulte/senior/enfant 25 $/17 $/gratuit ; participation volontaire pour les résidents ; 10h-17h30 mar-jeu et dim, 10h-21h ven-sam), Flora est une adresse sophistiquée qui met en valeur l'extravagance architecturale du bâtiment. Installez-vous au bar en marbre ou dans un fauteuil moderniste et admirez la cathédrale de béton à 2 étages et le gigantesque mur en verre encadrant un jardin enfoui : une oasis sous Madison Ave.

Caledonia Bar

(Plan p. 270 ; 212-734-4300 ; www.caledoniabar.com ; 1609 2nd Ave, entre E 83rd St et 84th St ; 17h-4h lun-jeu, 16h-4h ven-dim, happy hour jusqu'à 19h lun-ven ; Q, 4/5/6 jusqu'à 86th St).

Bières de Brooklyn

Le brassage fut une industrie florissante de la ville, Brooklyn comptant 48 brasseries dans les années 1870. À la veille de la Prohibition en 1919, le *borough* était l'un des principaux points de vente de bière du pays, aussi célèbre pour ses enfants se promenant avec des pintes que pour ses ponts. En 1933, la plupart des brasseries avaient fermé.

Si l'industrie renaquit de ses cendres lors de la Seconde Guerre mondiale, la saveur locale céda le pas aux grandes marques du Midwest. Aujourd'hui encore, la bière artisanale de New York reste derrière celle de la côte Ouest. On vient à Brooklyn pour boire une bonne bière. Une poignée de brasseries artisanales en proposent d'excellentes : en tête, la **Brooklyn Brewery** (www.brooklynbrewery.com), à Williamsburg, dont l'offre saisonnière comprend la Post Road Pumpkin Ale (d'août à novembre), une ale à base de potiron avec une pointe de muscade, et la succulente Black Chocolate Stout (d'octobre à mars), de style Imperial Stout.

Parmi les camarades brasseurs, on peut citer **Six Point Craft Ales** (www.sixpoint.com), qui espère bientôt ouvrir un comptoir et proposer des visites de sa brasserie, **Threes Brewing** (www.threesbrewing.com) qui a ouvert deux bars (à Gowanus et Greenpoint), et **Other Half Brewing Co** (www.otherhalfbrewing.com) célèbre pour sa double IPA, Green Diamonds.

Brooklyn Brewery

STOCK_PHOTO_WORLD/SHUTTERSTOCK ©

Ce bar de bois sombre à l'éclairage tamisé propose une centaine de *single malt* d'Écosse ("Calédonie" est l'ancien nom de l'Écosse), quelques *blend* et des whiskys américains, irlandais et japonais. Les barmen experts seront heureux de vous conseiller.

Upper West Side et Central Park

Manhattan Cricket Club Bar lounge

(Plan p. 270 ; ☎646-823-9252 ; www.mccnewyork.com ; 226 W 79th St, entre Amsterdam Ave et Broadway ; ⏲18h-tard lun-sam ; Ⓢ1 jusqu'à 79th St). Situé au-dessus d'un bistrot australien, le **Burke & Wills** (plan p. 270 ; ☎646-823-9251 ; www.burkeandwillsny.com ; plats 19-32 $; ⏲dîner 17h30-23h, brunch 11h-15h sam-dim) – demandez à l'accueil pour y accéder –, bar élégant, s'inspire des clubs de cricket anglo-australiens des années 1900. Des clichés sépia de joueurs ornent les murs tendus de brocart doré, tandis que les bibliothèques en acajou, les canapés Chesterfield et le plafond en étain embossé créent le cadre parfait pour siroter des cocktails réussis et originaux.

Empire Rooftop Toit-terrasse

(Plan p. 270 ; ☎212-265-2600 ; www.empirehotelnyc.com ; 44 W 63 St, au niv de Broadway ; ⏲15h-1h lun-mer, 15h-2h jeu-ven, 11h-2h sam, 11h-1h dim ; Ⓢ1 jusqu'à 66th St-Lincoln Center). Installé sur le toit de l'Empire Hotel, ce bar chic est l'un des plus grands *rooftops* (2 438 m²). En hiver, on s'installe sous le toit en verre, parmi les palmiers et les canapés. Le toit peut être ouvert en été et il y a plusieurs terrasses extérieures.

Harlem et Upper Manhattan

Shrine Bar

(www.shrinenyc.com ; 2271 Adam Clayton Powell Jr Blvd, entre 133rd St et 134th St, Harlem ; ⏲16h-4h ; Ⓢ2/3 jusqu'à 135th St). Ne vous fiez pas à son air un peu miteux : ce bar chaleureux et sans chichis est l'un des meilleurs endroits de Harlem (voire de New York) pour assister à des concerts gratuits. Tous les jours, des groupes de blues, reggae, afro-beat, funk et rock indé s'y produisent. Bière pas chère et clientèle éclectique.

Silvana Bar

(www.silvana-nyc.com ; 300 W 116th St, Harlem ; ⏲étage 7h-4h, sous-sol 16h-4h ; Ⓢ2/3 jusqu'à 116th St). Cet attrayant café-boutique moyen-oriental sert de savoureuses assiettes de houmous et de falafels. Le véritable attrait se cache au sous-sol : un club qui attire une foule décontractée avec de bons cocktails et des groupes (dès 18h environ), suivis de DJ. Programmation éclectique, du jazz au *son* cubain, reggae ou gypsy punk balkanique.

Ginny's Supper Club Bar à cocktails

(☎212-421-3821 ; www.ginnyssupperclub.com ; 310 Malcolm X Blvd, entre 125th St et 126th St, Harlem ; entrée 25 $; ⏲18h-minuit jeu, 18h-3h ven et sam, brunch 10h30-12h30 dim ; Ⓢ2/3 jusqu'à 125th St). Ce club au cadre rappelant l'époque de la Prohibition, en sous-sol, est toujours rempli d'une clientèle sur son 31. On sirote des cocktails, on grignote des en-cas venant du Red Rooster (à l'étage ; p. 144) et on danse au son d'un groupe de jazz à partir de 19h30 du jeudi au samedi, et sur des musiques mixées par des DJ à partir de 23h les vendredi et samedi. Ne ratez pas le brunch gospel dominical (réservez).

Harlem Hops Bière artisanale

(☎646-998-3444 ; www.harlemhops.com ; 2268 Adam Clayton Powell Jr Blvd, entre 133th St et 134th St, Harlem ; ⏲16h-minuit dim-jeu, 16h-2h ven-sam ; 📶 ; Ⓢ2/3 jusqu'à 135th St). Le seul bar 100% afro-américain d'Harlem affiche au néon le nom de son quartier d'origine au plafond. *Bratwurst* et tourtes à la viande au menu. Commandez 4 galopins de dégustation (15 $), dégustez-les avec une tourte au bœuf *habanero* avec épices africaines, et mettez-vous à l'aise.

Brooklyn

House of Yes Club

(www.houseofyes.org ; 2 Wyckoff Ave, au niv de Jefferson St, Bushwick ; gratuit-55 $; ⏲en général

GUILLAUME GAUDET/LONELY PLANET ©

House of Yes

19h-4h mer-sam ; S L jusqu'à Jefferson St). Tout peut arriver dans cet ancien entrepôt devenu lieu hédoniste. Il comprend 2 scènes, 3 bars et un espace extérieur couvert, et propose des performances et des soirées dansantes les plus créatives de Brooklyn : tissu d'acrobatie, concerts punk, spectacles burlesques, drag-queens, performances artistiques, DJ iconiques tels que Jellybean Benitez qui mixe des sons disco, soul, house et autres merveilles.

Montero Bar & Grill Bar

(Plan p. 272 ; ☎646-729-4129 ; 73 Atlantic Ave, au niv de Hicks St, Brooklyn Heights ; ⏰12h-4h ; S 4/5 jusqu'à Borough Hall). Il n'y a pas plus authentique que Montero. Avec son enseigne en néon, ce bar de dockers anachronique, qui vend de la Pabst, a survécu à tous les changements sur ce coin de rue de Brooklyn depuis la Seconde Guerre mondiale. Déco éclectique rappelant les marins d'antan qui venaient s'y abreuver.

Maison Premiere Bar à cocktails

(Plan p. 273 ; ☎347-335-0446 ; www.maisonpremiere.com ; 208 Bedford Ave, entre S 1st St et Grand St, Williamsburg ; ⏰14h-2h lun-mer, 16h-4h jeu-ven, 11h-4h sam, 11h-2h dim ; S L jusqu'à Bedford Ave). Appréciez la décoration chic de ce bar à cocktails et à huîtres de style Nouvelle-Orléans : photos anciennes, beaux verres, surfaces décapées et chaises en bois courbé. Les huîtres et les palourdes fraîches arrivent spécialement de tout le pays pour etre dégustées par une clientèle distinguée, qui commande des cocktails à des serveurs élégants en bretelles.

Bossa Nova Civic Club Club

(☎718-443-1271 ; 1271 Myrtle Ave, au niveau de Hart St, Bushwick ; entrée 10 $ ou gratuite ; ⏰19h-4h ; S M jusqu'à Central Ave). Encore une raison de ne jamais quitter Brooklyn : déhanchez-vous au son des DJ house et techno dans ce modeste petit club à la décoration (vaguement) tropicale. Son de qualité, prix corrects et clientèle festive et dansante. Entrée payante (10 $) après minuit le vendredi et le samedi.

Desnuda Bar

(Plan p.273 ; ☎718-387-0563 ; www.desnudawbk.com ; 221 S 1st St, entre Roebling St et Driggs Ave

New York dans un verre

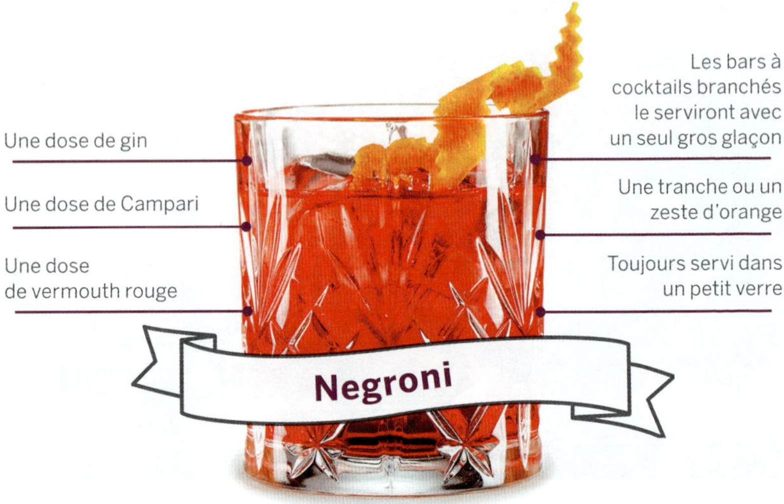

Le retour d'un classique

Prenez l'engouement général pour le gin et ajoutez-y une touche de l'héritage italien de New York : pas étonnant que les mixologues new-yorkais soient retombés amoureux du Negroni. Fort et servi dans un petit verre, ce cocktail pour avertis est très savoureux. Traditionnellement préparé avec du gin, les barmen créatifs servent aussi des versions au mezcal pour un goût nord-américain unique.

★ Les meilleures adresses pour boire un Negroni

Amor y Amargo (plan p. 262 ; ✆212-614-6818 ; www.amoryamargony.com ; 443 E 6th St, entre Ave A et 1st Ave, East Village ; ⏲17h-1h lun-jeu, 17h-3h ven, 15h-3h sam, 15h-1h dim ; Ⓢ F jusqu'à 2nd Ave ; L jusqu'à 1st Ave ; 6 jusqu'à Astor Pl). Cette petite "salle de dégustation d'amers" mise sur les valeurs sûres.

Bathtub Gin (plan p. 266 ; ✆646-559-1671 ; www.bathtubginnyc.com ; 132 9th Ave, entre W 18th St et W 19th St, Chelsea ; ⏲17h-2h dim-mer, 17h-3h jeu, 17h-4h ven, 16h-4h sam, midi-16h dim ; Ⓢ A/C/E, L jusqu'à 8th Ave-14th St, 1, C/E jusqu'à 23rd St, 1 jusqu'à 18th St). Negronis de saison dans un bar à gin caché.

Ghost Donkey (p. 174). Negronis au mezcal et épices à *mole* dans ce bar à mezcal de SoHo.

Williamsburg ; mets crus au bar 16-18 $, plats 22-24 $; ⏲18h-minuit lun-jeu, 18h-2h ven-sam, 17h-23h dim ; S G jusqu'à Metropolitan Ave, L jusqu'à Bedford Ave). Avalez huîtres, palourdes, ceviches acidulés et vins bien accordés dans ce charmant bar, petit frère de la *cevichería*-bar à vins du même nom d'East Village. Les 18 sièges au bar font face aux chefs qui cuisinent les plats. Huîtres à 1 $ et prix spéciaux sur les boissons les dimanche et lundi en soirée ou de 18h à 20h tous les jours.

Spuyten Duyvil Bar

(Plan p. 273 ; ☎718-963-4140 ; www.spuytenduyvilnyc.com ; 359 Ave entre Havemeyer St et Roebling St, Williamsburg ; ⏲17h-2h lun-ven, 12h-3h sam, 12h-2h dim ; S L jusqu'à Lorimer St, G jusqu'à Metropolitan Ave). On se croirait dans une brocante dans ce bar sans chichis de Williamsburg : plafonds rouges en tôle, meubles dépareillés, schémas médicaux et vieux vélos aux murs. La sélection de bières (belges, surtout) est ahurissante. Clientèle de tous âges et une grande arrière-cour verdoyante ouverte aux beaux jours.

Lavender Lake Pub

(Plan p. 272 ; ☎347-799-2154 ; www.lavenderlake.com ; 383 Carroll St, entre Bond St et Gowanus Canal, Gowanus ; ⏲16h-minuit lun-jeu, 16h-2h ven, 12h-2h sam, 12h-22h dim ; S F, G jusqu'à Carroll St ; R jusqu'à Union St). Ce bijou occupe une ancienne écurie près du Gowanus Canal, canal pollué autrefois surnommé "lac lavande" pour sa couleur. Bières artisanales soigneusement sélectionnées et cocktails de saison (par exemple : tequila infusée au *jalapeño*). Le jardin avec sa terrasse en bois est très agréable l'été et les plats sont bons (13-15 $). En semaine, happy hour jusqu'à 19h.

June Bar à vins

(Plan p. 272 ; ☎917-909-0434 ; www.junobk.com ; 231 Court St, entre Warren St et Baltic St, Cobble Hill ; happy hour 17h-19h lun-ven, brunch 11h-16h sam-dim, dîner 17h30-minuit dim-jeu, 17h30-1h

Les speakeasies de New York

Dans les années 1920, au temps de la Prohibition, la vente d'alcool était interdite dans tout le pays, y compris dans les bars et restaurants. Se sont alors développés des lieux sans enseigne, tapis en sous-sol ou cachés à l'arrière de magasins respectables. Seuls les initiés connaissaient le moyen d'y accéder, et ils avaient pour consigne de parler doucement, "*speak easy...*", afin de ne pas se faire repérer par la police. Disparus avec la fin de la Prohibition, ils ont fait leur retour récemment sous une forme branchée... et légale. L'idée étant plus de se retrouver entre *happy fews* que d'échapper aux forces de l'ordre.

ven-sam ; S F, G jusqu'à Bergen St). Avec son mobilier en bois arrondi et poli, ses vitraux et ses alcôves accueillantes, n'hésitez pas à vous attarder dans ce bar autour de bons vins d'Europe, d'Amérique et d'Australie. La cuisine n'est pas en reste avec, par exemple, le cardeau cru accompagné de pommes, chou-rave, vinaigrette au yuzu et verveine citronnelle (plats 26-28 $). Les portes de la jolie terrasse sont ouvertes lorsqu'il fait chaud.

Clover Club Bar à cocktails

(Plan p. 272 ; ☎718-855-7939 ; www.cloverclubny.com ; 210 Smith St, à côté de Baltic St, Cobble Hill ; ⏲16h-2h lun-jeu, 16h-4h ven, 10h30-4h sam, 10h30-1h dim ; 🚌B57 jusqu'à Smith & Douglass Sts, S F, G jusqu'à Bergen St). Ce merveilleux bar à cocktails respire l'élégance du XIXe siècle avec son somptueux bar en acajou, ses lampes vintage et ses barmen en veston. Cocktails originaux, tels que "Smash of the Titans" : bourbon, kumquats écrasés, citron, origan). Brunch copieux le week-end qui se marie à merveille avec les excellents Bloody Mary et autres cocktails spéciaux.

SORTIES

Opéra, jazz, théâtre
et bien plus encore

Sorties

Scènes sous les feux de la rampe, clubs de jazz en sous-sol, salles de danse aux hauts plafonds, opéras faits pour les mélodrames – depuis plus d'un siècle, New York est la capitale américaine de la production culturelle. Outre les shows de Broadway, vous trouverez dans le centre des théâtres expérimentaux, les salles de concert légendaires du Met et des rades de musique live aux programmations éclectiques, mais qui accordent une place de choix au jazz.

Dans ce chapitre

Billets

Pour acheter des billets, vous pouvez vous rendre directement à la billetterie de la salle ou recourir à l'une des agences dédiées pour réserver en ligne, **Telecharge** (www.telecharge.com) ou **Ticketmaster** (www.ticketmaster.com). Pour des billets de dernière minute à prix réduit à Broadway (jusqu'à - 50%), adressez-vous à un kiosque **TKTS** (www.tdf.org). Et pour les autres spectacles (humour, cabaret, arts du spectacle, musique, danse et théâtre), rendez-vous chez **SmartTix** (www.smarttix.com).

Page précédente : Carnegie Hall (p. 193)

Village Vanguard (p. 189)

Les meilleurs...

Spectacles de Broadway

Harry Potter et l'Enfant maudit (p. 60). Record absolu d'entrées pour une pièce de théâtre à Broadway.

Book of Mormon (p. 60). Un spectacle primé remarquablement drôle, par les créateurs de *South Park*.

Chicago (p. 60). L'un des plus éblouissants spectacles de Broadway.

Kinky Boots (p. 60). Réservez vos places bien à l'avance pour cette comédie musicale loufoque.

Hamilton (p. 59). Si vous n'avez pas de billet, tentez votre chance dans la queue des annulations devant le théâtre.

Concerts de jazz

Jazz at Lincoln Center (p. 192). Des représentations innovantes sous la direction de la sommité du jazz Wynton Marsalis.

Village Vanguard (p. 189). Club de jazz mythique de West Village.

Smalls (p. 190). Petit établissement à l'ambiance nostalgique dans un sous-sol de West Village.

Barbès (p. 196). Rythmes festifs méconnus du monde entier, à Park Slope.

Birdland (p. 193). Adresse chic de Midtown accueillant des orchestres, des groupes de jazz cubain et plus encore.

Financial District et Lower Manhattan

Flea Theater Théâtre

(Plan p. 262 ; ☎billets 212-226-0051 ; www.theflea.org ; 20 Thomas St, entre Timble Pl et Broadway, Tribeca ; billets à partir de 10 $; ; SA/C, 1/2/3 jusqu'à Chambers St ; R/W jusqu'à City Hall). L'une des meilleures compagnies du Broadway alternatif ("off-off-Broadway"), réputée pour ses pièces innovantes. L'endroit compte 3 espaces scéniques, dont un surnommé "Siggy", en l'honneur d'une "vétérane" du Flea, Sigourney Weaver (nom officiel de la salle). Il accueille toute l'année concerts et spectacles de danse, ainsi que des spectacles pour enfants (dès 2 ans), le dimanche. "Serials" est un joyeux concours de pièces de théâtre de 10 minutes chacune.

Soho Rep Théâtre

(Soho Repertory Theatre ; plan p. 262 ; ☎212-941-8632 ; www.sohorep.org ; 46 Walker St, entre Church St et Broadway, Tribeca ; SA/C/E jusqu'à Canal St, 1 jusqu'à Franklin St). L'une des meilleures compagnies off-Broadway de New York, enthousiasmant critiques et amateurs avec son trio annuel de nouvelles œuvres innovantes et percutantes. Kathleen Turner, Allison Janney, Ed O'Neill et John C. Reilly ont tous fait leurs débuts dans cette salle de 65 places. Les productions de la compagnie ont remporté plus de 20 Off-Broadway Theater Awards (ou The Obie Awards). Programme sur le site Internet.

SoHo et Chinatown

Joe's Pub Musique live

(Plan p. 262 ; ☎212-539-8778, billets 212-967-7555 ; www.joespub.com ; Public Theater, 425 Lafayette St, entre Astor Pl et 4th St, Noho ; S6 jusqu'à Astor Pl, R/W jusqu'à 8th St-NYU). À la fois bar, cabaret et salle de spectacle, cet établissement intime programme aussi bien de jeunes talents que des artistes confirmés comme Patti LuPone, Amy Schumer, ou la chanteuse britannique Adele, qui a donné ici son tout premier concert aux États-Unis, en 2008. Accès par le Public Theater.

Film Forum Cinéma

(Plan p. 262 ; ☎212-727-8110 ; www.filmforum.com ; 209 W Houston St, entre Varick St et 6th Ave, SoHo ; adulte/enfant 15/9 $; ⌚12h-minuit ; S1 jusqu'à Houston St). Ce cinéma à but non lucratif propose une variété étourdissante de films indépendants, de reprises et de rétrospectives sur les carrières de grands noms du 7e art comme Orson Welles. Les séances sont souvent suivies de conférences des réalisateurs ou de débats menés par des cinéphiles. Depuis sa rénovation de 2018, les sièges ont gagné en confort, il y a plus de place pour les jambes, on voit mieux l'écran et une quatrième salle a ouvert.

East Village et Lower East Side

Metrograph Cinéma

(Plan p. 262 ; ☎212-660-0312 ; www.metrograph.com ; 7 Ludlow St, entre Canal St et Hester St, Lower East Side ; billet 15 $; ⌚11h-minuit dim-mer, 11h-2h ven-sam ; ; SF jusqu'à East Broadway, B/D jusqu'à Grand St). La gentrification n'a pas encore atteint cette zone de Lower East Side, et les propriétaires de ce véritable paradis pour cinéphiles ont donc pu acheter un immeuble à la hauteur de leur projet. Les deux salles sont équipées d'un projecteur numérique dernier cri et d'un vieux projecteur à bobines 35 mm. Soigneusement sélectionnés, les films sont souvent projetés par thématiques (sur le Studio Ghibli ou le très provocateur Gaspar Noé, par exemple).

Performance Space New York Théâtre

(Plan p. 262 ; ☎212-477-5829 ; www.performancespacenewyork.org ; 150 1st Ave, au niv de E 9th St, East Village ; SL jusqu'à 1st Ave ; 6 jusqu'à Astor Pl). Ce théâtre d'avant-garde, fondé en 1980 (il s'appelait alors Performance Space 122) dans une école abandonnée, peut aujourd'hui se targuer de salles de spectacle ultramodernes, d'ateliers d'artistes, d'un nouveau hall d'entrée et d'un toit-terrasse. Il a néanmoins gardé la charpente de l'école d'origine, de même que son esprit avant-gardiste et expérimental. Eric Bogosian, Meredith Monk, le regretté Spalding Gray et Elevator Repair Service ont joué ici.

Nuyorican Poets Café Spectacles

(Plan p. 262 ; ☎212-780-9386 ; www.nuyorican.org ; 236 E 3rd St, entre Ave B et Ave C, East Village ; billets 8-30 $; Ⓢ F jusqu'à 2nd Ave). Le légendaire Nuyorican accueille depuis 1973 concours de poésie, performances hip-hop, pièces de théâtre, films, spectacles de danse et concerts. Si elle fait partie de l'histoire d'East Village, cette salle associative demeure un centre artistique dynamique à la pertinence intacte. Consultez le programme sur le site Internet et achetez en ligne les billets pour les spectacles prisés de fin de semaine. Vous pourrez aussi vous essayer au chant lors des soirées *open mic* (scène libre) du lundi (21h ; 8 $).

Slipper Room Spectacles

(Plan p. 262 ; ☎212-253-7246 ; www.slipperroom.com ; 167 Orchard St, entrée sur Stanton St, Lower East Side ; à partir de 10 $; ⏱ouverture 1 heure avant le spectacle ; Ⓢ F jusqu'à 2nd Ave). Ce club à 2 niveaux organise des spectacles excentriques, dont le "Slipper Room Show" du vendredi (21h30 ; 20 $), qui rassemble les meilleurs artistes de burlesque de New York, et l'extravagante farce "Mr Choade's Upstairs Downstairs" (21h30 le samedi ; 20 $), le plus ancien spectacle de variétés de la ville. Mais quel que soit le thème du soir (acrobaties, sensualité, humour, musique), vous ne serez pas déçu. Programme et réservation en ligne.

Le top de l'humour

Upright Citizens Brigade Theatre (p. 194). Comiques et spectacles d'improvisation, toujours hilarants.

Comedy Cellar (p. 191). Dans un sous-sol de Greenwich Village, un comedy club très populaire.

Caroline's on Broadway (plan p. 268 ; ☎212-757-4100 ; www.carolines.com ; 1626 Broadway, au niv de 50th St, Midtown West ; Ⓢ N/R/W jusqu'à 49th St ; 1, C/E jusqu'à 50th St). Spectacles d'humoristes célèbres.

Peoples Improv Theater (p. 192). Club intimiste pour rire aux larmes, avec sessions d'impro le mercredi et bière bon marché.

Le Comedy Cellar (p. 191)

M. STAN REAVES/ALAMY STOCK PHOTO ©

✪ West Village, Chelsea et Meatpacking District

Sleep No More Théâtre

(Plan p. 266 ; ☎billettorio 212-904-1880 ; www.sleepnomorenyc.com ; 530 W 27th St entre 10th Ave et 11th Ave, Chelsea ; billets à partir de 100 $; ⏱déb du spectacle 10h-19h ; Ⓢ 1, C/E jusqu'à 23rd St). Une des expériences théâtrales les plus immersives jamais imaginées, *Sleep No More* est une adaptation vaguement inspirée de *Macbeth*, à voir dans plusieurs hangars de Chelsea rénovés pour ressembler au McKittrick Hotel (clin d'œil à *Sueurs froides* d'Alfred Hitchcock) et son bar de jazz animé des années 1930.

Village Vanguard Jazz

(Plan p. 262 ; ☎212-255-4037 ; www.villagevanguard.com ; 178 7th Ave S, entre W 11th St et Perry St, West Village ; entrée env 35 $; ⏱19h30-0h30 ; Ⓢ 1/2/3 jusqu'à 14th St, A/C/E, L jusqu'à 8th Ave-14th St). Ce club de jazz, probablement le plus prestigieux de la ville, a vu défiler tous les grands noms des 50 dernières années. Ouvert en 1935, c'était d'abord un lieu dédié à la poésie beat et à la musique folk, et s'il retrouve occasionnellement ses racines, on y écoute le plus souvent du jazz pur et dur toute la nuit. Le lundi soir est réservé au Vanguard Jazz Orchestra depuis 1966.

Smalls Jazz

(Plan p. 262 ; ☎646-476-4346 ; www.smallslive.com ; 183 W 10th St, entre W 4th St et 7th Ave S, West Village ; entrée 20 $, ⏲19h-3h30 lun-ven, à partir de 16h sam-dim ; S 1 jusqu'à Christopher St-Sheridan Sq ; A/C/E, B/D/F/M W 4th St-Washington St). Bien nommée, cette petite salle en sous-sol accueille tous les soirs des groupes de jazz variés. Le billet vous permet de sortir pour manger un morceau et de revenir. Ne manquez pas la jam-session du samedi et du dimanche après-midi.

Blue Note Jazz

(Plan p. 262 ; ☎212-475-8592 ; www.bluenote.net ; 131 W 3rd St, entre 6th Ave et MacDougal St, West Village ; ⏲billetterie 10h-19h, ouverture des portes à 18h ; S A/C/E, B/D/F/M jusqu'à W 4th St-Washington Sq). Depuis son ouverture en 1981, Blue Note, l'un des meilleurs clubs de jazz de New York, a vu défiler sur sa scène des grands noms tels que Sarah Vaughan, Lionel Hampton ou Dizzy Gillespie. La plupart des concerts coûtent entre 20 et 45 $ au bar, et de 35 à 55 $ pour une table, mais les prix augmentent avec la réputation des artistes. Il y a aussi des brunchs jazz (40 $) à 11h30 et 13h30 le dimanche.

IFC Center Cinéma

(Plan p. 262 ; ☎212-924-7771 ; www.ifccenter.com ; 323 6th Ave, au niv de 3rd St, West Village ; billets adulte/enfant 15/11 $; 📶 ; S A/C/E, B/D/F/M jusqu'à W 4th St-Washington Sq). Ce cinéma d'art et d'essai installé dans les locaux de l'université de New York présente des grands classiques, du cinéma étranger et de nouveaux films indé. Courts-métrages, documentaires, remakes, films d'auteur, classiques le week-end et cycles thématiques.

Le Blue Note

LGBT Community Center Centre artistique

(Plan p. 262 ; ☎212-620-7310 ; www.gaycenter.org ; 208 W 13th St, entre 7th Ave et Greenwich Ave, West Village ; ⏰9h-22h lun-sam, 9h-21h dim ; Ⓢ1/2/3 jusqu'à 14th St, A/C/E, L jusqu'à 8th Ave-14th St). Ce centre, au cœur de la culture LGBT+ du "village" depuis 1983, est comme une seconde maison pour les personnes LGBT+ qui se sentent exclues de leur propre foyer. Il organise divers groupes de parole, et l'on vient se détendre au **Think Coffee**.

Comedy Cellar Humour

(Plan p. 262 ; ☎212-254-3480 ; www.comedycellar.com ; 117 MacDougal St, entre W 3rd et Minetta Ln, West Village ; entrée 10-24 $; ⏰11h-3h ; ⓈA/C/E, B/D/F/M jusqu'à W 4th St-Washington Sq). Dans une atmosphère intimiste au sous-sol du café Olive Tree, dans West Village, ce *comedy club* de légende compte une troupe d'habitués talentueux (Colin Quinn, Judah Friedlander, Wanda Sykes) et reçoit occasionnellement la visite de grands humoristes comme Dave Chappelle, Jerry Seinfeld ou Amy Schumer. Son succès a entraîné l'ouverture de deux nouvelles adresses, l'une à Las Vegas et l'autre au **Village Underground**, au 130 W 3rd St.

Cherry Lane Theatre Théâtre

(Plan p. 262 ; ☎212-989-2020 ; www.cherrylanetheater.org ; 38 Commerce St, près de Bedford St, West Village ; Ⓢ1 jusqu'à Christopher St-Sheridan Sq). Niché dans une rue secondaire, ce petit théâtre plein de charme possède une longue et belle histoire. Fondé par la poétesse Edna St. Vincent Millay en 1924, il a permis au fil des années à de nombreux dramaturges et acteurs émergents de se montrer, comme Harold Pinter ou Edward Albee. Lectures, pièces et représentations de *spoken word* (sorte de slam avec accompagnement musical) sont programmées en alternance.

Duplex Cabaret

(Plan p. 262 ; ☎212-255-5438 ; www.theduplex.com ; 61 Christopher St, West Village ; entrée

Une métropole de la musique

C'est à New York que des musiciens de jazz comme Ornette Coleman, Miles Davis et John Coltrane ont repoussé les limites de l'improvisation dans les années 1950. C'est là aussi que divers sons latins se sont rencontrés pour former la salsa, où des chanteurs folks comme Bob Dylan et Joan Baez ont porté dans les cafés leurs *protest songs*, et où des groupes comme les New York Dolls et les Ramones ont occupé le devant de la scène dans le centre de Manhattan. C'est là encore que le disco est né. Et ce fut le creuset culturel qui permit la naissance, l'épanouissement et l'explosion du hip-hop. New York agit toujours comme un aimant sur les musiciens. Le monde du rock indépendant est particulièrement vivant : des groupes comme les Yeah Yeah Yeahs, LCD Soundsystem et Animal Collective ont tous émergé à New York. Bourré de clubs et de bars, mais aussi de labels indépendants et de stations de webradio, Williamsburg est au cœur de l'action. Les meilleures salles pour voir du rock restent le Music Hall of Williamsburg, le Brooklyn Bowl ou la Manhattan's Bowery Ballroom. Harlem, où est né le be-bop et jadis le terrain de jeu de grands noms tels que Louis Armstrong, Billie Holiday ou Charlie Parker, reste un quartier de choix pour écouter du jazz à l'ancienne : essayez le Silvana (p. 180), le Shrine (p. 180) ou le Ginny's Supper Club (p. 180).

Le Bowery Ballroom

Assister à un enregistrement TV

Saturday Night Live (www.nbc.com/saturday-night-live). Sans doute l'émission basée à New York la plus appréciée ; on fait la queue dès 7h côté 48th Street de **Rockefeller Plaza** pour obtenir un billet pour le soir, soit pour la répétition de 20h, soit pour l'émission en direct à 23h30. Un seul billet par personne (par ordre d'arrivée). Il faut un passeport valide pour récupérer le billet et entrer dans le studio. Les spectateurs doivent avoir 16 ans révolus.

The Daily Show with Trevor Noah (www.showclix.com/event/thedailyshowwithtrevornoah). Il faut s'inscrire en ligne pour assister à l'enregistrement de cette émission très suivie d'actualités décalées. Les places sont mises en ligne progressivement quelques semaines avant les enregistrements ; jetez un coup d'œil régulièrement au site Internet. Les enregistrements ont lieu à 18h et 19h15 du lundi au jeudi. On peut récupérer les billets sur place à partir de 14h30. Même en ayant réservé, l'entrée n'est pas garantie ; arrivez tôt. Lors de la remise du billet, on vous communique l'heure à laquelle revenir pour assister à l'émission (généralement 16h30). Les spectateurs doivent avoir 18 ans révolus.

Pour en savoir plus, consulter les sites Internet des différentes chaînes, ou le site www.nycgo.com/articles/tv-show-tapings.

Les studios de NBC, Rockefeller Plaza (p. 83)

10-25 $; 16h-4h ; S 1 jusqu'à Christopher St-Sheridan Sq ; A/C/E, B/D/F/M jusqu'à W 4th St-Washington Sq). Cabaret, humour et danses se disputent la scène kitsch de cette salle mythique ouverte en 1950. Des photos de Joan Rivers tapissent les murs, et les artistes se plaisent à imiter son style impertinent faisant la part belle à l'autodénigrement – souvent en prenant à partie le public (déconseillé aux timides !).

Union Square, Flatiron District et Gramercy

Peoples Improv Theater Humour
(PIT ; plan p. 266 ; cours 212-563-7488 ; www.thepit-nyc.com ; 123 E 24th St, entre Lexington Ave et Park Ave, Gramercy ; ; S F/M, N/R, 6 jusqu'à 23rd St). Bardé de néons rouges, ce *comedy club* animé vous fera éclater de rire pour une bouchée de pain. Tous les soirs s'enchaînent stand-up, sketchs et humour musical. Le mercredi, c'est impro libre à partir de 19h. Venez tôt pour boire un verre sans vous ruiner dans l'ambiance conviviale du bar aux tons rouge vif. Le PIT propose aussi des cours, dont des ateliers d'improvisation dans ses locaux de Midtown, les **Simple Studios** (plan p. 266 ; 212-273-9696 ; www.simplestudiosnyc.com ; 134 W 29th St, entre 6th Ave et 7th Ave, Midtown West ; 9h-23h lun-ven, 9h-22h sam-dim ; S 1, N/R jusqu'à 28th St).

Midtown

Jazz at Lincoln Center Jazz
(Plan p. 270 ; réservations Dizzy's Club Coca-Cola 212-258-9595, billets pour le Rose Theater et l'Appel Room 212-721-6500 ; www.jazz.org ; Time Warner Center, 10 Columbus Circle, Broadway, au niv de 60th St ; S A/C, B/D, 1 jusqu'à 59th St-Columbus Circle). En haut du Time Warner Center, le Jazz at Lincoln Center est composé de 3 salles : le **Rose Theater**, l'**Appel Room**, et le **Dizzy's Club Coca-Cola** qui accueille des spectacles le soir (entrée 20-45 $). Les concerts sont souvent exceptionnels et la vue sur Central Park éblouissante.

© OSUGI/SHUTTERSTOCK

Le Birdland

Carnegie Hall Concerts

(Plan p. 268 ; 212-247-7800 ; www.carnegiehall.org ; 881 7th Ave, au niv de W 57th St ; visites adulte/enfant 17/12 $; visites 11h30, 12h30, 14h et 15h lun-ven, 11h30 et 12h30 sam sept-juin ; S N/R/W jusqu'à 57th St-7th Ave). Cette salle de concert mythique est l'une des meilleures du point de vue de l'acoustique. L'**auditorium Isaac Stern** voit se produire de grands interprètes d'opéra, de jazz et de folk, et le **Zankel Hall** accueille des concerts avant-gardistes de jazz, de pop, de musique classique et de musiques du monde. Le **Weill Recital Hall** organise des concerts de musique de chambre ou accueille de jeunes artistes et des tables rondes.

Birdland Jazz

(Plan p. 268 ; 212-581-3080 ; www.birdlandjazz.com ; 315 W 44th St, entre 8th Ave et 9th Ave ; entrée 30-50 $; 17h-1h ; S A/C/E jusqu'à 42nd St-Port Authority Bus Terminal). Cette salle de légende doit son nom à Charlie Parker, surnommé "Bird", qui tenait la vedette dans la salle alors située dans 52nd St, de même que Miles Davis et Thelonious Monk (leurs photos ornent les murs). L'ambiance est intimiste. Venez le vendredi à 17h30 pour les fantastiques sessions big band.

Jazz Standard Jazz

(Plan p. 266 ; 212-576-2232 ; www.jazzstandard.com ; 116 E 27th St, entre Lexington Ave et Park Ave ; entrée 25-40 $; spectacles 19h30 et 21h30 ; S 6 jusqu'à 28th St). Des grands noms du jazz comme Ravi Coltrane, Roy Haynes et Ron Carter se sont produits dans ce club. Le service est impeccable et la cuisine du sud des États-Unis (du restaurant Blue Smoke de Danny Meyer, juste au-dessus) excellente. Le directeur artistique, Seth Abramson, est un véritable expert en jazz. Le dimanche, les brunchs "Smokestack" (35 $), à 11h30 et 14h30, sont aussi une bonne option.

Playwrights Horizons Théâtre

(Plan p. 266 ; 212-564-1235 ; www.playwrightshorizons.org ; 416 W 42nd St, entre 9th Ave et 10th Ave, Midtown West ; S A/C/E jusqu'à 42nd St-Port Authority Bus Terminal).

★ Les meilleures salles pour la musique classique ou l'opéra

Metropolitan Opera (p. 110)

National Sawdust (p. 196)

Brooklyn Academy of Music (p. 196)

Carnegie Hall (p. 193)

Excellent lieu pour découvrir les futurs grands noms du théâtre. Ce vétéran du théâtre d'auteur accueille des productions d'œuvres américaines contemporaines. On a pu y voir par le passé des pièces telles que *Lobby Hero* de Kenneth Lonergan, *Clybourne Park* de Bruce Norris (récompensée d'un Tony Award), ou encore *I Am My Own Wife* et *Grey Gardens* de Doug Wright.

Upright Citizens Brigade Theatre — Humour

(☎212-366-9176 ; www.ucbtheatre.com ; 555 W 42nd St, entre 10th Ave et 11th Ave, Hell's Kitchen ; entrée libre-10 $; ⊙19h30-minuit ; Ⓢ A/C/E jusqu'à 42nd St-Port Authority). Ce club de spectacles d'humour et d'improvisation, fréquenté par des directeurs de casting et des personnalités de la télévision, a récemment changé d'adresse. L'entrée est bon marché, tout comme la bière et le vin. Le dimanche, la session Asssscat Improv est toujours hilarante (à partir de 19h30).

Magnet Theater — Humour

(Plan p. 266 ; ☎billets 212-244-8824 ; www.magnettheater.com ; 254 W 29th St, entre 7th Ave et 8th Ave, Midtown West ; Ⓢ 1 jusqu'à 28th St ; C/E jusqu'à 23rd St ; 1/2/3 jusqu'à 34th St-Penn Station). Ce théâtre d'humour (impro principalement) sert de terrain d'entraînement aux humoristes. Variable d'une semaine à l'autre, le programme comprend cependant de grands rendez-vous comme le Friday Night Sh*w (10 $), lors duquel les commentaires écrits du public inspirent le spectacle de la soirée.

Second Stage Theater — Théâtre

(Tony Kiser Theater ; plan p. 268 ; ☎billets 212-246-4422 ; www.2st.com ; 305 W 43rd St, au niv de 8th Ave, Midtown West ; ⊙accueil 12h-18h dim-ven, 12h-19h sam ; Ⓢ A/C/E jusqu'à 42nd St-Port Authority Bus Terminal). Cette compagnie de théâtre à but non lucratif est réputée pour ses productions d'œuvres d'auteurs émergents de talent comme de dramaturges américains plus confirmés. Si vous recherchez du théâtre américain contemporain bien fait, vous êtes au bon endroit. Le Second Stage possède deux théâtres : le principal est le Tony Kiser, et le Hayes (non loin sur W 44th St) est une acquisition récente.

Don't Tell Mama — Cabaret

(Plan p. 268 ; ☎212-757-0788 ; www.donttellmamanyc.com ; 343 W 46th St, entre 8th Ave et 9th Ave, Midtown West ; ⊙16h-2h30 dim-jeu, 16h-3h30 ven-sam ; Ⓢ N/Q/R, S, 1/2/3, 7 jusqu'à Times Sq-42nd St). Depuis plus de 30 ans, le talent est au rendez-vous dans cet extraordinaire petit cabaret et piano-bar sans prétention, où se produisent non pas de grandes vedettes, mais des passionnés donnant tout sur scène pour le public. Les serveurs qui chantent rendent l'expérience encore plus divertissante.

✪ Upper East Side

Café Carlyle — Jazz

(Plan p. 270 ; ☎212-744-1600 ; www.thecarlyle.com ; Carlyle Hotel, 35 E 76thSt, au niv de Madison Ave ; entrée 120-215 $, boissons et nourriture minimum 25-75 $; ⊙concerts à 20h45 et 22h45 ; Ⓢ 6 jusqu'à 77th St). Cette salle luxueuse du Carlyle Hotel attire de grands talents. Vous devrez dépenser un montant minimum pour les boissons et la nourriture, non comprises dans le droit d'entrée (120-215 $/pers). Code vestimentaire "chic" ; Messieurs, sortez le veston.

Frick Collection Concerts — Musique classique

(Plan p. 270 ; ☎212-547-0715 ; www.frick.org/programs/concerts ; 1 E 70th St, au niv de 5th Ave ; 45 $; S 6 jusqu'à 68th St-Hunter College). Toutes les 2 à 4 semaines, l'opulente maison-musée renfermant la collection Frick (p. 51) accueille le dimanche à 17h un concert de musiciens de renommée mondiale, comme le violoncelliste Yehuda Hanani ou le violoniste Thomas Zehetmair. Programme sur le site Internet. Le billet donne accès à la collection jusqu'à 1 heure avant le concert.

Upper West Side et Central Park

Film Society of Lincoln Center — Cinéma

(Plan p. 270 ; ☎212-875-5610 ; www.filmlinc.com ; Lincoln Center ; S 1 jusqu'à 66th St-Lincoln Center). La Film Society est l'un des trésors que recèle New York pour les cinéphiles. Son inestimable fonds cinématographique réunit des joyaux du 7e art, documentaires, cinéma indépendant, réalisations étrangères ou films d'avant-garde. Les projections se font dans deux lieux, l'**Elinor Bunin Munroe Film Center** (plan p. 270 ; ☎212-875-5232 ; www.filmlinc.com ; 144 W 65th St, entre Broadway et Amsterdam Ave ; adulte/étudiant 15/12 $; S 1 jusqu'à 66 St-Lincoln Center), expérimental et intimiste, et le **Walter Reade Theater** (plan p. 270 ; ☎212-875-5601 ; www.filmlinc.com ; 165 W 65th St, entre Broadway et Amsterdam Ave ; S 1 jusqu'à 66th St-Lincoln Center), réputé pour le confort de ses fauteuils.

Harlem et Upper Manhattan

Marjorie Eliot's Parlor Jazz — Jazz

(☎212-781-6595 ; 555 Edgecombe Ave, au niv de 160th St, app 2e ét, Washington Heights ; dons appréciés ; ⏲15h30 dim ; S A/C jusqu'à 163rd St-Amsterdam Ave ; 1 jusqu'à 157th St). Chaque dimanche, la charmante Mrs Eliot offre une expérience new-yorkaise magique : des jams de jazz gratuits réunissent musiciens talentueux et visiteurs du monde entier dans l'intimité de son appartement. Allez-y tôt ; on fait déjà la queue à 14h30.

La Brooklyn Academy of Music

OSUGI/SHUTTERSTOCK ©

STEVE MACK/ALAMY STOCK PHOTO ©

Le Kings Theatre

Brooklyn

Brooklyn Academy of Music — Arts du spectacle

(BAM ; plan p. 272 ; ☎718-636-4100 ; www.bam.org ; 30 Lafayette Ave, au niv d'Ashland Pl, Fort Greene ; 📶 ; Ⓢ B/D, N/Q/R, 2/3, 4/5 jusqu'à Atlantic Ave-Barclays Center). Fondée en 1861 (année du début de la guerre de Sécession), la BAM est le plus ancien centre d'arts du spectacle des États-Unis. Avec plusieurs salles dans le quartier de Fort Greene, l'académie propose des productions innovantes d'opéras, danse moderne, musique, cinéma et théâtre, allant des ballets "rétro-modernes" du Mark Morris Group aux spectacles multimédias de Laurie Anderson et à des mises en scènes avant-gardistes de Shakespeare en passant par des spectacles comiques ou pour enfants.

Barbès — Concerts

(Plan p. 272 ; ☎347-422-0248 ; www.barbesbrooklyn.com ; 376 9th St, au niv de 6th Ave, Park Slope ; don requis pour les concerts 10 $; ⏲17h-2h lun-jeu, 14h-4h ven-sam, 14h-2h dim ; Ⓢ F, G jusqu'à 7th Ave ; R jusqu'à 4th Ave-9th St). Ce bar/espace de performance qui accueille des concerts tous les soirs appartient au musicien français Olivier Conan, qui monte parfois sur scène avec son groupe latino Las Rubias del Norte. La programmation éclectique permet de découvrir sons afro-péruviens, funk ouest-africain et jazz manouche, entre autres.

National Sawdust — Spectacles

(Plan p. 273 ; ☎646-779-8455 ; www.nationalsawdust.org ; 80 N 6th St, au niv de Wythe Ave, Williamsburg ; ⏲10h-minuit ; 👪 ; 🚌B32 jusqu'à Wythe Ave-N 6th St, Ⓢ L jusqu'à Bedford Ave). Ornée de fresques murales aux couleurs éclatantes, cette salle dernier cri tout en angles, dédiée à la musique classique et contemporaine, a bien changé depuis l'époque où elle abritait une fabrique de sciure. On peut y voir des opéras accompagnés de projections multimédias, des big bands de jazz électro-acoustique et des concerts de compositeurs expérimentaux, ainsi que des genres plus marginaux (chants gutturaux inuits, funk tribal africain, sagas islandaises chantées, etc.).

St Ann's Warehouse Théâtre

(Plan p. 272 ; ☎718-254-8779 ; www.stannswarehouse.org ; 45 Water St, au niv de Old Dock St, Dumbo ; 🚌B25 jusqu'à Water St/Main St, Ⓢ A/C jusqu'à High St ; F jusqu'à York St). Cet élégant immeuble de brique rouge, entrepôt de tabac pendant la guerre de Sécession, sert de résidence principale à la compagnie d'avant-garde St Ann's. La "warehouse", salle modulable high-tech de 320 places, se prête idéalement à des représentations inclassables de théâtre, musique, danse ou de spectacles de marionnettes.

Bell House Concerts

(Plan p. 272 ; ☎718-643-6510 ; www.thebellhouseny.com ; 149 7th St, entre 2nd Ave et 3rd Ave, Gowanus ; ⏰17h-tard ; 📶 ; Ⓢ F, G, R jusqu'à 4th Ave-9th St). Au cœur du quartier industriel de Gowanus, cet entrepôt des années 1920 accueille concerts et spectacles de variétés : rock indé, soirées DJ, humour, burlesque, et bien d'autres surprises. Jusqu'à 500 spectateurs peuvent prendre place sous les poutres en bois de cet espace joliment reconverti, avec en bonus le Front Lounge, petit bar jovial garni de bougies, de fauteuils en cuir et d'un vaste choix de bières derrière un long comptoir en chêne.

Nitehawk Cinema Cinéma

(Plan p. 273 ; ☎718-782-8370 ; www.nitehawkcinema.com ; 136 Metropolitan Ave, entre Berry St et Wythe St, Williamsburg ; billet adulte/enfant 12/9 $; 👪 ; Ⓢ L jusqu'à Bedford Ave). Ce cinéma indépendant de 3 salles propose une programmation de qualité et bénéficie d'une bonne sonorisation et de sièges confortables. Mais le véritable attrait du lieu est que l'on peut manger (houmous, boulettes de risotto à la patate douce, caille croustillante aux lentilles...) et boire (bières, vins et cocktails) pendant la séance. Un festin pour les papilles comme pour les mirettes.

Jalopy Musique live

(Plan p. 272 ; ☎718-395-3214 ; www.jalopytheatre.org ; 315 Columbia St, entre Hamilton Ave et Woodhull St, Columbia St Waterfront District ; ⏰16h-21h lun, 12h-minuit mar-dim ; 👪 ; 🚌B61 jusqu'à Columbia St et Carroll St, Ⓢ F, G jusqu'à Carroll St). À la fois taverne, salle de concert et école de musique, cet espace en lisière des Carroll Gardens et de Red Hook est un lieu de liberté où la bière est fraîche et où, selon le moment, vous verrez un concert de bluegrass, de country, de klezmer ou de ukulélé. Le mercredi à 21h, on se trémousse gratuitement lors des spectacles "Roots 'n' Ruckus". Programme sur le site Internet.

Kings Theatre Concerts

(☎billetterie 718-856-5464 ; www.kingstheatre.com ; 1027 Flatbush Ave, au niv de Tilden Ave, Flatbush ; ⏰billetterie 12h-17h30 lun-sam ; Ⓢ 2, 5, Q jusqu'à Beverly Rd). Ce splendide palais de l'apogée du cinéma d'avant la Grande Dépression, extraordinaire vestige du passé, est aujourd'hui une salle de concert de haute volée. À l'abandon depuis un redressement fiscal dans les années 1970, la salle a été joliment rénovée en 2015, donnant une seconde vie au vestibule rouge et or, aux plafonds ornés de fresques élaborées et aux confortables fauteuils.

Music Hall of Williamsburg Concerts

(Plan p. 273 ; ☎718-486-5400 ; www.musichallofwilliamsburg.com ; 66 N 6th St entre Whyte Ave et Kent Ave, Williamsburg ; concerts 10-65 $; Ⓢ L jusqu'à Bedford Ave). Cette salle prisée, où se sont notamment produits They Might Be Giants, Teenage Fanclub et Kendrick Lamar, est l'endroit idéal pour voir des groupes indé à Brooklyn. De nombreux groupes ne jouent qu'ici lorsqu'ils sont à New York. L'atmosphère est intimiste (550 places) et il y a généralement plusieurs concerts intéressants par semaine.

SPORTS ET ACTIVITÉS

Sport, vélo, circuits et bien plus encore

Sports et activités

Même si héler un taxi à New York prend parfois des allures de sport extrême, et qu'attendre sur le quai du métro en pleine canicule estivale vous fera encore plus transpirer que dans un sauna, les New-Yorkais adorent rester actifs pendant leur temps libre. Étant donné les espaces verts limités de la ville, les visiteurs pourront s'étonner de voir les habitants si dynamiques.

Pour ceux qui préfèrent le sport dans un fauteuil, il y a des événements sportifs toute l'année, avec plus de six équipes professionnelles ayant leurs quartiers dans la métropole. Football américain, basket, base-ball, hockey, tennis – il y a de quoi s'enthousiasmer tout près de chez vous.

Dans ce chapitre

Que voir et quand

La saison de football américain (NFL) s'étend généralement de septembre à janvier, celle de basket (NBA) d'octobre à mai, celle de hockey sur glace (NHL) d'octobre à avril et celle de base-ball (MLB) d'avril à octobre. L'US Open, le plus grand tournoi de tennis d'Amérique, a lieu fin août-début septembre.

Page précédente : Brooklyn Bridge (p. 46)
CHRISTIAN MUELLER/SHUTTERSTOCK ©

Prospect Park (p. 98)

Les meilleurs...

Parcs où se dégourdir les jambes

Central Park (p. 36). Le terrain de jeu de la ville offre allées boisées, courts de tennis et circuits à vélo.

Governors Island (p. 105). Île piétonne à deux pas de Lower Manhattan ou Brooklyn.

Brooklyn Bridge Park (p. 102). Ce bel espace vert au bord de l'eau fait la fierté et le bonheur de Brooklyn.

Prospect Park (p. 98). Découvrez sentiers, collines, canal, lac et champs dans ce joli parc de Brooklyn, loin de la foule.

Inwood Hill Park Cadre boisé et marais salés pour un moment paisible dans Upper Manhattan.

Équipes sportives de New York

New York Yankees L'équipe de base-ball légendaire du Bronx.

New York Giants Ce pilier du football américain joue actuellement dans le New Jersey.

New York Knicks Regardez les Knicks enchaîner les paniers au Madison Square Garden.

Brooklyn Nets La toute nouvelle équipe de NBA qui a investi Barclays Center, à Brooklyn.

Brooklyn Cyclones Assistez à un match de base-ball de ligue mineure non loin de la promenade de Coney Island.

New York Mets L'autre équipe de base-ball de New York joue à domicile au Citi Field dans le Queens.

Stades

Yankee Stadium — Stade

(☎212-926-5337 ; www.mlb.com/yankees ; 1 E 161st St, au niv de River Ave ; visite guidée 20 $; Ⓢ B/D, 4 jusqu'à 161st St-Yankee Stadium). Les Red Sox de Boston ne se lassent pas de vanter leurs 9 victoires records en championnat des World Series dans les 90 dernières années… Les Yankees, quant à eux, en ont gagné 27 au cours de la même période. La magie semble avoir suivi l'équipe du 161st St au nouveau Yankee Stadium, où elle a joué sa première saison en 2009 – y gagnant les World Series en écrasant les Phillies en 6 manches. Les Yankees jouent d'avril à octobre.

Madison Square Garden — Salle polyvalente

(MSG, The Garden ; plan p. 266 ; www.thegarden.com ; 4 Pennsylvania Plaza, 7th Ave entre 31st St et 33rd St ; Ⓢ A/C/E, 1/2/3 jusqu'à 34th St-Penn Station). Cette salle, la plus grande de la ville, fait partie d'un complexe abritant aussi Penn Station et le Theater at Madison Square Garden. On peut y voir de grands noms. C'est aussi un stade sportif où l'on peut assister à des matchs de basket, de hockey, mais aussi de boxe, sans parler du concours canin annuel du Westminster Kennel Club.

Barclays Center — Stade

(Plan p. 272 ; ☎917-618-6700 ; www.barclayscenter.com ; angle Flatbush Ave et Atlantic Ave, Prospect Heights ; Ⓢ B/D, N/Q/R, 2/3, 4/5 jusqu'à Atlantic Ave-Barclays Center). Les **Brooklyn Nets** de la NBA ont investi ce stade. Outre le basket-ball, Barclays Center accueille aussi des événements de boxe et de lutte professionnelle ainsi que de grands concerts et spectacles, comme ceux d'Ariana Grande, Bruce Springsteen, Justin Bieber, Cher, du Cirque du Soleil et même de Disney sur glace.

Forme et santé

Jump into the Light VR — Salle de jeux

(Plan p. 262 ; ☎646-590-1172 ; www.jumpintothelight.nyc ; 180 Orchard St, entre

Madison Square Garden

E Houston St et Stanton St, East Village ; 10 min/jour 10/30 $; 13-23h lun-jeu, 13h-minuit ven, 11h-minuit sam, 11h-23h dim ; S F jusqu'à 2nd Ave). Prêt à sauter d'un gratte-ciel, escalader une montagne, sauter en parachute et exterminer des zombies ? Alors ne manquez pas cette incroyable salle de jeux en réalité virtuelle, première de ce genre, où vous pourrez tester toutes les activités et profiter du potentiel de cette technologie. Œuvres d'art interactives et autres technologies futuristes y sont également présentées.

Chelsea Piers Complex Forme et santé

(Plan p. 266 ; 212-336-6666 ; www.chelseapiers.com ; Pier 62, au niv de W 23rd St, Chelsea ; 5h30-23h lun-ven, 8h-21h sam-dim ; ; M23 jusqu'à 12th Ave-W 23 St, S 1, C/E jusqu'à 23rd St). Cet immense complexe sportif au bord de l'eau réveillera l'athlète qui est en vous. Profitez du practice de golf de 4 étages, lancez-vous sur la patinoire couverte ou tentez quelques strikes au bowling à l'atmosphère jazzy. Le complexe comprend aussi un terrain de basket (Hoop City), une école de voile pour enfants, des cages de frappe pour les amateurs de base-ball, un immense gymnase avec piscine couverte, une aire de jeux intérieure pour les petits et des murs d'escalade.

Central Park Tennis Center Tennis

(Plan p. 270 ; 212-316-0800 ; www.centralparktenniscenter.com ; Central Park entre 94th St et 96th St ; 7h-crépuscule avr-nov ; S B, C jusqu'à 96th St). Ce complexe comprend 26 courts en terre battue accessibles au public, plus 4 courts réservés aux leçons. Les courts peuvent être loués pour 1 heure (15 $; espèces uniquement) sans acquérir le permis saisonnier. Ce dernier, nécessaire pour réserver un court, est vendu à l'**Arsenal** (plan p. 270 ; www.nycgovparks.org ; Central Park au niv de 5th Ave et E 64th St ; 9h-17h lun-ven ; S N/R/W jusqu'à 5th Ave-59th St). GRATUIT L'affluence est moindre de 12h à 16h en semaine. L'entrée du parc la plus proche est à Central Park West au niveau de 96th St.

Vélo

New York a fourni des efforts colossaux pour rendre la ville plus accessible aux vélos, créant ces dernières années des centaines de kilomètres de pistes cyclables. Il est néanmoins recommandé aux non-initiés de s'en tenir aux pistes plus tranquilles, dans les parcs comme Central Park et Prospect Park, ou au bord de l'eau, au Manhattan Waterfront Greenway et au Brooklyn Waterfront Greenway. Les Citi Bike (www.citibikenyc.com), vélos en libre-service, conviennent pour de petits tours, mais mieux vaut louer un vélo classique pour de longues balades. Les circuits à vélo permettent de voir beaucoup en peu de temps. Contactez Bike & Roll (p. 206) ou Central Park Bike Tours (p. 207).

Park Row, Financial District
JJFARQ/SHUTTERSTOCK ©

New York Trapeze School Forme et santé

(Plan p. 262 ; 212-242-8769 ; www.newyork.trapezeschool.com ; Pier 40, au niv de West Side Hwy, West Village ; 40-75 $/cours ; mai-oct ; S 1 jusqu'à Houston St). Acrobate en herbe ? Essayez-vous au trapèze volant en plein air au bord de l'eau, sur Pier 40, ouvert de mai à octobre. L'école dispose aussi d'un espace intérieur dans le sud de Williamsburg, à Brooklyn, ouvert toute l'année. Appelez ou consultez le site Internet pour obtenir les horaires des cours. Frais d'inscription unique en sus (10 $).

Sites Internet pratiques

NYC Parks (www.nycgovparks.org). Infos sur les parcs – piscines gratuites, terrains de basket-ball, etc. – et plans des *boroughs* pour cyclistes.

New York Road Runners Club (www.nyrr.org). Organise des courses à pied à travers la ville le week-end.

Central Park (www.centralparknyc.org). Recense de multiples activités et événements organisés dans le célèbre espace vert new-yorkais.

NYC (www.nycgo.com/sports). Liste des grands événements et activités sportifs de la ville.

Central Park (p. 36)
WINSTON TAN/SHUTTERSTOCK ©

Spas

Great Jones Spa Spa

(Plan p. 262 ; 212-505-3185 ; www.gjspa.com ; 29 Great Jones St, entre Lafayette St et Bowery, Noho ; 9h-22h ; S 6 jusqu'à Bleecker St, B/D/F/M jusqu'à Broadway-Lafayette St). Faites-vous plaisir dans ce temple feng shui avec un gommage au sel de mer à l'orange sanguine ou un soin du visage aux cellules souches. À partir de 100 $ dépensés (facilement atteints : massages/soins du visage 1 heure à partir de 150/135 $), un accès au bain bouillonnant, au sauna, au hammam et à la piscine d'eau froide est offert. Maillot de bain obligatoire.

Russian & Turkish Baths Bains

(Plan p. 262 ; 212-674-9250 ; www.russianturkishbaths.com ; 268 E 10th St, entre 1st Ave et Ave A, East Village ; 48 $; 12h-22h lun, mar, jeu et ven, 10h-22h mer, 9h-22h sam, 8h-22h dim ; S L jusqu'à 1st Ave, 6 jusqu'à Astor Pl). Depuis 1892, ce spa exigu et authentique attire une foule polyglotte et hétérogène : acteurs, étudiants, couples fringants, célibataires charmeurs, habitués russes et locaux. Tous se déshabillent, puis vont et viennent en shorts amples en coton fournis sur place entre les bains de vapeur, la piscine d'eau glacée, le sauna et le solarium.

Patinoires

Wollman Skating Rink Patin à glace

(Plan p. 270 ; 212-439-6900 ; www.wollmanskatingrink.com ; Central Park, entre 62nd St et 63rd St ; adulte lun-jeu 12 $, ven-dim 19 $, enfant 6 $, location de patins 10 $; 10h-14h30 lun-mar, 10h-22h mer-jeu, 10h-23h ven-sam, 10h-21h dim fin oct à déb avr ; S F jusqu'à 57th St, N/R/W jusqu'à 5th Ave-59th St). Plus grande que celle du Rockefeller Center, cette patinoire située à la bordure sud-est de Central Park jouit aussi d'une vue splendide, et il est possible d'y patiner sans limite de temps. Prévoyez 5 $ pour un casier et 5 $ pour l'entrée spectateur, en espèces.

Patinoire du Rockefeller Center Patin à glace

(Plan p. 268 ; 212-332-7654 ; www.therinkatrockcenter.com ; Rockefeller Center, 5th Ave, entre 49th St et 50th St ; adulte 25-33 $, enfant 15 $, location de patins 13 $; 8h30-minuit mi-oct à avr ; S B/D/F/M jusqu'à 47th St-50th St-Rockefeller Center). De mi-octobre à avril, la plus célèbre patinoire de New York est ouverte sur la Rockefeller Plaza. Sa forme ovale creusée dans le sol est surplombée par les 70 étages Art déco du Rockefeller Center (p. 82) et par un énorme sapin de Noël pendant les fêtes ; l'ambiance y est absolument magique. La patinoire est très petite et bondée. Arrivez dès l'ouverture (8h30).

LeFrak Center at Lakeside Bateau

(Plan p. 272 ; ✆718-462-0010 ; www.lakesideprospectpark.com ; 171 East Dr, Prospect Park, près d'Ocean Ave et Parkside Ave, Prospect Park ; patins à glace 7,25-10 $, location de patins 7 $, location de bateau 16-36 $, location de vélo 13-38 $/heure ; ⌚horaires variables ; 👪 ; S Q jusqu'à Parkside Ave). Principale extension de Prospect Park (p. 98) depuis sa création, LeFrak est un terrain de jeu écoresponsable de 10,5 ha. Patinoire en hiver, piste pour patins à roulettes et aire de jeux d'eau pour les enfants l'été. Par beau temps, des pédalos et des kayaks sont disponibles et on peut louer des vélos pour se balader dans le parc.

Activités nautiques

Staten Island Ferry Traversée

(Plan p. 260 ; www.siferry.com ; Whitehall Terminal, 4 Whitehall St, au niv de South St, Lower Manhattan ; ⌚24h/24 ; S 1 jusqu'à South Ferry, R/W jusqu'à Whitehall St, 4/5 jusqu'à Bowling Green). GRATUIT Ces gros bateaux orange sont le moyen de transport quotidien des habitants de Staten Island et l'embarcation secrète et romantique pour les virées printanières des habitants de Manhattan. Beaucoup de touristes sont séduits par le Staten Island Ferry : le trajet entre Lower Manhattan et le quartier St George de Staten Island (25 min, 8 km env) est l'une des plus belles aventures gratuites de New York.

Loeb Boathouse Kayak

(Plan p. 270 ; www.thecentralparkboathouse.com ; Central Park, entre 74th St et 75th St ; location bateau 15 $/heure ; ⌚10h-18h45 ; 👪 ; S B, C jusqu'à 72nd St, 6 jusqu'à 77th St). Le centre nautique de Central Park dispose de 100 barques, ainsi que d'une gondole à la vénitienne (réservation 6 pers maximum ; 30 min 45 $) pour ceux qui préfèrent ne pas ramer. Gilets de sauvetage à louer (pièce d'identité et caution de 20 $ requises). Espèces uniquement.

Dépendant de la météo, la location est presque possible toute l'année, dès qu'il fait plus de 10°C.

Course à pied

Les pistes circulaires de Central Park sont plus agréables lorsque la circulation est interdite. Le chemin de 2,5 km autour du réservoir Jacqueline Kennedy Onassis (elle y faisait son jogging) est réservé aux coureurs et aux marcheurs (accès entre 86th St et 96th St). Les berges de l'Hudson attirent aussi du monde, les tronçons les plus agréables se situant entre W 30th St et Battery Park, dans Lower Manhattan. L'Upper East Side dispose d'un parcours le long de FDR Drive et de l'East River (de 63rd St à 115th St). À Brooklyn, Prospect Park s'enorgueillit de multiples sentiers (et d'une boucle de 4,8 km), ainsi que d'un pont piétonnier de 2 km, à l'horizon dégagé sur Manhattan (accédez-y par le Brooklyn Bridge pour allonger la balade). Le New York Road Runners Club (www.nyrr.org) organise le marathon de New York, mais aussi des joggings dans la ville le week-end.

Marathon de New York
DARIUSZ GRYCZKA/SHUTTERSTOCK ©

Downtown Boathouse Kayak

(Plan p. 262 ; www.downtownboathouse.org ; Pier 26, Hudson River Greenway, près de N Moore St, Tribeca ; ⌚9h-17h sam-dim mi-mai à mi-oct, 17h-19h30 mar jeu mi juin à mi sept ; 👪 ; S 1 jusqu'à Canal St). GRATUIT Ce club nautique très actif propose le week-end et certains soirs de la semaine, sans réservation, des sorties en kayak gratuites de 20 minutes (équipement fourni) sur l'Hudson River.

Roller derby à New York

La seule ligue de roller derby exclusivement féminine de New York, **Gotham Girls** (www.gothamgirlsrollerderby.com ; billets à partir de 30 $; mars-août ;), a 4 équipes locales aux noms rappelant les quartiers de la ville : the Bronx Gridlock, Brooklyn Bombshells, Manhattan Mayhem et Queens of Pain. Les joueuses sont parmi les meilleures de la discipline et l'équipe qui joue les matchs à l'extérieur, les All-Stars, ont 5 titres mondiaux et sont invaincues depuis 4 ans. Pendant la saison, les équipes jouent dans plusieurs salles de New York ; consultez le site Internet pour plus d'informations.

Gotham Girls
PEOPLE/ALAMY STOCK PHOTOS ©

Pour plus d'activités au départ de ce quai et des Piers 84 et 96 – sorties en kayak, paddle et cours – consultez le site www.hudsonriverpark.org. Cours gratuits le mercredi soir et autre établissement sur Governors Island (p. 105) pendant l'été.

Manhattan Community Boathouse — Kayak

(www.manhattancommunityboathouse.org ; Pier 96, au niv de 56th St, Hudson River Park ; 10h-18h sam-dim juin à déb oct, plus 17h30-19h30 lun-mer juin-août ; ; M12 jusqu'à 12th Ave/56th St, S A/C, B/D, 1 jusqu'à 59th St-Columbus Circle). GRATUIT Les week-ends d'été, ce centre nautique dirigé par des bénévoles prête des kayaks (pas de réservation) et donne des cours gratuits sur les techniques et la sécurité.

En famille

Bike & Roll — Vélo

(Plan p. 270 ; 212-260-0400 ; www.bikeandrollnyc.com ; 451 Columbus Ave, entre 81st St et 82nd St ; location de vélo heure/journée adulte à partir de 10/45 $, enfant 6/30 $, vélo électrique heure/journée 20/100 $; 9h-18h ; ; S B, C jusqu'à 81st St-Museum of Natural History ; 1 jusqu'à 79th St). À un *block* de Central Park, cette adresse conviviale loue des vélos pour adultes et enfants, avec casque, cadenas, panier, porte-bagage et une carte gratuite des circuits à vélo. Sièges bébé disponibles. Également visites guidées de 2 à 3 heures (adulte 40-50 $, enfant 25-35 $) dans Central Park uniquement ou dans le parc et sur la piste sans voitures Hudson River Greenway.

Vélos électriques disponibles (location ou circuits) pour ceux qui ont besoin d'un coup de pouce sur les collines de Central Park.

Belvedere Castle — Observation d'oiseaux

(Plan p. 270 ; 212-772-0288 ; www.centralparknyc.org ; Central Park, au niv de W 79th St ; 10h-16h ; ; S 1/2/3, B, C jusqu'à 72nd St). Le "kit de découverte" (jumelles, livre sur les oiseaux, crayons de couleur et papier), disponible à Belvedere Castle, dans Central Park, est un excellent moyen d'intéresser les enfants à l'observation des oiseaux. Pièce d'identité avec photo requise.

Brooklyn Bowl — Bowling

(Plan p. 273 ; www.brooklynbowl.com ; 61 Wythe Ave entre 11th St et 12th St, Williamsburg ; piste 25 $ les 30 min, chaussures 5 $; 18h-tard lun-ven, 11h-2h sam-dim ; ; S L jusqu'à Bedford, G jusqu'à Nassau Ave). Ici, se tenait l'ancienne fonderie Hecla Iron Works Company d'où sortirent, au tournant du XXᵉ siècle, les éléments ornementaux de plusieurs bâtiments de New York. Cet impressionnant bowling aux murs de brique nue compte 16 pistes... et de confortables canapés ! Brooklyn Bowl propose aussi des **concerts** tout au long de la semaine, et on y mange toujours bien.

OLEGALBINSKY/GETTY IMAGES ©

Belvedere Castle, Central Park (p. 36)

Créneaux pour tous les âges ("Family Bowl") le samedi de 11h à 17h et le dimanche de 11h à 18h. Bowling nocturne pour les 21 ans et plus.

Circuits organisés

Central Park Bike Tours Location de vélos

(Plan p. 270 ; www.centralparkbiketours.com ; 203 W 58th St, au niv de 7th Ave ; location 2 heures/journée 20/40 $, circuits 2 heures adulte/enfant 49/35 $; ⊙location 8h-21h avr-oct, 8h-18h nov-mars, visites 9h, 10h, 13h et 16h ; S A/C, B/D, 1 jusqu'à 59th St-Columbus Circle). Cette enseigne loue de bons vélos (casque, antivol et carte inclus) et organise des promenades de 2 heures dans Central Park et dans le quartier de Brooklyn Bridge. 30% de rabais offert sur les circuits pour toute réservation en ligne.

Museum Hack Visites guidées

(☎347-282-5001 ; www.museumhack.com ; circuit de 2 heures adulte/enfant à partir de 69/59 $). Pour une autre perspective – fascinante – sur le Metropolitan Museum of Art (p. 48), planifiez une visite avec Museum Hack. Les guides avertis et divinement impertinents abordent des sujets tels que les *Badass Bitches* (les super garces), sur les artistes féministes et le changement de paradigme, une visite magique "Jeune sorcier" non officielle pour sorcières, Cracmols et Moldus, et une "visite des non-incontournables" dans les recoins méconnus du musée.

Big Apple Greeter Circuits à pied

(☎212-669-8159 ; www.bigapplegreeter.org). GRATUIT Pour découvrir New York à travers le regard d'un habitant, parcourez à pied le quartier de votre choix accompagné d'un bénévole local enthousiaste. On vous choisira un guide adapté à vos besoins, qui par exemple parle français (si disponible), maîtrise la langue des signes (américaine) ou connaît les meilleures adresses accessibles en fauteuil roulant. Réservez 4 semaines à l'avance.

Monday
Wednesday
Friday
4:30am - 6am
3
hour

HÉBERGEMENT

Nos conseils pour trouver le meilleur logement

Hébergement

C'est souvent les larmes aux yeux que l'on réserve un hébergement à New York, tant les prix sont élevés. Pour les visiteurs prêts à casser leur tirelire, il existe des dizaines de superbes hôtels de première classe. Ainsi, si la ville "ne dort jamais", vous pourrez, vous, vous reposer dans des espaces mémorables pensés par des esprits créatifs. New York manque cruellement d'adresses convenables pour les petits portefeuilles – les auberges de jeunesse ne sont certainement pas les meilleures et les voyageurs au budget serré peuvent se retrouver en périphérie. La demande régit les prix : réservez bien à l'avance et obtenez un bon prix pour une chambre dans les hôtels de milieu de gamme les mieux placés.

Dans ce chapitre

Tarifs

Un hôtel "bon marché" à New York coûte généralement jusqu'à 200 $ pour une chambre double standard. Pour un établissement de moyenne gamme sans prétention, comptez de 200 à 300 $. Les hébergements de luxe débutent à 350 $. Le petit-déjeuner est rarement compris dans le prix.

Pour le personnel de chambre, un pourboire de 3-5 $ par nuit doit toujours être laissé, 2 $ par sac aux bagagistes. Le personnel vous rendant des services (arrêter un taxi, service de chambre, aide du concierge) doit recevoir un pourboire en conséquence.

Page précédente : vue sur l'Empire State Building (p. 66) depuis Park Ave

SHANSHANO312/SHUTTERSTOCK ©

Réservations

Réservation indispensable : il est quasi impossible d'arriver à l'improviste et les tarifs ne cesseront d'augmenter jusqu'à la toute dernière minute (24 heures avant l'arrivée par exemple). Réservez votre chambre le plus tôt possible, et assurez-vous d'avoir compris les conditions d'annulation de votre hôtel. Généralement, le *check-in* se fait toujours en milieu d'après-midi, et la sortie en fin de matinée. Il est rare de pouvoir arriver tôt dans la journée, même si les établissements haut de gamme peuvent s'organiser si vous les prévenez.

Services de réservation

NYC (www.nycgo.com/hotels). Liste d'hôtels du guide officiel de New York.

Newyorkhotels.org (www.newyorkhotels.org). Site intuitif affilié à Booking.com.

Lonely Planet (www.lonelyplanet.fr/destinations/amerique/usa/new-york/hebergement). Avis sur les hébergements et service de réservation en ligne.

Louer un logement privé en ligne

De plus en plus de voyageurs logent dans des appartements privés. Les sites comme Airbnb proposent plus de 25 000 annonces par jour à New York. Pour un séjour plus local (ou avec des enfants), avec un esprit de quartier, ce choix est peut-être pour vous.

Gardez cependant à l'esprit que de nombreuses annonces sont en réalité illégales. La législation new-yorkaise autorise la location d'appartements pour une durée inférieure à 30 jours uniquement en présence des occupants. Sans oublier les conséquences sur le voisinage, avec des plaintes concernant le bruit, les risques de sécurité et la transformation inopinée de leur résidence en pseudo-hôtel. Les impacts sur le marché immobilier sont également importants : certains propriétaires se remplissent les poches, en gagnant davantage avec des locations de vacances qu'avec des locataires de longue durée. Ces milliers d'appartements en moins sur le marché de la location font exploser les prix pour les résidents new-yorkais.

Réservations et tarifs

Difficile de cerner les tarifs à New York ; presque tous les hôtels suivent un modèle dynamique de prix qui fluctuent en fonction de la disponibilité et qui flambent à tous les coups pendant les périodes de forte demande (décembre, été, événements/festivals populaires). Avec plus de 60 millions de visiteurs par an, New York est bien placée pour faire face au trafic touristique et vous trouverez toujours un lit. Ceci dit, les hôtels aux prix raisonnables de Manhattan peuvent afficher complet – surtout les semaines avant Noël – et il vaut mieux réserver tôt.

Si vous cherchez les meilleurs prix, il vous faudra faire preuve de souplesse – les chambres sont souvent moins chères en semaine et vous constaterez une baisse générale des prix entre janvier et mars. Si vous n'êtes là que pour le week-end, tentez un hôtel d'affaires dans le Financial District – ils se vident souvent en fin de semaine. Vous pourrez trouver de bonnes affaires sur les sites de réservation, mais la plupart des hôtels affichent les mêmes tarifs si vous réservez en direct et peuvent proposer des bons plans supplémentaires.

Types d'hébergement

B&B et pensions de famille

Mobilier sommaire et cosy, attention plus personnalisée et sérieuses économies (petit-déjeuner souvent en compagnie d'étrangers).

Boutique-hôtels

Offrent généralement de petites chambres très bien équipées, un bar en sous-sol ou en toit-terrasse, ou un restaurant sur place.

Hôtels classiques

Typiques du style européen à l'ancienne, ces hôtels affichent souvent le même prix que les boutique-hôtels. Les chambres sont plus grandes, mais la décoration est sommaire.

Hôtels de luxe

Établissements où rien ne manque et qui voient défiler la jet-set ; service impeccable, mobilier de créateurs, spas sur place, restaurants tenus par des chefs célèbres.

Hôtels d'affaires

Espaces pragmatiques et modernes, souvent moins chers le week-end. La fonctionnalité des lieux compense leur manque de personnalité.

Auberges de jeunesse

Dortoirs fonctionnels (avec lits superposés et murs nus), mais conviviaux et sympathiques. Elles offrent généralement un jardin à l'arrière, une cuisine et un salon qui compensent les chambres sans âme et les emplacements souvent excentrés.

Dans quel quartier loger ?

Quartier	Les pour	Les contre
Financial District et Lower Manhattan	Pratique pour la vie nocturne et les ferrys de Tribeca. Les hôtels d'affaires réduisent leurs tarifs le week-end.	L'extrême sud de la ville peut sembler impersonnel, même si Tribeca offre de bons restaurants.
SoHo et Chinatown	Le shopping à votre porte. Bons restaurants et vie nocturne florissante.	Les rues de SoHo sont bondées (surtout de touristes) à toute heure de la journée ou presque. Prix élevés.
East Village et Lower East Side	Un secteur branché et décontracté, typique de New York pour les visiteurs et les habitants de Manhattan.	Les hébergements sont soit très chers, soit rudimentaires : peu d'options intermédiaires.
West Village, Chelsea et Meatpacking District	L'extraordinaire sensation d'être au cœur de l'action dans une partie prospère et pittoresque.	Les prix des hôtels traditionnels flambent, mais ceux des B&B restent raisonnables.
Union Square, Flatiron District et Gramercy	Accès en métro à tous les points de la ville. Proche du Village et de Midtown ; bonnes adresses pour dîner.	Les prix sont élevés et le quartier manque un peu d'âme.
Midtown	La version carte postale de New York : gratte-ciel, musées, boutiques et spectacles de Broadway	Quartier cher (chambres petites), touristique et impersonnel. Restaurants médiocres.
Upper East Side	Proche d'excellents musées et de Central Park. Boutiques de créateurs sur Park Ave.	Moins d'options et prix très élevés ; pas vraiment central.
Upper West Side et Central Park	Idéal pour Central Park, Lincoln Center et le musée d'Histoire naturelle.	Assez familial et moins animé que d'autres quartiers.
Harlem et Upper Manhattan	Ambiance de quartier, prix plus raisonnables, belle scène musicale.	Longs trajets en métro pour sortir dans le centre et à Brooklyn.
Brooklyn	Meilleurs prix ; idéal pour explorer certains quartiers plus créatifs.	Le trajet jusqu'à Midtown et les secteurs au nord peut être long.

Brooklyn Bridge (p. 46)

En savoir plus

New York aujourd'hui **p. 216**

D'importants projets d'aménagement métamorphosent New York, une ville à l'ambition sans bornes, tandis que le nombre de sans-abri est sans précédent et les problèmes de métro de plus en plus fréquents.

Histoire **p. 218**

Triomphes épiques, transactions véreuses, démographie galopante et cyclones dévastateurs : l'histoire de New York est plus mouvementée qu'un roman de Charles Dickens.

Art et architecture **p. 225**

La capitale américaine de la production culturelle diffuse un kaléidoscope d'efforts artistiques, des gratte-ciel de Gotham au *street art* de pointe.

New York gay et lesbien **p. 230**

New York est l'un des précurseurs de la lutte pour l'égalité des droits de la communauté LGBTI. Le parcours a parfois été semé d'embûches, mais l'évolution des normes sociales a conduit à de récentes victoires.

New York à l'écran **p. 232**

De nombreux films ont fait la part belle à New York au fil des ans. Parfois, on a l'impression que la ville tout entière est un gigantesque plateau de tournage.

Le métro de New York

New York aujourd'hui

New York reste un moteur économique. Son taux de chômage n'a jamais été aussi bas, ses coffres débordent et ses 5 boroughs connaissent un essor immobilier. La ville doit toutefois faire face à de nombreux défis, parmi lesquels le vieillissement de son réseau de transports publics, l'augmentation du nombre de sans-abri et la menace constante du terrorisme. Mais, comme l'a déclaré l'ancien président Barack Obama, "les New-Yorkais ne se laissent jamais abattre".

Une ville divisée

À New York, la fracture est toujours plus grande entre nantis et laissés-pour-compte. De vastes projets d'aménagement urbain ont été lancés et le prix de l'immobilier flambe. Citons par exemple Hudson Yards, un ensemble d'immeubles construit pour un total de 4,5 milliards d'euros, et le 432 Park, tour résidentielle signée Rafael Viñoly qui a battu tous les records avec des appartements vendus plus de 85 millions d'euros.

Pendant ce temps, le nombre de sans-abri augmente. Estimé à 70 000 individus, ce chiffre n'a jamais été atteint depuis la crise de 1929. Entre 2010 et 2017, le loyer médian a grimpé de 33% à New York et tourne autour de 2 600 € ; le taux d'inflation immobilière annuel a aussi été deux fois plus important que l'augmentation du niveau des salaires.

Logement
(% de la population)

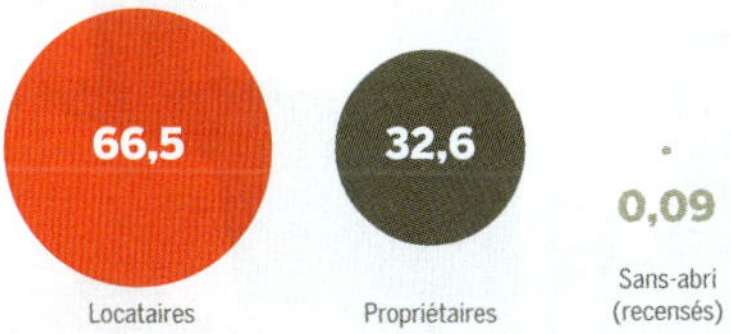

Sur 100 personnes à New York

Population au km²

Si la plupart des New-Yorkais vivent entre ces deux extrêmes, le manque de logements abordables exerce sur eux une forte pression. Le loyer représente ainsi, en moyenne, 60% des dépenses mensuelles d'un habitant. Dans ce contexte, on n'est pas surpris d'apprendre qu'un tiers des adultes vivant en famille dans l'un des centres d'accueil pour sans-abri de la ville a en réalité un travail. Les jeunes actifs et les familles sont poussés hors de l'agglomération, vers des villes comme Jersey City, dont la population a grimpé de 10% depuis 2010.

Un maire progressiste

Politiquement, les New-Yorkais sont des sympathisants de gauche (*liberal* en anglais américain). Voyez les portraits au vitriol qu'ils font de Donald Trump devant les églises ou sur des produits vendus en magasin. Le maire démocrate Bill de Blasio est entré en fonction en 2014 avec l'ambition de s'attaquer aux profondes inégalités. L'un de ses premiers succès fut la création d'un programme d'une année d'école pré-maternelle gratuite pour tous les enfants new-yorkais de 4 ans avant leur entrée en maternelle (*kindergarten*). En 2015 et 2016, la ville a instauré un gel des loyers, dont ont bénéficié plus de 2 millions de personnes vivant en appartement à loyer contrôlé.

Il a aussi pour ambition de rendre l'immobilier plus abordable – avec un projet de création ou de protection de 200 000 logements à tarif accessible avant fin 2024. À l'issue de son premier mandat, en 2017, il a fièrement annoncé la création de 77 000 d'entre eux. Du côté des salaires, les 50 000 fonctionnaires municipaux ont vu du mieux sur leur fiche de paie, avec un salaire horaire minimum passé à 15 $ (13,20 €) fin 2018. Sous son premier mandat, le taux de chômage est passé sous la barre des 4,5%, du jamais-vu en presque 40 ans. La criminalité a atteint son chiffre le plus faible.

Grâce à ses nombreux succès, le maire a été réélu haut la main, en 2017, pour un nouveau mandat à la tête de la plus grande ville des États-Unis.

Un métro vieillissant

La rénovation et l'entretien de son réseau de transports est un autre défi pour la ville de New York. Son métro centenaire subit les effets du temps et rencontre des problèmes à répétition. Avec l'encombrement excessif des lignes et la fréquence croissante des pannes, le ressentiment des usagers à l'égard de la MTA (Metropolitan Transit Authority) augmente. L'état des trains, des quais et des stations laisse à désirer, notamment au regard de ce qui se fait ailleurs dans le monde. Selon la MTA, une rénovation du réseau prendrait plusieurs décennies et coûterait des milliards de dollars.

Autre coup dur, la fermeture de la ligne L (*L train*) depuis avril 2019, pour des travaux très pénalisants pour les quelque 225 000 passagers qui empruntent cette ligne chaque jour.

National September 11 Memorial & Museum (p. 86)

MATTHEW T CARROLL/GETTY IMAGES ©

Histoire

C'est l'histoire d'une ville qui ne dort jamais, d'un royaume où se retrouvent gens d'affaires et d'État, d'un lieu qui a vu les succès les plus époustouflants et les chutes les plus dégradantes. New York continue malgré tout de viser toujours plus haut. Et tout cela a commencé avec 24 dollars et quelques perles...

Vers 1500
Environ 15 000 Amérindiens sont établis sur l'île, en quelque 80 sites. Parmi eux, les Iroquois et les Algonquins, ennemis.

1625-1626
La Compagnie hollandaise des Indes occidentales amène des esclaves d'Afrique pour travailler dans les fourrures et la construction.

1646
Sur les rives de l'East River, les Hollandais fondent le village de Breuckelen (Brooklyn), d'après Breukelen aux Pays-Bas.

Lower Manhattan

ELOI_OMELLA/GETTY IMAGES ©

Manhattan change de mains

En 1624, la Compagnie hollandaise des Indes occidentales envoya 110 colons pour fonder un comptoir commercial. Ils s'installèrent sur la pointe de Manhattan – qu'ils appelèrent la Nouvelle-Amsterdam –, provoquant des batailles sanglantes avec les Lenapes, le peuple autochtone qui vivait ici depuis 11 000 ans. En 1626, Peter Minuit, le premier gouverneur de la colonie, devint le précurseur d'une longue lignée d'agents immobiliers sans scrupule. Il proposa aux Lenapes de leur acheter les 5 665 ha de Manhattan pour 60 florins, soit 24 $, et quelques perles de verre.

À l'arrivée de Peter Stuyvesant en 1647, les Lenapes n'étaient plus que 700 environ. En 1664, les Anglais accostèrent à bord de navires de guerre. Stuyvesant se rendit sans tirer un coup de feu afin d'éviter un bain de sang. Le roi Charles II rebaptisa la colonie New York en l'honneur de son frère le duc d'York. New York devint un port britannique prospère dont la population atteignait 11 000 âmes au milieu des années 1700 ; cependant, le ressentiment quant aux impôts britanniques grandissait chez les colons.

1776
Les colonies américaines signent la Déclaration d'indépendance le 4 juillet.

1784
Alexander Hamilton fonde la première banque américaine, la Bank of New York, avec un capital de 500 000 $.

1811
Le maire DeWitt Clinton conçoit le plan en damier de Manhattan, qui transforme la ville et esquisse les futures rues.

Révolution en ville

Au XVIIIe siècle, la situation économique était si florissante que les habitants imaginaient des stratagèmes pour ne pas partager cette richesse avec Londres. New York devint la scène d'une confrontation fatale avec le roi George III. La guerre éclata en août 1776. En quelques jours à peine, le général George Washington perdit un quart de son armée et sonna la retraite. Cependant, les Britanniques abandonnèrent bientôt la cité, dans laquelle rentrèrent à nouveau les troupes de Washington. En 1789, le général en retraite fut proclamé président de la nouvelle république au Federal Hall devant une foule en liesse. Alexander Hamilton reconstruisit New York et, nommé secrétaire d'État au Trésor par Washington, fut l'un des créateurs du New York Stock Exchange, la Bourse de New York.

Le boom des infrastructures

Le XIXe siècle connut son lot de turpitudes, avec les sanglantes "émeutes de la conscription" de 1863, les épidémies de choléra, les tensions entre immigrants nouveaux et "anciens", ainsi que la misère et la criminalité à Five Points, premier bidonville de la cité. Cependant, la ville était prospère et trouva les ressources pour entreprendre de monumentaux travaux publics. Commencé en 1855, Central Park constitua à la fois une première réalisation écologique et une aubaine pour la spéculation immobilière. Il permit aussi de créer des emplois quand la crise de 1857 secoua le pays. L'autre grande réalisation fut celle de l'ingénieur d'origine allemande John Roebling qui conçut le pont de Brooklyn, lequel, enjambant l'East River, reliait le sud de Manhattan et Brooklyn.

L'émergence d'une grande métropole

Au tournant du XXe siècle, les trains aériens transportaient chaque jour un million de passagers entre le centre et la périphérie. Le métro rendit accessibles des secteurs du Bronx et de l'Upper Manhattan. Les immeubles débordaient d'immigrants, arrivés d'Italie et d'Europe de l'Est, propulsant le nombre d'habitants à quelque 3 millions. Parallèlement, une nouvelle classe fortunée, profitant d'un boom économique lancé par le financier J. P. Morgan, construisait de somptueux hôtels particuliers sur 5th Ave. Le journaliste et photographe Jacob Riis témoigna du fossé grandissant entre les classes et parvint à contraindre la municipalité à adopter d'indispensables réformes pour l'habitat.

Droits des femmes et des ouvriers

Les conditions de travail désastreuses dans les usines – bas salaires, horaires interminables, employeurs sans scrupule – furent mises en lumière par une tragédie en 1911 : lors du tristement célèbre incendie de la Triangle Shirtwaist Company, le feu prit rapidement sur les piles de tissu, tuant 146 des 500 ouvrières, piégées derrière les portes fermées à clé.

1863

Les Draft Riots (émeutes de l'enrôlement) de la guerre de Sécession éclatent à New York ; l'armée fédérale rétablit l'ordre le 3e jour.

1882

Thomas Edison allume les premières lampes électriques dans la banque J. P. Morgan, au 23 Wall St.

1883

Inauguration du pont de Brooklyn le 24 mai. Il a coûté 15,5 millions de dollars (et 27 vies).

Au lendemain du drame, 20 000 ouvrières de la confection marchèrent sur l'hôtel de ville et obtinrent des réformes majeures. Dans le même temps, Margaret Sanger, une infirmière sage-femme, ouvrait à Brooklyn le premier centre de contraception, et des "suffragettes" organisaient des rassemblements pour obtenir le droit de vote des femmes.

La grande époque du jazz

C'est dans les années 1920 que débuta l'"âge du jazz", quand la Prohibition interdisait la vente d'alcool, favorisant la contrebande, les bars clandestins (*speakeasies*) et le crime organisé. James Walker fut élu maire en 1925, Babe Ruth régnait sur le Yankee Stadium et la grande migration en provenance du Sud provoqua la renaissance de Harlem. Un nouvel élan artistique et littéraire y vit le jour, dont l'influence et l'inspiration perdurent encore aujourd'hui. La vie nocturne de Harlem signifia l'échec cuisant de la Prohibition.

La Beat Generation

Les années 1960 marquèrent le début d'une époque légendaire de créativité et d'opposition à l'establishment, avec de nombreux artistes installés à Greenwich Village. L'expressionnisme abstrait, par exemple, révéla des peintres américains comme Mark Rothko, Jackson Pollock, Lee Krasner, Helen Frankenthaler et Willem de Kooning, dont les œuvres choquaient et intriguaient. Parmi les écrivains, des poètes de la Beat Generation comme Allen Ginsberg ou Jack Kerouac, et la romancière-dramaturge Jane Bowles se retrouvaient dans les cafés du Village pour échanger des idées et trouver l'inspiration auprès de chanteurs folks bientôt célèbres, comme Bob Dylan.

La Grande Dépression

La Bourse s'effondra en 1929 et New York traversa la Grande Dépression grâce au lancement de chantiers par le maire LaGuardia, financés par le New Deal. La Seconde Guerre mondiale provoqua un afflux de soldats prêts à dépenser leur dernier dollar à Times Square avant d'embarquer pour l'Europe. Reconverties dans l'industrie de guerre, les usines locales tournèrent à plein régime, embauchant femmes et Noirs qui, jusqu'alors, avaient difficilement accès à des emplois syndiqués. En revanche, rares étaient les contrôles dans le monde des affaires, alors que les gratte-ciel se multipliaient dans Midtown après la guerre.

Robert Moses

Collaborant avec le maire LaGuardia à la modernisation de New York, l'urbaniste Robert Moses exerça une influence déterminante sur la ville. Il fut la tête pensante du projet de Triborough Bridge, du Verrazano-Narrows Bridge, de la West Side Hwy et de l'ensemble des parcs de Long Island, et d'innombrables nationales, tunnels et ponts.

1904

La ville inaugure sa première ligne de métro, empruntée le premier jour par 150 000 passagers.

1939

Ouverture de l'Exposition universelle dans le Queens. Sur le thème du futur, elle invite à découvrir "le monde de demain".

1969

Descente dans le bar gay-friendly Stonewall Inn : émeutes et naissance du mouvement pour les droits des homosexuels.

★ Pour se plonger dans l'histoire de New York

Ellis Island (p. 42)

Lower East Side Tenement Museum (p. 94)

Museum of Chinese in America (p. 74)

National September 11 Memorial Museum (p. 87)

Museum of Chinese in America (p. 74)

RANDY DUCHAINE/ALAMY STOCK PHOTO ©

"Que New York crève !"

Au début des années 1970, l'accumulation des déficits provoqua une crise fiscale. Le président Gerald Ford refusa d'accorder une aide fédérale – ce que résuma ainsi un gros titre du *Daily News* : *Ford to City, Drop Dead!* ("Ford à la ville : Crève !"). Les licenciements massifs et le manque d'entretien des infrastructures urbaines annonçaient des temps difficiles.

Les terribles années 1970 – surtout 1977 qui fut une année noire marquée par un black-out total dans la ville et par les agissements du tueur en série Son of Sam – virent les loyers baisser, ce qui transforma les anciennes zones industrielles de SoHo et Tribeca en quartiers vibrant d'une culture alternative et d'une bouillonnante vie nocturne. Immortalisé dans la célèbre performance photographique de Nan Goldin *The Ballad of Sexual Dependency*, ce renouveau remit en question les rôles de genre et fit d'East Village le centre américain du tatouage et du cinéma indépendant.

Quand New York renaît de ses cendres

Tandis que la Bourse prospérait pendant la majeure partie des années 1980, la ville chancelait sous l'impact des drogues, de la criminalité et de l'épidémie du sida. Dans l'East Village, des squatters repoussèrent la police qui tentait de les déloger d'un vaste campement de sans-abri, déclenchant les émeutes de Tompkins Square Park en 1988. Dans le South Bronx, une vague d'incendies criminels réduisait en cendres des immeubles d'habitation. Mais, au milieu de la fumée, on vit la naissance d'une culture hip-hop influente inspirée par les percussions de la salsa portoricaine, ici et à Brooklyn. Rock Steady Crew, conduit par Richie "Crazy Legs" Colón, lança l'athlétique break dance. DJ Kool Herc animait des soirées qui se prolongeaient jusqu'à l'aube. Afrika Bambaataa, autre DJ fondateur du hip-hop, forma Zulu Nation pour mobiliser DJ, danseurs de hip-hop et graffeurs contre la violence.

1977

La foudre frappe une station électrique et prive New York d'électricité pendant 24 heures. Des émeutes éclatent dans toute la ville.

1988

Des SDF, qui utilisaient le Tompkins Square Park comme campement, se rebellent lorsque les policiers tentent de les expulser.

2001

Le 11 septembre, des terroristes détournent deux avions qui s'écrasent sur les tours du World Trade Center, faisant 3 000 victimes.

Le 11-Septembre

Le 11 septembre 2001, des terroristes détournèrent deux avions pour les faire s'écraser sur les tours jumelles du World Trade Center, qui s'effondrèrent dans un énorme nuage de poussière et de gravats, faisant près de 3 000 victimes. Downtown Manhattan mit des mois à se remettre des fumées nocives émanant des ruines, alors que les photos des personnes disparues se délitaient sur les murs de brique. Tandis qu'elle pleurait ses morts et que les équipes de déblaiement se frayaient un chemin au milieu des décombres, la ville fit également face aux alertes terroristes incessantes et à la peur de l'anthrax. Le traumatisme et le deuil rassemblèrent, dans une même volonté de ne pas succomber au désespoir, des citoyens souvent divisés.

Les folles années 1990

Toujours convalescente du krach immobilier de la fin des années 1980, la ville devait affronter la décrépitude de ses infrastructures, la fuite des emplois et l'installation en banlieue d'importantes sociétés. Survint alors le marché de l'Internet. Sauvée par les taxes perçues sur les introductions en Bourse, la ville se lança dans une frénésie de construction, d'activités commerciales et de fêtes, inégalée depuis les années 1920.

Favorable aux milieux d'affaires et au maintien de l'ordre, le maire Rudy Giuliani repoussa hors de Manhattan les pauvres et les clochards afin de laisser la place aux yuppies, pressés de dépenser leurs revenus astronomiques. Giuliani fit les gros titres des journaux avec sa politique de "tolérance zéro", parvenant même à chasser les sex-shops de 42nd St. Le maire dynamique réussit à faire de New York la grande ville la plus sûre de l'Amérique, en ciblant les secteurs à taux de criminalité élevé et en utilisant les statistiques pour concentrer la présence policière. La criminalité chuta, les restaurants prospérèrent, les prix de l'immobilier atteignirent des sommets, et *Sex and the City* répandit dans le monde entier l'image de femmes célibataires sophistiquées en escarpins Manolo Blahnik.

Cependant, rien n'était gravé dans le marbre à l'aube du nouveau millénaire, et le 11-Septembre changea à jamais la perspective de la cité (voir encadré ci-dessus).

New York au XXIe siècle

Les 10 années qui suivirent le 11-Septembre furent une période de reconstruction. En 2002, la tâche incomba à Michael Bloomberg, le nouveau maire, de relever la ville de ses cendres. Elle connut de nombreuses rénovations et reconstructions, notamment à partir de 2005 quand elle retrouva son rythme de croisière et un nombre accru de touristes. La ville entière semblait en travaux, et de luxueux gratte-ciel sortaient de terre dans chaque quartier.

2008-2009

Krach boursier dû à la mauvaise gestion des grandes institutions financières américaines. La crise financière devient mondiale.

2010

Michael Bloomberg remporte de justesse les élections et entame son troisième mandat de maire de New York.

2012

L'ouragan Sandy touche New York en octobre, causant des coupures d'électricité, de grandes inondations et des dégâts matériels.

Cependant, en 2008, l'économie s'effondra sous son propre poids dans ce qui est aujourd'hui reconnu comme une crise financière mondiale. Face à l'apparente insouciance des institutions financières américaines, des milliers de gens en colère envahirent le Zuccotti Park du Financial District le 17 septembre 2011, se dressant contre l'inéquitable répartition des richesses au sein de la nation. Le mouvement de protestation "Occupy Wall Street" se propagea ensuite dans des centaines d'autres villes à travers le monde.

En 2011, la ville a célébré le 10e anniversaire des attentats du 11-Septembre avec l'ouverture d'un centre du souvenir à l'ombre d'une tour de la Liberté à demi construite – nouveau géant du monde des affaires.

Protestations, ouragans et changements politiques

La résistance de New York sera encore mise à l'épreuve en 2012 avec l'ouragan Sandy. Le 29 octobre, des vents cycloniques et des pluies torrentielles s'abattirent sur la ville, causant de sérieuses inondations et des dégâts aux habitations dans les 5 *boroughs*, dont le réseau du métro, le Hugh L. Carey Tunnel jusqu'à Brooklyn et le site du World Trade Center. Une panne de courant majeure plongea la plus grande partie de Lower Manhattan dans une obscurité irréelle, tandis que le New York Stock Exchange (la Bourse) s'interrompit pendant deux jours (sa première fermeture pour des raisons météorologiques depuis 1888). Dans le quartier de Breezy Point, dans le Queens, une tempête dévastatrice entrava la lutte des pompiers contre un incendie qui détruisit plus de 125 maisons. Ce feu sera considéré comme l'un des pires de l'histoire de New York, et la tempête à elle seule fit 44 victimes rien que dans la ville.

Un vent de changement balaya la ville en novembre 2013, lorsque Bill de Blasio devint le premier maire démocrate de New York depuis 1989. Le "progressiste" autoproclamé de 52 ans devint aussi le premier maire blanc de New York ayant une épouse afro-américaine, Chirlane McCray. Il fut réélu en 2017.

2013
Bill de Blasio bat Joseph J. Lhota aux élections municipales, devenant le premier maire démocrate de New York en près de 20 ans.

2016
Inauguration de la plateforme de correspondance du World Trade Center, de l'architecte Santiago Calatrava.

2017
Poursuite des travaux sur les 11 ha des Hudson Yards et ouverture de la ligne de métro de 2nd Ave.

L'IAC Building (au fond à gauche ; p. 228) le long de la High Line (p. 52)

LEE SNIDER PHOTO IMAGES/SHUTTERSTOCK ©

Art et architecture

En grattant la surface de béton du paysage urbain, vous découvrirez l'un des centres artistiques les plus fantastiques au monde. La ville s'est imposée comme vitrine des petits et grands talents, qui ont laissé leur marque sur la toile urbaine – sur les murs des galeries comme dans les rues sordides, et sous la forme d'icônes architecturales jaillissant au-dessus des trottoirs encombrés.

New York, poids lourd de l'art

La présence à New York de musées d'art parmi les plus importants au monde témoigne de son enviable pedigree artistique. De Pollock à Rothko, de Warhol à Rauschenberg, la ville a inspiré des artistes et certains des mouvements les plus importants d'Amérique.

Naissance d'un centre artistique

New York s'est vraiment imprégnée de toutes les facettes de l'art au début du XXe siècle, avec l'arrivée d'une foule d'intellectuels, d'artistes, d'auteurs et de poètes. C'est à cette époque que la scène artistique nationale commença à prendre forme. L'ouverture en 1905 de la "Gallery 291" sur 5th Ave par le photographe Alfred Stieglitz (époux de Georgia O'Keeffe) fournit une plateforme vitale aux artistes américains et contribua à faire de la photographie une forme d'art crédible.

★ Les plus grandes icônes architecturales

Brooklyn Bridge (p. 46)
Chrysler Building (p. 77)
Grand Central Terminal (p. 76)
Empire State Building (p. 66)
Guggenheim Museum (p. 78)

Le Chrysler Building (p. 77)

TETRA IMAGES/GETTY IMAGES ©

Dans les années 1940, les horreurs de la guerre en Europe apportèrent à la ville un flot d'idées nouvelles portées par de grandes figures de l'art, de la musique, de la littérature et du cinéma, qui firent de New York un important centre culturel. La galerie Art of This Century, ouverte par Peggy Guggenheim dans 57th St, contribua à lancer la carrière de peintres comme Jackson Pollock, Willem De Kooning et Robert Motherwell. Ces artistes formèrent le cœur du mouvement d'expressionnisme abstrait, aussi appelé école de New York, créant une forme de peinture explosive et crue qui changea le cours de l'art moderne et fit de New York un centre artistique mondial.

Une avant-garde américaine

Les expressionnistes abstraits ont contribué à faire de New York un pôle artistique mondial, puis une autre génération d'artistes a pris le relais. Dans les années 1950-1960, Robert Rauschenberg, Jasper Johns et Lee Bontecou ont transformé les toiles en d'excentriques constructions sculpturales, utilisant autant de l'acier soudé que des chèvres empaillées. Au début des années 1960, le pop art – un mouvement utilisant les images et les techniques de production de la culture populaire – s'était imposé, sous la houlette d'Andy Warhol.

Dans les années 1960 et 1970, alors que l'économie new-yorkaise périclitait et une grande partie de SoHo tombait en ruine, la ville devint un foyer d'art conceptuel et de performance. Gordon Matta-Clark découpa des bâtiments abandonnés à la tronçonneuse, tandis que les artistes de Fluxus organisaient des happenings dans les rues du centre-ville. Carolee Schneeman imagina des spectacles utilisant le corps humain. Lors d'un événement célèbre en 1964, elle fit intervenir une troupe de danseurs nus dans un mélange peu ragoûtant de peinture, de saucisses et de poissons morts au théâtre d'une église de Greenwich Village.

L'art aujourd'hui

New York reste la capitale mondiale des galeries, avec plus de 800 espaces exposant toutes sortes d'arts à travers la ville. Ses grandes institutions – le Metropolitan Museum of Art, le Museum of Modern Art, le Whitney Museum of American Art et le musée Guggenheim, le Met Breuer et le Brooklyn Museum – présentent des rétrospectives assez magistrales couvrant des périodes aussi diverses que la Renaissance ou le XXIe siècle. Les amateurs d'art auront aussi plaisir à découvrir des galeries plus confidentielles – Chelsea est notamment le repaire de marchands réputés, tel David Zwirner. Dans le Lower East Side, place aux artistes montants ou en milieu de carrière. Brooklyn accueille une scène émergente et expérimentale dans ses quartiers de Bushwick, Greenpoint, Clinton Hill et Bedford-Stuyvesant (Bed-Stuy).

Architecture

L'histoire de l'architecture de New York se lit à ciel ouvert. Idées et styles alternent au fil des rues. Citons ainsi les "néo" (grec, gothique, roman...), dont on trouve de nombreux témoins dans la ville. Son style emblématique reste toutefois l'Art déco, qui a façonné le visage de New York dans les années 1930, avec notamment les luxueux Chrysler et Empire State Buildings, mondialement connus.

Le style Beaux-Arts

À l'orée du XXe siècle, New York entra dans son âge d'or. Des industriels tels J. P. Morgan, Henry Clay Frick ou John Davison Rockefeller, baignant littéralement dans l'argent de l'acier et du pétrole, se firent construire des villas de la démesure. Les édifices publics se parèrent eux aussi des plus beaux atours. Les architectes, qui s'étaient pour beaucoup formés en France, revinrent avec des idéaux européens. On commença à remplacer tout le grès brun par un éclatant calcaire blanc, on suréleva les premiers étages pour offrir de spectaculaires halls d'entrée avec escalier, et on orna les bâtiments de clés de voûte sculptées et de colonnes corinthiennes.

L'ensemble des Villard Houses, réalisé en 1884 par McKim Mead & White (aujourd'hui, le Palace Hotel), montre les débuts du mouvement. Vaguement inspiré du Palazzo della Cancelleria de Rome, il concentre la symétrie et l'élégance de la Renaissance italienne. Parmi d'autres classiques, citons la branche centrale de la New York Public Library (1911) conçue par Carrère et Hastings, l'extension de 1902 du Metropolitan Museum of Art par Richard Morris Hunt, et l'époustouflante gare Grand Central Terminal de Warren et Wetmore (1913), surmontée d'une statue de Mercure, le dieu du commerce.

Graffitis et street art

Les graffitis contemporains tels que nous les connaissons trouvent leur émergence à New York avec les tagueurs des années 1960. Dès la décennie suivante, les métros new-yorkais couverts de graffitis deviennent un puissant symbole de la ville, et les tags de Dondi, Blade et Lady Pink acquièrent alors une renommée internationale. En outre, des artistes talentueux comme Jean-Michel Basquiat, Kenny Scharf et Keith Haring introduisent dans leurs œuvres des éléments de graffitis.

Le mouvement a connu un renouveau à la fin des années 1990 avec la nouvelle génération d'artistes, pour beaucoup formés dans les écoles d'art les plus prestigieuses. Citons ainsi John Fekner, Stephen "Espo" Powers, Swoon, les jumeaux du duo Skewville et Shepard Fairey, auteur de la célèbre affiche *Hope* représentant Barack Obama. Aujourd'hui, les hauts lieux du graffiti et du pochoir comprennent le côté Brooklyn du Williamsburg Bridge et l'intersection de Troutman St et St Nicholas Ave à Bushwick, également à Brooklyn.

Les gratte-ciel

Une fois New York bien installée dans le XXe siècle, les ascenseurs et les structures en acier lui permirent de grandir, au sens propre. Cette période voit l'émergence d'une foule de gratte-ciel, à commencer par les 60 étages du néogothique Woolworth Building de Cass Gilbert (1913), qui resta durant près de 20 ans le plus haut bâtiment au monde.

Les architectes ne s'arrêtèrent pas en si bon chemin. En 1930, les 77 étages du Chrysler Building, bijou Art déco signé William Van Alen, établirent un nouveau record, bientôt dépassé par l'Empire State Building l'année suivante, mastodonte aux lignes épurées, bâti en pierre calcaire venue de l'Indiana et aux intérieurs richement ornés. Sa flèche

Les starchitectes

L'IAC Building (2007) de Frank Gehry, construction bombée en verre blanc volontiers comparée à une pièce montée, est l'une des œuvres de "starchitectes" qui se succèdent aux alentours de la High Line, une voie ferroviaire transformée en parc urbain. La plus emblématique reste le Whitney Museum (2015), édifice asymétrique bardé d'acier gris-bleu et signé Renzo Piano. Huit *blocks* plus loin, au nord, le 100 Eleventh Ave (2010) attire lui aussi les regards. Imaginé par Jean Nouvel, c'est un joyeux enchevêtrement de fenêtres. En 2017, le quartier a également vu pousser une vaste résidence au 520 West 28th St, réalisation post-mortem de l'architecte irako-britannique Zaha Hadid. Sur la "terrasse aux sculptures" attenante, de 250 m², des œuvres d'art sont présentées par l'association Friends of the High Line.

Le quartier de Hudson Yards sera bientôt entièrement réaménagé. Il devrait se fondre dans l'extrémité nord de la High Line. Ce projet (11 ha) est le plus vaste du genre à New York depuis celui du Rockefeller Center. L'ouest de Midtown, jusque-là plus ou moins mis de côté, est ainsi en passe de changer de visage, avec de nouveaux logements, magasins et restaurants.

En son cœur, l'immense espace public est marqué par la présence du Vessel – une structure en acier imaginée par le Heatherwick Studio et qui n'est pas sans rappeler l'œuvre d'Escher –, vase géant pointant vers le ciel et dont les 2 500 marches forment un véritable dédale architectural où s'aventurer. Au 100ᵉ niveau du 30 Hudson Yards, à 335 m du sol, la plateforme panoramique est la plus haute de sa catégorie dans tout l'hémisphère occidental.

d'acier devait servir de mât d'amarrage pour dirigeables (*airships*) – une bonne publicité, certes, mais qui ne tarda pas à s'avérer irréalisable.

L'installation à New York d'architectes et d'autres intellectuels fuyant l'Europe jusqu'à la fin de la Seconde Guerre mondiale favorisa un dialogue animé avec les architectes américains. C'est à cette période que l'urbaniste Robert Moses s'acharna à réaménager les immenses voies de New York (au détriment de nombreux quartiers) et que l'obsession pour les lignes épurées et dépouillées du style international commença à gagner designers et artistes.

Premier emblème de cette époque, le ziggourat inversé (et controversé) du musée Guggenheim, achevé en 1959, mais dessiné 10 ans plus tôt.

La relève assurée

À la fin du XXᵉ siècle, de nombreux architectes commencent à s'insurger contre la nature dépouillée et brute du style moderniste, notamment Philip Johnson. Ce dernier opte pour un granit rose et un fronton néogeorgien incurvé lorsqu'il dessine l'AT&T Building (devenu la Sony Tower ; 1984), emblème postmoderniste du paysage urbain de Midtown.

Ce ne sera jamais le cas du design onduleux et anguleux de Daniel Libeskind pour la tour One World Trade Center (2013), remplacé par un monolithe de verre plus rectiligne, œuvre de compromis. Sur le même site, les explosions budgétaires obligèrent Santiago Calatrava à remanier le lumineux design de la nouvelle gare du World Trade Center (2016). D'après ses détracteurs, ce qui était censé évoquer une colombe en vol ressemble aujourd'hui à un dinosaure ailé. Le dessin d'origine de Norman Foster pour le Two World Trade Center fut abandonné au profit de celui des Danois du Bjarke Ingels Group (BIG). Selon James Murdoch, directeur d'exploitation de la 21st Century Fox, cette première proposition était trop "conventionnelle" pour représenter ce qui allait devenir le siège du groupe média. Le cabinet BIG a proposé, comme à son habitude, un projet décalé, composé d'immenses cubes de tailles disparates, comme une tour construite par un enfant tout droit vers le ciel.

Norman Foster n'est pourtant pas en peine en matière d'avant-gardisme. La Hearst Tower (2006) de l'architecte britannique – une tour de verre s'élançant en zigzag depuis un bâtiment en grès des années 1920 – reste une œuvre pionnière de Midtown. C'est l'une des nombreuses additions audacieuses du XXIe siècle au portefeuille architectural de la ville. On peut notamment évoquer le Barclays Center (2012), complexe omnisports futuriste situé à Brooklyn, le 41 Cooper Square (2009) plié et tailladé de Thom Mayne dans l'East Village, et la tour résidentielle onduleuse de 76 étages de Frank Gehry, baptisée New York by Gehry (2011), dans le Financial District.

Drag queen devant le Stonewall Inn

New York gay et lesbien

New York a fièrement fait son coming out. C'est ici que se déroulèrent les émeutes de Stonewall, ici aussi que le mouvement homosexuel moderne s'est démocratisé et que fut organisée la première Gay Pride américaine. Pourtant, bien avant l'époque du Gay Liberation Front, la ville avait un penchant pour tout ce qui sortait de la norme, des sex saloons du Bowery à la poésie saphique du Village en passant par les drag balls de Harlem.

Subversion dans les Villages

Dans les années 1890, le sordide Lower East Side était connu pour ses établissements proposant des revues de travestis et des soirées libertines entre personnes de même sexe. Au début du XXe siècle, la bohème et les libres-penseurs s'installèrent à Greenwich Village. Plusieurs établissements tenus par des gays bordaient MacDougal St, tel le légendaire Eve's Hangout, au n°129, célèbre pour ses lectures de poèmes et son panneau sur la porte annonçant : "Hommes admis mais pas bienvenus". Ils ne furent pas les bienvenus, les policiers qui y firent une descente en juin 1926 pour arrêter l'immigrante juive polonaise Eva Kotchever (Eve Addams) accusée d'"obscénité" pour son recueil de nouvelles *Lesbian Love* ("amours lesbiennes") et renvoyée en Europe pour cette raison.

Divas, drag balls et Harlem

Si Times Square avait aussi gagné la réputation d'attirer les homosexuels – dont beaucoup travaillaient dans les théâtres, restaurants et bars clandestins du quartier –, la scène gay la plus chaude des années 1920 était à Harlem. Parmi ses *drag balls*, très appréciés des gays et des hétéros new-yorkais, le Hamilton Lodge Ball se tenait annuellement au sein du chic Rockland Palace, sur 155th St. Surnommé le "bal des tapettes" par les intéressés, il permettait aux homosexuels, hommes et femmes, d'échanger (de façon légale) leurs oripeaux de genre le temps d'une soirée, et de danser avec des personnes de même sexe. Les non-gays venaient s'y adonner à un voyeurisme de bon ton. On y croisait prostituées ou riches héritiers de grandes familles comme les Astor et les Vanderbilt. Les journaux en parlaient et les robes scandaleuses qu'on y portait alimentaient toutes les conversations.

La révolution de Stonewall

Hélas ! la relative transgression du début du XXe siècle céda la place à un nouveau conservatisme au cours des décennies suivantes, promu par le sénateur Joseph McCarthy qui déclara que les homosexuels du département d'État menaçaient la sécurité et les enfants d'Amérique. Des politiques plus sévères poussèrent la communauté gay dans la clandestinité dans les années 1940 et 1950. Mais, lorsque le 28 juin 1969, 8 policiers firent une descente dans le Stonewall Inn (un troquet *gay-friendly* de Greenwich Village), la clientèle se rebella. Elle bombarda les forces de l'ordre avec des pièces, des bouteilles et des briques en scandant "*gay power*" et "nous vaincrons". Les officiers qui s'approchèrent furent accueillis par un front de drag-queens au pied leste. Cette colère collective et cette solidarité marquèrent un tournant et déclenchèrent des débats passionnés autour de la discrimination, catalyseur du mouvement actuel de défense des droits des gays aux États-Unis et dans d'autres pays, des Pays-Bas à l'Australie. En juin 2019, New York a accueilli la WorldPride pour le 50e anniversaire des émeutes de Stonewall, à l'origine du mouvement.

L'ombre du sida

L'activisme des LGBTI s'intensifia à mesure que le sida s'imposait à la une des journaux dans les années 1980. Confrontés à l'ignorance, à la peur et à l'indignation morale de ceux qui considéraient le sida comme le "cancer homo", des activistes comme l'écrivain Larry Kramer s'attaquèrent à ce qui n'allait plus tarder à devenir une épidémie. Ce fut la naissance d'ACT UP (AIDS Coalition to Unleash Power), en 1987. L'épidémie eut un grand impact sur la communauté artistique de New York. Parmi ses victimes : l'artiste Keith Haring, le photographe Robert Mapplethorpe et le créateur de mode Halston. S'ensuivirent des pièces et comédies musicales liées au sida qui allaient entrer dans les canons culturels de l'Amérique. Parmi elles : *Angels in America*, pièce épique politique de Tony Kushner et la comédie musicale rock de Jonathan Larson, *Rent*, qui ont raflé des Tony Awards et le prix Pulitzer.

Choix politiques

Le 20 septembre 2011, une loi fédérale interdisant aux militaires homosexuels de se dévoiler, la fameuse politique "Don't Ask, Don't Tell" (ne rien demander, ne rien dire) fut abolie après des années de lobbying intense. Trois mois plus tôt, une plus grande bataille venait d'être remportée : le droit de se marier. L'assemblée de l'État de New York proposa le Marriage Equality Act, voté le 24 juin, la veille de la Gay Pride de New York. Cette victoire dans un État devint nationale le 26 juin 2015, quand la Cour suprême américaine légalisa le mariage entre homosexuels dans tout le pays, abrogeant les interdictions en vigueur dans 13 États.

New York Public Library (p. 69)

MICHAEL LEE/GETTY IMAGES ©

New York à l'écran

New York est un décor de cinéma. C'est dans ses rues que Woody Allen tombe sous le charme de Diane Keaton (Annie Hall), que Meg Ryan feint l'orgasme (Quand Harry rencontre Sally) et que Sarah Jessica Parker philosophe sur les meilleurs lieux de rencontre ou ses stilettos fétiches (Sex and the City). Chacun y retrouvera un morceau de son panthéon personnel : une scène, un personnage, une réplique culte...

Sites remarquables à l'écran

Nombre de personnes qui découvrent New York ont un étrange sentiment de déjà-vu. Et pour cause... La ville a passé plus de temps à l'écran que toutes les stars hollywoodiennes réunies. Ses lieux emblématiques jalonnent tout autant la culture cinématographique américaine. Prenez, par exemple, le **Staten Island Ferry** (p. 205), qui conduit la malheureuse Melanie Griffith de la banlieue jusqu'à Wall Street dans *Working Girl* (1988) ; ou bien **Battery Park** (www.nycgovparks.org ; Broadway, sur Battery Pl, Financial District ; 6h-1h ; S 4/5 jusqu'à Bowling Green, R/W jusqu'à Whitehall St, 1 jusqu'à South Ferry), où Madonna charme Aidan Quinn et Rosanna Arquette dans *Recherche Susan désespérément* (1985) ; ou encore le New York County Courthouse, où les méchants reçoivent leur juste pénitence dans *Wall Street* (1987) et *Les Affranchis* (1990), ainsi que dans les séries TV *Cagney et Lacey*,

New York Police Blues et *La Loi et l'Ordre*. Cette série a même gagné une rue à son nom, la Law and Order Way – qui mène au Pier 62, à Chelsea Piers – tant sa mise en scène de New York et de ses personnages historiques a plu.

Peu d'édifices emblématiques ont autant joué les vedettes que l'**Empire State Building** (p. 66), immortalisé par la fameuse ascension de sa flèche dans *King Kong* (1933, 2005), et les scènes romantiques tournées sur ses terrasses d'observation. Clin d'œil à *Elle et lui* (1957), dans lequel Cary Grant et Deborah Kerr se promettent de se retrouver au sommet du gratte-ciel pour y sceller leur amour. L'une des plus célèbres de ces séquences, celle de *Nuits blanches à Seattle* (1993) entre Meg Ryan et Tom Hanks, a été tournée en studio, mais le hall d'entrée est l'authentique.

Aux racines de Hollywood

Aussi incroyable que cela puisse paraître, l'industrie du cinéma américain est née sur la côte Est. C'est ici que les studios Fox, Universal, Metro, Selznick et Goldwyn ont vu le jour à l'aube du XXe siècle. Bien avant la Californie et le Colorado, les plaines (alors) sauvages du New Jersey ont accueilli le tournage des westerns. Et lorsque, dans les années 1920, l'essentiel de l'industrie cinématographique a préféré le soleil californien de Hollywood, les claps de début et de fin, les "Lumière... moteur... ça tourne" ont continué à résonner ici. C'est dans le Queens, aux Kaufman Astoria Studios – toujours en activité –, que battait le cœur de la scène locale.

Sarah Jessica Parker a moins de chance dans *Sex and the City* (2008), où Mr Big la plante dans sa robe de mariée à la **New York Public Library** (p. 69). Le fiancé avait-il vu *SOS Fantômes* (1984), dont les premières scènes se passent dans les couloirs hantés de la grande bibliothèque, avec ses emblématiques lions en marbre et sa Rose Main Reading Room ? Le hall de la même institution passe habilement pour le Metropolitan Museum of Art dans le remake *L'Affaire Thomas Crown* (1999), dans lequel le play-boy cambrioleur trouve un adversaire à sa hauteur en la détective Rene Russo. Dans le Bryant Park voisin, Diane Keaton, jouant les enquêtrices dans *Meurtre mystérieux à Manhattan* (1993), tente de convaincre son mari, interprété par Woody Allen, que leur voisin est un assassin sanguinaire.

Face à **Central Park** – dont la balade en bateau de Barbra Streisand et Robert Redford dans *Nos plus belles années* (1973) reste une des scènes mythiques – se dresse le Dakota Building, théâtre du glaçant *Rosemary's Baby* (1968). Dans l'Upper West Side, la façade du Tom's Restaurant apparaît régulièrement dans les épisodes de *Seinfeld*. À proximité, on notera l'élégant **Lincoln Center** (p. 108), qui voit Natalie Portman perdre peu à peu la raison dans *Black Swan* (2010), et les Brooklyniens Cher et Nicolas Cage se donner rendez-vous dans *Éclair de lune* (1987).

Primé aux Oscars, *Birdman* (2014) braque les projecteurs sur le scintillant quartier des théâtres de Midtown. Michael Keaton incarne un acteur torturé tentant de monter une pièce à Broadway au St James Theatre, dans W 44 th St.

La rue appartient aux danseurs

Dans la comédie musicale *Fame* (1980), qui voit des étudiants de la New York High School of Performing Arts danser dans les rues de Midtown, les couteaux font place aux justaucorps. Le conseil d'éducation de la ville, qui craignait les graffitis, avait interdit le tournage dans la véritable High School of Performing Arts, située alors au 120 W 46th St. La production dut utiliser l'entrée d'une église désaffectée, de l'autre côté de la rue, pour figurer le hall de l'école, et Haaren Hall (à l'angle de 10th Ave et 59th St) pour les scènes d'intérieur.

Dans *Un jour à New York* (1949), Frank Sinatra, Gene Kelly et Jules Munshin, 3 marins à peine débarqués, traversent cette "ville formidable" en dansant et chantant, du pied

New York sur le petit écran

Plus de 70 séries et émissions télévisées sont tournées à New York, telles *New York, unité spéciale*, *The Good Fight* et *The Marvelous Mrs Maisel*, ou les incontournables *The Tonight Show Starring Jimmy Fallon* et *Saturday Night Live*. Ensemble, les industries new-yorkaises de la télévision et du cinéma dépensent plus de 8 milliards de dollars par an en production et assurent 130 000 emplois. Plus d'un tiers des acteurs professionnels américains sont installés à New York.

de la **statue de la Liberté** (p. 40) à la **Rockefeller Plaza** (p. 83), en passant par le **Brooklyn Bridge** (p. 46). Le pont apparaît sous les pas de Diana Ross et Michael Jackson dans *The Wiz* (1978), version kitsch du *Magicien d'Oz*, de même que le Flushing Meadows Corona Park et le World Trade Center. Dans *La Fièvre du samedi soir* (1977), le Brooklyn Bridge prend l'allure d'un rite de passage pour un John Travolta quittant son Brooklyn natal pour les boules à facettes de Manhattan. S'il ne fallait retenir qu'une image, ce serait la scène finale de *Fisher King : le roi pêcheur* (1991) qui transforme le **hall principal de Grand Central Terminal** (p. 77) en salle de bal pour les usagers des transports en commun.

New York City au cinéma

Il faudrait des tomes pour recenser tous les films liés à la Grosse Pomme. Avec ces quelques succès cinématographiques, votre imagination s'emballera :

Taxi Driver (Martin Scorsese, 1976). De Niro, vétéran déséquilibré de la guerre du Vietnam, est en proie à des pulsions de violence, exacerbées par les tensions urbaines.

Manhattan (Woody Allen, 1979). Un New-Yorkais divorcé sort avec une étudiante et tombe amoureux de la maîtresse de son meilleur ami. Une véritable déclaration d'amour à New York. Vues romantiques du pont de Queensboro et d'Upper East Side.

Recherche Susan désespérément (Susan Seidelman, 1985). Une histoire de fausse identité précipite une femme au foyer dans une aventure sauvage à travers le merveilleux monde de la sous-culture de Manhattan. Le film fait revivre l'East Village du milieu des années 1980 et la discothèque Danceteria, disparue depuis longtemps.

Summer of Sam (Spike Lee, 1999). Fondée sur des faits historiques et située pendant l'été 1977, cette histoire sordide mêle les meurtres du fils de Sam, la grande panne d'électricité, les tensions raciales et les mésaventures d'un couple de Brooklyn fan de disco, avec des scènes au CBGB et au Studio 54.

Angels in America (Mike Nichols, 2003). Cette magnifique version d'une pièce de Tony Kushner montée à Broadway nous replonge dans le Manhattan de 1985 : relations tendues, ravages du sida, et un Roy Cohn, conseiller du président Ronald Reagan, qui cache son homosexualité et tombe lui-même malade. On suit les personnages de Brooklyn à Lower Manhattan et à Central Park.

Party Monster (Fenton Bailey, 2003). Avec Macaulay Culkin, qui interprète Michael Alig, célèbre jeune clubbeur fou et meurtrier, que l'on suit dans l'enfer des boîtes et de la drogue du New York des années 1980. L'ancien Limelight y occupe une place prépondérante.

Precious (Lee Daniels, 2009). Cette histoire âpre d'une ado obèse et illettrée, violée par son père, se déroule à Harlem et offre de nombreuses images de rues et l'ambiance de ghetto du quartier.

Birdman (Alejandro G. Iñárritu, 2014). Comédie dramatique grinçante primée aux Oscars, *Birdman* relate les difficultés d'un acteur hollywoodien has been tentant de monter une pièce à Broadway.

Ghostbusters (Paul Feig, 2016). L'adaptation de l'original (1984) n'a pas été un succès critique mais a fait bouger les lignes avec une distribution 100% féminine.

The Greatest Showman (Michael Gracey, 2017). Comédie musicale inspirée de la vie de Phineas Taylor Barnum, père du cirque et des premiers *freak shows* (exhibition de "monstres de foire") dans le Manhattan du XIXe siècle.

Times Square (p. 62)

Carnet pratique

Infos utiles

Ambassades et consulats

Compte tenu de la présence des Nations unies, presque tous les pays sont représentés diplomatiquement à New York. Voici les adresses des services consulaires francophones :

Belgique (☎212-586-5110 ; unitedstates.diplomatie.belgium.be/fr ; One Dag Hammarskjöld Plaza, 885 2nd Ave, 41e niv ; ◷9h-12h lun-ven ; S 6 jusqu'à 51st St)

Canada (☎212-596-1628 ; www.newyork.gc.ca ; 466 Lexington Ave, 20e niv, entre E 45th St et E 46th St ; ◷9h-12h et 13h-15h lun-ven, sur RDV)

France (☎212-606-3600 ; www.consulfrance-newyork.org ; 934 5th Ave, entre 74th St et 75th St ; ◷9h-12h30 lun-ven ; S 6 jusqu'à 77th St)

Suisse (☎212-599-5700 ; www.eda.admin.ch/newyork ; 633 3rd Ave, 30e niv ; ◷8h30-12h lun-ven)

Voici les coordonnées de quelques représentations diplomatiques américaines à l'étranger :

Ambassade des États-Unis en Belgique (☎02-811 4000 ; 27 bd du Régent, B1000 Bruxelles)

Ambassade des États-Unis en France (☎01 43 12 22 22 ; 2 avenue Gabriel, 75008 Paris)

Consulat général des États-Unis à Montréal (☎416 645 9124 ; ca.usembassy.gov/fr ; 315 place d'Youville, Suite 500, Montréal, Québec, H2Y 0A4)

Ambassade des États-Unis en Suisse (☎031/357 70 11 ; Sulgeneckstrasse 19, CH-3007 Berne)

Argent

Distributeurs automatiques de billets (DAB)

New York compte presque un DAB par rue. Préférez ceux rattachés à une banque – généralement sécurisés et ouverts 24h/24. Vous trouverez des DAB privés dans les *delis*, restaurants, bars et supermarchés. Attention, ces derniers, indépendants, prennent une commission salée (3 à 5 $).

Bureaux de change

Les banques et les agents de change établis partout en ville, ainsi que dans les 3 principaux aéroports, délivrent des dollars sur la base du taux de change courant. Travelex (www.travelex.com) a une agence à Times Square.

Cartes bancaires

Les cartes bancaires sont acceptées dans la plupart des hôtels, restaurants et magasins. Il vous sera difficile d'effectuer certaines transactions sans ce mode de paiement, comme acheter un billet de spectacle ou louer une voiture par exemple.

Assurance

Il est conseillé de souscrire une assurance qui vous couvrira en cas d'annulation de votre voyage, de vol, de perte de vos affaires, de maladie ou encore d'accident. Voir aussi p. 241.

Vérifiez notamment que le rapatriement médical d'urgence, en ambulance ou en avion, est couvert.

Vous pouvez contracter une assurance qui réglera directement les hôpitaux et les médecins, vous évitant ainsi d'avancer des sommes qui ne vous seront remboursées qu'à votre retour. Dans ce cas,

Un fil d'Ariane en voyage

Vous êtes ressortissant français ? Pensez à vous enregistrer sur le **portail Ariane** (pastel.diplomatie.gouv.fr/fildariane) du ministère des Affaires étrangères. Ce service gratuit vous permet de recevoir des alertes si la situation le justifie. Crise politique, catastrophe naturelle, attentat... recevez en temps réel des consignes de sécurité lors de votre voyage.

Pourboire

Le pourboire *n'est pas* facultatif. N'en donnez pas uniquement si le service est épouvantable.

Serveurs 18-20% de la note, à moins qu'il soit déjà compté (généralement pour les groupes de 5 ou plus).

Barmen 15-20% par tournée, 1 $ minimum par boisson standard et 2 $ pour un cocktail.

Chauffeurs de taxi 10-15% arrondi au dollar supérieur.

Bagagiste (aéroport et hôtel) 2 $ par sac, minimum 5 $ par chariot.

Femmes de chambre 2-4 $ par nuit (laissez le pourboire dans une enveloppe ou sous la carte prévue à cet effet).

conservez avec vous tous les documents nécessaires (les consultations médicales se règlent généralement en espèces : demandez un reçu pour le remboursement).

Attention ! Avant de souscrire une police d'assurance, vérifiez bien que vous ne bénéficiez pas déjà d'une assistance par votre carte de crédit, votre mutuelle ou votre assurance automobile.

N'oubliez pas de prendre avec vous les documents relatifs à l'assurance ainsi que les numéros à appeler en cas d'urgence.

Cartes de réduction

Si vous comptez voir tous les sites majeurs, envisagez l'achat d'une des nombreuses cartes multi-attractions (voir le site www.nycgo.com/attraction-passes). Cela vous fera faire de sacrées économies. Pour plus de renseignements et pour acheter votre carte, rendez-vous en ligne.

New York CityPASS (www.citypass.com)

The New York Pass (www.newyorkpass.com)

Downtown Culture Pass (www.downtownculturepass.org)

Explorer Pass (www.smartdestinations.com)

Désagréments et dangers

New York est l'une des villes les plus sûres des États-Unis. En 2017, il y a eu moins de 300 homicides et le taux de criminalité diminue régulièrement depuis 27 ans. Néanmoins, il convient de faire preuve de bon sens.

- Ne vous promenez pas la nuit dans des zones peu fréquentées, surtout si vous êtes une femme.
- Méfiez-vous des pickpockets, notamment dans les endroits bondés comme Times Square.
- S'il n'est généralement pas risqué de circuler en métro après minuit, évitez de le faire et prenez un taxi, surtout si vous êtes seul.

Douane

Les douanes américaines autorisent toute personne de plus de 21 ans à entrer aux États-Unis avec 1 litre d'alcool et 200 cigarettes détaxées. Les produits alimentaires (viande, fruits, légumes) ou végétaux (plantes, terreau, etc.) sont interdits. Les ressortissants américains peuvent importer l'équivalent de 800 $ de cadeaux hors taxes ; pour les ressortissants d'autres pays, la barre est fixée à 100 $. Pour être averti des changements (fréquents) en la matière, consultez le site du CBP (Customs and Border Protection) : www.cbp.gov.

Électricité

Les États-Unis utilisent le 110 V à 115 V, 60 Hz AC. Les prises ont deux fiches plates (avec souvent une troisième fiche ronde). Si vos appareils sont prévus pour du 220 V, procurez-vous un convertisseur, disponible dans les magasins d'outillage ou les drugstores. La plupart des appareils électroniques sont généralement compatibles avec plusieurs voltages au moyen d'un adaptateur.

Type A
120 V/60 Hz

Type B
120 V/60 Hz

Formalités et visas

Un programme d'exemption de visa (Visa Waiver Program – VWP) permet aux ressortissants de 38 pays, dont la France, la Belgique et la Suisse, de séjourner aux États-Unis sans visa pour un séjour touristique ou d'affaires de 90 jours maximum. Ils doivent posséder un passeport électronique ou biométrique et remplir toutes les conditions requises.

Avant le départ, ces ressortissants devront obligatoirement solliciter, via Internet, une autorisation électronique de voyage (Electronic System for Travel Authorization – ESTA). Il est prudent d'effectuer cette formalité au moins 72 heures avant le départ. Une taxe de 14 $ est exigée (payable en ligne). Une fois acceptée, l'inscription est valable 2 ans ou jusqu'à la date d'expiration de votre passeport (la première de ces hypothèses prévalant). Rendez-vous sur le site du **Département de la sécurité intérieure des États-Unis** (www.cbp.gov/travel/international-visitors/esta).

Pour connaître les dernières dispositions, consultez le site du **Département américain de l'État** (travel.state.gov/content/visas/en.html). Les Français peuvent aussi regarder le **site de l'ambassade américaine** (https://fr.usembassy.gov/embassy-consulates/embassy/) ou les pages consacrées aux formalités sur le site francophone de l'**office du tourisme américain** (www.office-tourisme-usa.com/etape-de-preparation/formalites-dentree-aux-etats-unis-passeport-esta-visa).

Les Canadiens n'ont aucune formalité spécifique à effectuer ; ils doivent juste se munir d'un passeport valide pour séjourner jusqu'à 6 mois aux États-Unis.

Handicapés

La majeure partie de la ville est accessible en fauteuil roulant. Tous les sites importants (Met, Guggenheim et Lincoln Center) le sont également, ainsi que certains théâtres de Broadway.

Seules 100 des 468 stations de métro disposent d'équipement adapté. En général, les plus grandes ont des accès pour les handicapés moteurs comme 14th St-Union Sq, 34th St-Penn Station, 42nd St-Port Authority Terminal, 59th St-Columbus Circle et 66th St-Lincoln Center. Pour une liste complète des stations accessibles, voir le site web.mta.info/accessibility/stations.htm. Consultez aussi le site www.nycgo.com/accessibility. L'ensemble des bus MTA de New York est accessible en fauteuil roulant. Un moyen de transport préférable au métro, moins facilement navigable.

Pour commander un taxi adapté, contactez **Accessible Dispatch**

(☎646-599-9999 ; accessibledispatch.org). Une appli vous permet aussi de trouver la voiture avec chauffeur la plus proche.

Autre ressource très utile, **Big Apple Greeter** (☎212-669-8198; www.bigapplegreeter.org) GRATUIT réunit plus de 50 bénévoles, eux-mêmes handicapés, qui se feront un plaisir de vous présenter leur quartier.

En France, l'**APF France handicap** (Association des paralysés de France ; ☎01 40 78 69 00 ; www.apf-francehandicap.org ; 17 bd Auguste-Blanqui, 75013 Paris) peut vous fournir des informations utiles sur les voyages accessibles.

Yanous (www.yanous.com), **Hizy** (hizy.org), **Handicap.fr** (www.handicap.fr) et **Tourisme et handicaps** (www.tourisme-handicaps.org) sont aussi de bonnes sources d'information.

Désormais, les principales plateformes d'hébergement que sont **Abritel** (www.abritel.fr), **Airbnb** (www.airbnb.fr), **Booking** (www.booking.com) et **Hotels.com** (fr.hotels.com) ont intégré des critères d'accessibilité à leur moteur de recherche. **Mobee Travel** (www.mobeetravel.com) est une start-up qui regroupe des hébergements accessibles et qui propose des séjours sur mesure. Plus modeste, **Wilengo** (www.wilengo.com) fonctionne sur le modèle d'Airbnb. Les agences de voyages **Yoola** (www.yoola.fr) et **Comptoir des voyages** (www.comptoir.fr) organisent des voyages adaptés aux personnes à mobilité réduite.

Pratique

Journaux

New York Post (www.nypost.com). Célèbre pour ses unes sensationnalistes, ses opinions conservatrices et sa chronique "potins" (*gossip*) en page 6.

New York Times (www.nytimes.com). Ce vieux journal s'est dépoussiéré avec des articles corrosifs sur la politique et des rubriques sur la technologie, l'art et les restaurants.

Magazines

New York Magazine (www.nymag.com). Bi-hebdomadaire qui propose des articles de fond et recense à peu près tout ce qui se passe à New York. Excellent site Web.

New Yorker (www.newyorker.com). Hebdomadaire intellectuel, célèbre pour ses longs reportages sur la politique et la culture ; il publie également des textes de fiction et de la poésie.

Time Out New York (www.timeout.com/newyork). Magazine bihebdomadaire avec le programme des sorties, et des pages dédiées aux restaurants et à la vie nocturne.

Radio

WNYC (820 AM et 93.9 FM ; www.wnyc.org) est une radio publique locale, affiliée à la NPR. Mélange de débats et d'interviews nationaux et locaux.

Tabac

Il est strictement interdit de fumer dans les lieux publics, notamment dans les stations de métro, les restaurants, les bars, les taxis et les parcs.

Heure locale

New York est située dans le fuseau horaire de l'Eastern Standard Time (EST) – moins 5 heures par rapport au méridien de Greenwich, le Greenwich Mean Time (Londres). À l'heure d'été, on avance de 1 heure le 2e dimanche de mars et on retarde de 1 heure le 1er dimanche de novembre. La France a 6 heures d'avance sur New York (quand il est minuit à New York, il est déjà 6h à Paris). Le Québec est à la même heure.

Heures d'ouverture

Les horaires habituels sont les suivants :

Banques lun-ven 9h-18h, et sam 9h-12h pour certaines

Bars 17h-4h

Bureaux lun-ven 9h-17h

Clubs 22h-4h

Magasins 10h-19h env en semaine, 11h-20h env le sam, dim horaires variables – certains ferment, d'autres ouvrent comme en semaine. Des magasins restent ouverts plus tard dans les quartiers du centre, comme SoHo.

Restaurants petit-déj 6h-11h, déj 12h-15h env, dîner 17h-23h. Le week-end brunch 10h-16h.

Homosexualité

Le **LGBT Community Center** (☎212-620-7310 ; www.gaycenter.org ; 208 W 13th St, entre 7th Ave et Greenwich Ave, West Village ; ⌚9h-22h lun-sam, jusqu'à 21h dim ; Ⓢ1/2/3 jusqu'à 14th St, A/C/E, L jusqu'à 8th Ave-14th St), un des plus grands centres au monde, fournit une myriade de publications régionales sur les événements et les clubs gays. Il accueille souvent des manifestations : soirées de danse, expositions, performances dignes de Broadway, lectures et tables rondes sur des sujets politiques. On y trouve également les Archives nationales sur l'histoire lesbienne, gay, bisexuelle et transgenre (accessible aux chercheurs sur rendez-vous), un café communautaire, un petit espace d'exposition, la galerie Campbell-Soady et un cyber-center.

Internet (accès)

La grande majorité des parcs de la ville disposent d'un accès Wi-Fi gratuit, parmi lesquels la High Line, Bryant Park, Battery Park, City Hall Park, Madison Square Park, Tompkins Square Park et Union Square Park (Brooklyn est aussi bien couvert). Notez que si Central Park est techniquement couvert par le réseau, le Wi-Fi n'y est pas bon. Pour les autres sites, voir sur www.nycgovparks.org/facilities/wifi.

Les musées offrent souvent un accès Wi-Fi, tout comme les stations de métro. LinkNYC (www.link.nyc) a installé des kiosques connectés (accès gratuit) avec prises et connexion Wi-Fi. L'opérateur espère à moyen terme en essaimer 7 500 sur les 5 *boroughs*. Le réseau est bon dans tout Midtown Manhattan, mais devient plus aléatoire à mesure que vous poussez vers le nord ou le sud, notamment à SoHo et dans le Lower East Side.

À New York, rares sont les hébergements n'offrant pas un accès Wi-Fi gratuit.

Réservation en ligne

Trouvez un vol, un séjour ou un hôtel en quelques clics dans la rubrique "Réservation" de www.lonelyplanet.fr.

La plupart des cafés mettent leur accès Wi-Fi à disposition des clients (ils ne le précisent pas toujours), tout comme les nombreux Starbucks de la ville.

Jours fériés

Les principaux événements et jours fériés à New York peuvent entraîner la fermeture de nombreux commerces ou attirer la foule, rendant les réservations de restaurants et d'hébergements compliquées.

New Year's Day 1er jan

Martin Luther King Day 3e lundi de jan

Presidents' Day 3e lundi de fév

Pâques mars/avril

Memorial Day fin mai

Gay Pride dernier dimanche de juin

Independence Day 4 juillet

Labor Day 1er lundi de sept

Rosh Hashanah et Yom Kippur de mi-sept à mi-oct

Halloween 31 octobre

Thanksgiving 4e jeudi de nov

Christmas Day 25 déc

New Year's Eve 31 déc

Conseils aux voyageurs

La plupart des gouvernements possèdent des sites Internet qui recensent les dangers possibles et les villes à éviter. Consultez notamment les sites suivants :

Ministère des Affaires étrangères français (www.diplomatie.gouv.fr)

Ministère des Affaires étrangères de Belgique (diplomatie.belgium.be)

Département fédéral des Affaires étrangères suisse (www.eda.admin.ch/eda/fr/dfae.html)

Ministère des Affaires étrangères du Canada (www.voyage.gc.ca)

Offices du tourisme

La Toile regorge de renseignements actualisés sur New York. Sur place, vous pouvez aussi vous rendre dans l'un des bureaux officiels du **NYC Information Center** (fr.nycgo.com) comme à **Times Square** (☎212-484-1222 ; fr.nycgo.com ; Broadway Plaza, entre W 43rd St et 44th St ; ⊙8h-20h ; Ⓢ N/Q/R/W, S, 1/2/3, 7, A/C/E jusqu'à Times Sq-42nd St) ou à **Macy's Herald Square** ☎212-484-1222 ; 151 W 34th St, au niv de Broadway ; ⊙10h-22h lun-sam, jusqu'à 21h dim ; Ⓢ B/D/F/M, N/Q/R/W jusqu'à 34th St-Herald Sq).

Portails touristiques par quartiers

Les quartiers les plus prisés ont aussi leur site Internet :

Brooklyn (www.explorebk.com)

Chinatown (www.explorechinatown.com)

SoHo (www.sohonyc.com)

Williamsburg (www.freewilliamsburg.com)

Problèmes juridiques

Si vous êtes arrêté, vous avez le droit de garder le silence. Il n'y a pas d'obligation légale de parler à un policier, d'autant plus que tout ce que vous direz "peut être et sera retenu contre vous", mais ne vous éloignez pas sans en avoir reçu l'autorisation. Toute personne arrêtée a le droit de passer un appel téléphonique. Si vous n'avez ni avocat ni membre de votre famille pour vous aider, appelez votre consulat. La police vous donnera son numéro si vous le lui demandez.

Santé

Avant de partir, contactez votre assurance santé pour connaître les détails de la couverture hors de votre pays. Il est conseillé aux touristes étrangers de souscrire une assurance voyage couvrant les problèmes de santé aux États-Unis, car les soins non urgents peuvent s'avérer très coûteux. Pour prendre rendez-vous à l'hôpital, urgence mise à part, vous devrez prouver que vous êtes assuré ou que vous pouvez régler en espèces. Même si vous êtes assuré, vous devrez probablement avancer les frais en cas de soins non urgents, avant de batailler avec votre assurance pour vous faire rembourser.

Les services d'urgence peuvent être stressants et lents (sauf cas d'urgence absolue). Évitez-les si vous avez accès à d'autres services médicaux.

Travel MD (212-737-1212 ; www.travelmd.com). Services médicaux 24h/24 pour les touristes à New York, prise de rendez-vous pour une visite du médecin à votre hôtel.

Bellevue Hospital Center (☎212-562-4141 ; www.nychealthandhospitals.org/bellevue ; 462 1st Ave, près de 27th St, Midtown East ; Ⓢ6 jusqu'à 28th St)

Tisch Hospital (New York University Langone Medical Center ; ☎212-263-5800 ; www.nyulangone.org/locations/tisch-hospital ; 550 1st Ave ; ⊙24h/24)

Lenox Hill Hospital (☎212-434-2000 ; www.northwell.edu/

find-care/locations/lenox-hill-hospital ; 100 E 77th St, au niv de Lexington Ave ; ⏲24h/24 ; S 6 jusqu'à 77th St)

Téléphone

Les numéros de téléphone des États-Unis commencent par un indicatif régional à 3 chiffres, suivi des 7 chiffres du numéro.

Indicatifs de New York

Quel que soit l'endroit d'où vous appelez à New York, même si c'est de l'autre côté de la rue, vous devez *toujours* composer 10 chiffres : 1 + l'indicatif régional à 3 chiffres + le numéro à 7 chiffres de votre correspondant.

Areas codes de New York :

Manhattan ☎212, 646

Boroughs périphériques ☎347, 718, 929

Ensemble des boroughs (téléphones portables généralement). ☎917

Appels internationaux

Pour appeler à New York depuis l'étranger, composez le code d'accès international ☎00, puis le 1, l'indicatif régional et le numéro à 7 chiffres de votre correspondant.

Pour appeler de New York vers l'étranger, composez le code d'accès international ☎011, puis l'indicatif du pays (33 pour la France, 32 pour la Belgique, 41 pour la Suisse et 1 pour le Canada), l'indicatif régional, et le numéro de votre correspondant sans le 0 initial. Le ☎011 n'est pas nécessaire pour appeler au Canada.

Téléphones mobiles

Les étrangers peuvent insérer une carte SIM locale dans leur smartphone si ce dernier est débloqué ou acheter un téléphone américain bon marché avec un forfait prépayé. Certains opérateurs ne facturent pas de frais d'itinérance à l'international : renseignez-vous avant de partir.

Urgences et numéros utiles

Annuaire local	☎411
Services et renseignements municipaux	☎311
Annuaire national	☎212-555-1212
Pompiers, police et ambulance	☎911

Toilettes

La ville manque de toilettes publiques. Vous en trouverez néanmoins à Grand Central Terminal, Penn Station, à la gare routière de Port Authority, ainsi que dans les parcs, notamment Madison Square Park, Battery Park, Tompkins Sq Park, Washington Sq Park et Columbus Park à Chinatown, sans oublier tous les WC éparpillés dans Central Park. Voir sur www.nycgovparks.org/facilities/bathrooms pour connaître tous les emplacements. Vous pouvez aussi faire une halte dans un Starbucks (on en trouve un tous les 3 *blocks*) ou un grand magasin (Macy's, Century 21, Bloomingdale's).

TVA et détaxe

Dans les restaurants et boutiques, les prix affichés sont toujours hors taxes. La TVA étant à 8,875%, attention à ne pas commander le menu à 14,99 $ si vous n'avez que 15 $ sur vous ! Les chambres d'hôtel de la ville de New York sont soumises à une taxe de 14,75%, ainsi qu'à une taxe de séjour fixe de 3,50 $ par nuit. Le montant de la TVA varie d'un État à l'autre, et le touriste étranger ne peut donc bénéficier d'aucune détaxe aux États-Unis.

Transports

Depuis/vers New York

Avec ses 3 aéroports, ses deux gares principales et son gigantesque terminal de bus, New York déroule le tapis rouge aux quelques millions de visiteurs qui s'y rendent chaque année.

Des vols directs sont disponibles au départ de la plupart des grandes villes américaines et internationales. Comptez 8 heures de Paris ou 1 heure 30 depuis Montréal. Pour ceux d'entre vous se trouvant déjà aux États-Unis, envisagez de rallier New York en train, plutôt qu'en voiture ou en avion, afin de profiter d'une palette de paysages bucoliques et urbains ; du même coup, vous éviterez les embouteillages et les contrôles de sécurité sans augmenter les émissions de CO_2 !

Voie aérienne

John F. Kennedy International Airport

Le **John F. Kennedy International Airport** (JFK ; ☎718-244-4444 ; www.jfkairport.com ; Ⓢ A jusqu'à Howard Beach, E, J/Z jusqu'à Sutphin Blvd-Archer Ave puis l'AirTrain) est situé à 24 km de Midtown, dans le sud-est du Queens. Ses 6 terminaux actifs accueillent près de 59 millions de passagers chaque année, en provenance du monde entier. L'AirTrain (gratuit depuis l'aéroport) permet d'aller d'un terminal à l'autre.

Bus Express

De JFK, le **NYC Express Bus** (anciennement NYC Airporter ; www.nycairporter.com) dessert Grand Central Terminal ou le Port Authority Bus Terminal, entre 11h et 19h. Le tarif aller coûte 19 $. Les tickets s'achètent (espèces ou carte bancaire) dans le hall des arrivées (panneaux rouges). Repérez les bus Golden Touch noirs à l'extérieur des terminaux 1, 4, 7 et 8. Depuis les terminaux 2 et 5, prenez le AirTrain (gratuit) pour rejoindre l'un de ces terminaux.

Long Island Railroad (LIRR)

C'est le moyen le plus décontracté de rejoindre la ville. De l'aéroport, prenez l'AirTrain (5 $, à payer en sortant) et descendez à Jamaica Station. De là, les trains du LIRR desservent fréquemment Penn Station, à Manhattan, ou Atlantic Terminal, à Brooklyn (près de Fort Greene, Boerum Hill et le Barclay Center). Le trajet prend environ 20 minutes d'une station à l'autre. Le billet aller pour Penn Station ou Atlantic Terminal coûte 7,50 $ (10,25 $ aux heures de pointe). Ils circulent tous les jours, 24h/24. Départs toutes les 3 à 30 minutes.

Métro

Le métro est le moyen le moins coûteux, mais aussi le plus lent, pour rejoindre Manhattan. De l'aéroport, prenez l'AirTrain (5 $, à régler à la sortie) et descendez à Sutphin Blvd-Archer Ave (Jamaica Station), où vous trouverez les lignes E, J et Z (ainsi que le Long Island Rail Road). Pour rallier la ligne A, prenez l'AirTrain jusqu'à la station Howard Beach. La ligne E à destination de Midtown est celle qui compte le moins d'arrêts. Comptez un peu plus d'une heure pour Midtown. Circule tous les jours, 24h/24. Départs toutes les 4 à 12 minutes. Les billets s'achètent (espèces ou carte bancaire) aux distributeurs à l'entrée.

Minibus et navettes

Les minibus collectifs, comme ceux de **Super Shuttle Manhattan** (www.supershuttle.com), coûtent de 20 à 26 $ par personne, en fonction de la destination. Entre New York et l'aéroport, les prestataires proposent un tarif fixe d'environ 50 $. Le minibus est une bonne

Avertissement

Les informations contenues dans ce chapitre sont particulièrement susceptibles de changements. Vérifiez directement auprès de la compagnie aérienne ou de l'agence de voyages les modalités d'utilisation de votre billet d'avion. N'hésitez pas à comparer les prestations. Les détails fournis ici doivent être considérés à titre indicatif et ne remplacent en rien une recherche personnelle attentive.

option pour les voyageurs solo et à petit budget, mais il vous faudra peut-être attendre 30 à 45 minutes pour être pris en charge une fois vos bagages récupérés et votre demande faite. Les tickets s'achètent (espèces ou carte bancaire) au comptoir dans le hall de réception des bagages.

Taxi

Un taxi jaune fera marcher son compteur pour relier Manhattan à l'aéroport. Le prix de la course (souvent d'environ 60 $) dépend de la circulation. Depuis JFK, les taxis demandent un prix fixe de 52 $ pour se rendre à Manhattan (péage et pourboire en sus) et le trajet dure 45 à 60 minutes quel que soit votre point de chute. Depuis/vers Brooklyn, comptez entre 45 $ (Coney Island) et 62 $ (centre de Brooklyn). Les stations sont situées à la sortie de chaque terminal. CB acceptées.

Pour les courses partagées, Lyft et Uber sont les meilleures applications. Juno et Via proposent aussi des trajets depuis l'aéroport. La plupart des applis détectent votre terminal et vous permettent de choisir le lieu exact de prise en charge. Il y a souvent du monde, guettez votre chauffeur. Le coût et la durée de la course dépendent de l'heure, de la circulation et des conditions météo (45 à 60 min 40-70 $).

LaGuardia Airport

Dévolu aux vols intérieurs, **LaGuardia** (LGA ; ✆718-533-3400 ; www.laguardiaairport.com ; 🚌M60, Q70) est à seulement 13 km du centre de Manhattan. Il voit passer près de 30 millions de passagers par an. Le réaménagement tant attendu de son terminal a débuté. Il devrait être achevé en 2021.

Taxi

La course depuis/vers Manhattan coûte environ 42 $ et dure 30 minutes. Il s'agit du prix au compteur. Les tarifs via les applications Lyft et Uber varient.

Navette

Un service de navettes pour LaGuardia coûte environ 44 $. Retrouvez tous les renseignements sur le site Internet de l'aéroport.

Bus Express

Le bus **NYC Express** coûte 16 $ et dessert Grand Central et le Port Authority Bus Terminal.

Transports en commun

LaGuardia est l'aéroport le moins accessible par les transports en commun. En métro, la meilleure option est la station 74th St-Broadway (ligne 7, ou lignes E, F, M et R en changeant à Jackson Heights-Roosevelt Ave), dans le Queens. De là, prenez la nouvelle ligne de bus Q70 Express Bus jusqu'à l'aéroport (environ 10 min). Vous pouvez aussi prendre le bus M60 depuis plusieurs stations de métro dans le nord de Manhattan et Harlem, ou depuis la station Astoria Blvd (Hoyt Ave et 31st St) sur les lignes N/W du métro.

Voyages et changements climatiques

Tous les moyens de transport fonctionnant à l'énergie fossile génèrent du CO_2 – la principale cause du changement climatique induit par l'homme. L'industrie du voyage est aujourd'hui dépendante des avions. Si ceux-ci ne consomment pas nécessairement plus de carburant par kilomètre et par personne que la plupart des voitures, ils parcourent en revanche des distances bien plus grandes et relâchent quantité de particules et de gaz à effet de serre dans les couches supérieures de l'atmosphère. De nombreux sites Internet utilisent des "compteurs de carbone" permettant aux voyageurs de compenser le niveau des gaz à effet de serre dont ils sont responsables par une contribution financière à des projets respectueux de l'environnement. Lonely Planet "compense" les émissions de tout son personnel et de ses auteurs.

À l'aéroport

John F. Kennedy International Airport

Restez connecté

Réseau Wi-Fi de l'aéroport "_Free JFK WiFi" offre un accès Wi-Fi en illimité.

Carte SIM Si ce n'est pas urgent, achetez votre SIM en ville, les tarifs seront plus avantageux. À l'aéroport JFK, regardez aux distributeurs dans le hall de réception des bagages et celui des arrivées, ou rendez-vous dans la boutique AT&T du terminal 4. Pour un meilleur réseau, choisissez AT&T, T-Mobile ou Verizon. Le forfait touriste de T-Mobile est intéressant. Vérifiez auprès d'un vendeur que votre téléphone est compatible avec le réseau de l'opérateur (GSM, LTE ou CDMA). Votre téléphone doit être débloqué.

Argent

DAB Ils sont nombreux dans l'aéroport. Quelque 200 $/pers devraient couvrir les frais de transport et les repas pour 2 ou 3 jours.

Bureaux de change Présents dans le hall des arrivées, les galeries commerçantes et les aires de restauration de tous les terminaux. Les taux seront souvent plus intéressants dans le centre-ville.

Newark Liberty International Airport

Restez connecté

Réseau Wi-Fi de l'aéroport Connectez-vous à "_Free EWR WiFi" et sélectionnez "Free Unlimited WiFi".

Carte SIM Si ce n'est pas urgent, achetez votre SIM en ville. À l'aéroport, demandez le forfait touriste de T-Mobile chez InMotion, au terminal A, B ou C.

Newark Liberty International Airport

Quand vous vous renseignez sur les tarifs des vols à destination de New York, n'oubliez pas le New Jersey. Situé à 26 km de Midtown – soit la même distance que JFK –, **Newark** (EWR ; ☎973-961-6000 ; www.newarkairport.com) attire beaucoup de New-Yorkais (près de 36 millions de passagers par an) et est une plaque tournante pour United Airlines. Le terminal A devrait être entièrement transformé d'ici 2022.

Bus Express

Le **Newark Liberty Airport Express** (www.newarkairportexpress.com) assure un service de bus jusqu'aux Port Authority Bus Terminal, Bryant Park et Grand Central Terminal à Midtown (17 $ l'aller). Le trajet dure 45 minutes ; départ toutes les 20 minutes de 6h45 à 23h15 et toutes les 30 minutes de 4h15 à 9h et de 23h à 2h20.

Métro/train

Le moins cher et le plus rapide (25 à 30 min pour rejoindre la gare de Penn, 13 $). Prenez l'AirTrain jusqu'à l'arrêt Newark Liberty Airport, puis le train Amtrak jusqu'à New York Penn Station (ne confondez pas avec Newark Penn Station). Circule de 5h à minuit tous les jours, 4 à 6 fois par heure. Service de navette de nuit, avec correspondance. Les billets s'achètent au guichet ou aux automates. Le prix comprend le trajet en AirTrain.

NJ Transit (www.njtransit.com) assure aussi des liaisons par train (avec une connexion par AirTrain ; 5,50 $) entre Newark (EWR) et New York (Penn Station) pour 13 $ l'aller. Le trajet dure 25 minutes, avec des départs toutes les

20 à 30 minutes entre 4h20 et 1h40. Conservez précieusement votre billet, que vous devrez présenter en descendant à l'aéroport.

Navette

Un service de navettes demande environ 50 à 70 $ depuis Midtown (45 min de trajet) ; un taxi coûte à peu près autant. Pour entrer dans New York par le Lincoln Tunnel (au niveau de 42nd St), le Holland Tunnel (au niveau de Canal St) ou par le George Washington Bridge plus au nord, comptez la jolie somme de 15 $; le retour vers le New Jersey est gratuit. Vous pouvez éviter les (modiques) péages des autoroutes du New Jersey en demandant à votre chauffeur de prendre les Hwy 1 ou 9.

Agences en ligne et comparateurs de vols

- www.bourse-des-vols.com
- www.ebookers.fr
- www.expedia.fr
- www.govoyages.com
- www.illicotravel.com
- www.kayak.fr
- www.opodo.fr
- www.oui.sncf
- www.partirou.com
- www.skyscanner.fr
- voyages.kelkoo.fr

Taxi et course partagée

La course dure 45 à 60 min et coûte 50-70 $. Pour les courses partagées, suivez, depuis le hall d'arrivée, les panneaux indiquant Ground Transportation/Passenger Pick-Up. Indiquez votre terminal et numéro de porte dans l'application.

Depuis/vers la France

Au départ de Paris, comptez en moyenne 8 heures de vol à l'aller et 7 heures au retour. Les tarifs varient beaucoup selon la période de l'année, de 300 € en basse saison (comptez plutôt 500 € avec des compagnies comme Air France, American Airlines ou United Airlines) à 600 €, voire plus, en haute saison.

Les compagnies ci-dessous assurent des vols réguliers, fréquents et directs vers New York, à des prix d'autant plus intéressants que vous anticiperez l'achat de votre billet :

Air France (www.airfrance.fr)

American Airlines (www.americanairlines.fr)

United (www.united.com)

Lufthansa (www.lufthansa.com/fr)

XL Airways (www.xl.com)

La compagnie à bas prix **Norvegian** (www.norwegian.com/fr) assure des vols directs depuis Paris-CDG vers New York tous les jours à des prix intéressants. La compagnie **Level** (www.flylevel.com/fr), basée à Madrid, propose 4 vols directs à destination de New York depuis Paris (Orly).

Si vous souhaitez voyager en classe affaires, la jeune compagnie française dédiée aux voyages d'affaires, **La Compagnie** (www.lacompagnie.com/fr), née en 2014, officie sur le secteur des vols Paris-New York en classe affaires à moindre coût.

Depuis/vers la Belgique

Depuis la Belgique, les tarifs sont peu ou prou identiques à ceux pratiqués en France. Outre la compagnie belge **Brussels Airlines** (www.brusselsairlines.com/fr-fr/) ou **United** (www.united.com), vous pouvez vous adresser aux agences **Airstop** (www.airstop.be/fr) ou **Connections** (www.connections.be/fr-be).

Depuis/vers la Suisse

Deux compagnies assurent deux vols quotidiens directs (comptez 8 heures 45 de trajet) entre Genève et New York : **Swiss** (www.swiss.com) et **United** (www.united.com). Les autres compagnies proposent des vols avec escale. Selon la saison, vous pourrez trouver des billets aller-retour directs au départ de Genève à partir de 400 FS. L'agence de voyages **STA Travel** (fr.statravel.ch) vous renseignera.

Depuis/vers le Canada

Pour parcourir les 523 km qui séparent Montréal de New York, comptez en

Depuis le Canada en train, en bus ou en voiture

Depuis le Canada, vous pouvez opter pour un voyage en train jusqu'à New York. Comptez 10 heures 30 depuis Montréal, pour un trajet confortable qui vous permettra de découvrir de splendides paysages (à partir de 70 $ l'aller simple). Renseignez-vous auprès de l'**Amtrak** (www.amtrak.com).

Le bus est une option parfois plus chère (à partir de 95 $ l'aller depuis Montréal ; 9 heures 20) et plus fatigante. Consultez le site Internet de la compagnie **Greyhound** (www.greyhound.ca).

Enfin, en voiture, il faut prendre l'autoroute 15 Sud depuis le Québec, puis, après la douane, suivre la New York State Thruway (autoroute 87), payante. Le George Washington Bridge donne accès directement à Manhattan. Ce trajet dure environ 6 heures 30.

moyenne 1 heure 30 de vol. Les tarifs commencent à 180 $C l'aller-retour pour un vol direct.

Air Canada (www.aircanada.com)

American Airlines (www.aa.com)

Delta Airlines (www.delta.com)

United (www.united.com)

Reportez-vous à l'encadré ci-dessus pour les moyens de transport terrestres.

Circuits organisés

Il peut être intéressant, d'un point de vue financier et pratique, de réserver un séjour à New York, avec hébergement et vol compris. Des agences spécialisées sur la ville inscrivent aussi à leur catalogue des séjours à thèmes, qui se doublent de circuits de découverte permettant de découvrir au mieux la Grosse Pomme.

Back Roads (☎01 43 22 65 65 ; www.backroads.fr ; 14 place Denfert-Rochereau, 75014 Paris). Séjours, circuits accompagnés, autotours ou croisières.

Comptoir des États-Unis et des Bahamas (☎01 85 08 23 53 ; www.comptoir.fr ; 2-18 rue Saint-Victor, 75005 Paris). Séjours et week-ends à New York ou voyages itinérants sur la côte Est.

Directours (☎01 45 62 61 26 ; www.directours.com ; 27 bd des Italiens, 75002 Paris). Séjours dans des hôtels soigneusement sélectionnés.

Equinoxiales (☎01 77 48 81 00 ; www.equinoxiales.fr ; 45 rue Galilée, 75116 Paris). Séjour ou autotours à New York.

Images du Monde (☎01 44 24 65 10 ; www.images-du-monde.com ; 14 rue de Siam, 75116 Paris). Voyages sur mesure aux États-Unis.

Jet-Set Voyages (☎01 53 67 13 13 ; www.jetset-voyages.fr ; 45 rue Galilée, 75116 Paris). Séjours et autotours à New York et sur la côte Est.

La Maison des États-Unis (☎01 84 25 43 63 ; www.maisonsduvoyage.com ; 3 rue Cassette, 75006 Paris). Séjours, croisières, circuits accompagnés ou voyages sur mesure.

Roots Travel (☎01 42 74 07 07 ; www.rootstravel.com ; 17 rue de l'Arsenal, 75004 Paris). Vol plus hébergement à New York.

Voyageurs du Monde (☎01 8 ; www.voyageursdumonde.fr). Séjours ou voyages itinérants.

Comment circuler

Le site Internet de la Metropolitan Transportation Authority (www.mta.info) donne des renseignements sur les transports publics (bus et métro), ainsi qu'un planificateur d'itinéraire pratique et des mises à jour régulières sur les retards et les itinéraires bis pendant les fréquents travaux de maintenance.

Bateau

NYC Ferry (www.ferry.nyc ; aller 2,75 $). En circulation sur East River depuis mai 2017 (à la place de l'ancien East River Ferry), ces ferrys relient Manhattan, Brooklyn, le Queens et le Bronx moyennant 2,75 $ (1 $ de plus pour embarquer un vélo). Dotés de bornes pour charger les portables et de petites boutiques, ils sont plus confortables que le métro. C'est un moyen de transport de plus en plus populaire et pittoresque pour atteindre Rockaway, dans le Queens.

NY Water Taxi (www.nywatertaxi.com). Ses bateaux jaunes rapides permettent de monter et de descendre aux arrêts proches de Manhattan (Pier 83 au niv de W 42th St ; Battery Park ; Pier 16 près de Wall St) et de Brooklyn (Pier 1 à Dumbo). Le billet pour la journée coûte 37 $. À ce prix, il sert plus à visiter la ville qu'à se déplacer.

Staten Island Ferry (www.siferry.com ; Whitehall Terminal, 4 Whitehall St, au niv de South St, Lower Manhattan ; 24h/24 ; S 1 jusqu'à South Ferry ; R/W jusqu'à Whitehall St ; 4/5 jusqu'à Bowling Green). GRATUIT Ce grand ferry orange vif et gratuit, destiné aux travailleurs circulant entre New York et Staten Island, effectue des traversées régulières. Même si vous vous contentez de remonter à bord à Staten Island, c'est un moyen formidable et romantique de profiter de la vue sur Lower Manhattan et la statue de la Liberté.

Bus

Les bus peuvent être pratiques pour traverser la ville ou couvrir de courtes distances quand vous n'avez pas envie de circuler sous terre. Le tarif est le même que celui du métro (2,75 $/trajet) payable avec une MetroCard ou en espèces (faites l'appoint en monnaie) quand vous montez à bord. Si vous payez avec une MetroCard, la correspondance bus-métro, bus-bus ou métro-bus est gratuite pendant 2 heures. Si vous avez des espèces, demandez au conducteur la correspondance (pour prendre un autre bus uniquement) quand vous payez.

Métro

Exploité par la Metropolitan Transportation Authority (www.mta.info), l'emblématique métro new-yorkais est bon marché (2,75 $ le billet et 32 $ le pass 7 jours, indépendamment de la distance parcourue), et fonctionne 24h/24. C'est aussi le moyen le plus rapide et le plus fiable pour se déplacer à New York. Il est aussi plus sûr et (légèrement) plus propre qu'autrefois. Le Wi-Fi est disponible et gratuit dans toutes les stations de métro.

Il est judicieux de se procurer un plan gratuit auprès des employés du métro. Les propriétaires de smartphone téléchargeront une application de transport (comme Citymapper, gratuite), avec plan de métro et notifications d'interruptions de service.

Taxi

Héler et prendre un taxi était jadis un rite de passage à New York. Mais tout cela a disparu avec l'omniprésence des applications comme Lyft et Uber. La plupart des taxis new-yorkais sont propres et très bon marché par rapport à ceux d'autres villes du monde.

La prise en charge est de 2,50 $ (premier 5e d'un mile, environ 300 m), à laquelle il faut ajouter 50 ¢ pour chaque 5e supplémentaire ou chaque minute supplémentaire si vous êtes dans un embouteillage, 1 $ aux heures de pointe (16h-20h en semaine), 50 ¢ la nuit (20h-6h), plus un supplément de l'État de 50 ¢ par course. Le coût des péages pour les ponts et les tunnels est à la charge du passager. Le pourboire est en moyenne de 10 à 15%, mais vous pouvez donner moins si vous n'avez pas trouvé le service à la hauteur ; demandez bien un reçu et notez dessus le numéro de licence du conducteur. Plus de détails sur www.nyc.gov/taxi.

Boro Taxi

Les "Green Boro Taxis", de couleur vert pomme, ont commencé à circuler dans tous les *boroughs* (hors Manhattan), ainsi que dans le nord de Manhattan. Cela permet aux visiteurs de héler un taxi dans les quartiers où les "yellow cabs" circulent rarement. Ils pratiquent les mêmes tarifs et sont un moyen pratique pour se déplacer dans ces *boroughs* (par exemple, entre les quartiers d'Astoria et de Williamsburg, ou de Park Slope à Red Hook). Les conducteurs de "Boro" rechignent à conduire des passagers

Le métro, mode d'emploi

Quelques astuces pour comprendre toute la folie du métro new-yorkais :
MetroCard Tous les bus et les métros sont accessibles avec la MetroCard jaune et bleue, que vous pouvez acheter ou recharger à l'un des nombreux automates présents dans toutes les stations. Vous pouvez utiliser des espèces ou une carte bancaire. Astuce : si vous n'habitez pas aux États-Unis, tapez 99999 quand l'écran vous demande votre code postal. La carte en elle-même coûte 1 $.
Chiffres, lettres, couleurs Chaque ligne de métro possède une couleur propre, plus une lettre ou un numéro. Sur la plupart des lignes circulent 2 à 4 trains de numéros différents.
Train express ou omnibus ? Sur une ligne de même couleur circulent à la fois des express et des omnibus (reconnaissables à leur cercle blanc sur le plan du métro). Les express ne s'arrêtent qu'à quelques stations à Manhattan.
Trouver la bonne entrée de station Certaines stations de métro ont une entrée pour les lignes en direction du sud et une autre pour celles qui vont vers le nord (lisez attentivement les panneaux). Si vous vous trompez – comme certains New-Yorkais –, vous pouvez soit monter dans le métro et changer à une station qui vous permet de le faire gratuitement, soit ressortir et payer à nouveau 2,75 $ pour entrer dans la même station (l'entrée se situe généralement en face de la sortie, de l'autre côté de la rue).
Affronter le week-end Attention, les règles changent le week-end. Des lignes fusionnent entre elles, certaines ne fonctionnent pas, des stations ne sont pas desservies... Les New-Yorkais peuvent être aussi perdus que les touristes. Consultez le site www.mta.info pour connaître les horaires du week-end. Parfois, aucun panneau d'information n'est visible avant d'arriver sur le quai.

dans Manhattan (bien qu'ils y soient légalement tenus), car ils ne sont pas autorisés à prendre des clients au sud de 96th St.

Vélo

Des centaines de kilomètres de pistes cyclables ont vu le jour ces 10 dernières années, et il existe un excellent réseau de vélos en libre-service, **Citi Bike** (www.citibikenyc.com). Des centaines de bornes accueillent les robustes bicyclettes bleu vif, à Manhattan et dans certains secteurs de Brooklyn. Tarifs raisonnables pour une utilisation de courte durée. Le nombre de vélos en circulation serait de 12 000.

Les touristes peuvent payer à l'unité (3 $) ou acheter un forfait (24 heures/3 jours 12/24 $ TTC) dans n'importe quelle station City Bike. Vous recevrez un code à 5 chiffres pour déverrouiller un vélo. Restituez votre vélo dans n'importe quelle station dans les 30 minutes pour éviter de payer un supplément. Insérez de nouveau votre carte bancaire (ce n'est pas facturé) et suivez les indications pour prendre un nouveau vélo. Avec un forfait, vous pouvez réaliser autant de trajets (de 30 min maximum) que vous le souhaitez. Le port du casque (non fourni) n'est pas obligatoire, mais fortement conseillé.

Voiture et moto

À moins de vouloir explorer les endroits les plus reculés des *boroughs* excentrés, circuler en voiture n'est pas une très bonne idée. Les garages peuvent être très chers et les places de stationnement difficiles à trouver. Si vous venez du New Jersey, les péages sont très coûteux. Contrairement à ce qui se fait dans la plupart des régions du pays, tourner à droite au feu rouge est interdit.

Langue

En raison de leur histoire – les colonisations et les vagues d'immigration successives –, les Américains pratiquent, pour la plupart d'entre eux, plusieurs langues. L'anglais est parlé dans tout le pays, mais n'a pas été désigné comme langue officielle des États-Unis. D'aucuns pensent qu'il faudrait remédier à cette situation, notamment ceux qui s'inquiètent de l'utilisation croissante de l'espagnol.

Pour aller plus loin

Indispensable pour mieux communiquer sur place : le *Guide de conversation Anglais*, de Lonely Planet. Pour réserver une chambre, lire un menu ou simplement faire connaissance, ce manuel permet d'acquérir les rudiments de l'anglais. Inclus : un minidictionnaire bilingue.

Formules de politesse

Les formules d'accueil sont des plus simples, avec les standards *hello*, *hi*, *good morning*, *good afternoon*, *how are you ?*. Plus familièrement, on s'interpelle par *hey*, *hey there* ou *howdy*. Les formules d'adieu sont, en comparaison plus variées, avec *bye*, *goodbye*, *bye-bye*, *see-ya*, *take it easy*, *later*, *take care*, *don't work too hard* et l'éternel *have a nice day*. Si les Américains sont avares de *please*, ils distribuent généreusement leurs *thank you*. Vous entendrez souvent *excuse me* à la place de *sorry*. Dans la conversation, l'interlocuteur émettra fréquemment des *mm-hmmm* ou *uh-huh* pour montrer qu'il ne dort pas, qu'il vous écoute et vous encourager ainsi à continuer. C'est un signe beaucoup plus stimulant que le circonspect *mmm*.

Certains locuteurs ne se satisfont pas de ces *uh-huh* enthousiastes et émaillent leur discours de *y'know* ou de *you hear what I'm saying ?*. Ces expressions n'appellent pas forcément de réponse.

Termes et expressions utiles

Tout le monde peut parler une langue étrangère, le tout est d'oser. La grammaire n'est pas essentielle pour se débrouiller sur place. Pour réserver une chambre, commander un plat ou simplement engager la conversation, voici quelques phrases basiques qui vous aideront à ne pas rester muet en toutes circonstances !

Premier contact

Bonjour. Hi.

Au revoir. Bye.

Comment allez-vous ? /Comment vas-tu ? How are you?

Bien, merci. Et vous ? /Bien, merci. Et toi ? Fine thanks, and you?

Je m'appelle... My name is...

Enchanté(e). Nice to meet you.

Voici mon compagnon /ma compagne. This is my partner.

À propos de vous

D'où venez-vous ? Where are you from?

Je viens de... I'm from...

Je suis marié(e). I'm married.

Je suis célibataire. I'm single.

Quel est votre/ton numéro de téléphone ? What's your phone number?

Quelle est votre/ton adresse e-mail ? What's your email address?

Engager la conversation

Quel est votre/ton métier ? What's your occupation?

Je suis employé(e) de bureau. I'm an office worker.

Je suis ouvrier/ouvrière. I work in a factory.

Je suis un homme d'affaires/ Je suis une femme d'affaires.
I'm a business person.

Je suis un(e) étudiant(e). I'm a student.

Je suis un(e) artiste. I'm an artist.

Quel âge avez-vous ? /Quel âge as-tu ? How old are you?

J'ai (25) ans. I'm (25) years old.

Aimes-tu l'art ? Do you like art?

Aimes-tu le sport ? Do you like sports?

Aimes-tu lire ? Do you like to read?

Aimes-tu danser ? Do you like to dance?

Aimes-tu voyager ? Do you like travelling?

Sensations

J'ai faim. I'm hungry.

J'ai froid. I'm cold.

J'ai chaud. I'm hot.

J'ai soif. I'm thirsty.

Comment te sens-tu ? You okay?

Transports

Est-ce le bus (pour Paris) ?
Is this the bus (to Paris)?

Est-ce l'avion (pour Paris) ?
Is this the plane (to Paris)?

Est-ce le train (pour Paris) ?
Is this the train (to Paris)?

C'est combien pour aller à... ?
How much is it to...?

Ce taxi est-il libre ?
Is this taxi free?

À quelle heure part-il ?
What time does it leave?

Où se trouve le centre-ville ?
Where is downtown?

Où puis-je trouver un hôtel ?
Where's a hotel?

Où se tient le marché ?
Where is a farmers' market?

Hébergement

Pouvez-vous me recommander un logement pas cher ?
Can you recommend somewhere cheap?

Pouvez-vous me recommander un logement de qualité ?
Can you recommend somewhere good?

Quel est le prix par nuit ?
How much is it per night?

Je voudrais réserver une chambre, s'il vous plaît.
I'd like to book a room, please.

Achats

Où est le supermarché ?
Where's the supermarket?

Où puis-je trouver une banque ?
Where's a bank?

Où puis-je acheter... ?
Where can I buy...?

Est-ce que je peux le voir ?
Can I look at it?

Quel est votre meilleur prix ?
What's your lowest price?

Pouvez-vous écrire le prix ?
Can you write down the price?

Puis-je avoir un reçu, s'il vous plaît ?
I'd like a receipt, please.

Photographie

Je voudrais une carte mémoire pour cet appareil.
I'd like a memory card for this camera.

Avez-vous un câble pour cet appareil ?
Do you have a cable for this camera?

Où puis-je trouver une batterie pour cet appareil ?
Where can I find a battery for this camera?

Je voudrais graver mes photos sur un CD.
I'd like to put my photos on a CD.

Combien coûte le tirage papier des photos de cette carte mémoire ?
How much is it to print out the photo on this memory card?

Quand cela sera-t-il prêt ?
When will it be ready?

Sortir

J'aimerais aller au cinéma.
I feel like going to the movies.

J'aimerais aller au théâtre.
I feel like going to the theatre.

J'aimerais aller à un concert.
I feel like going to a concert.

Où y a-t-il des discothèques ?
Where can I find clubs?

Où y a-t-il des lieux gays ?
Where can I find gay venues?

Où y a-t-il des pubs ?
Where can I find pubs?

Visites touristiques

Quand a lieu la prochaine excursion à la journée ?
When's the next day trip?

L'excursion dure combien de temps ?
How long is the tour?

L'entrée est-elle comprise dans le prix ?
Is the admission charge included?

À quelle heure doit-on rentrer ?
What time should we be back?

Où se restaurer et prendre un verre

Pouvez-vous me conseiller un restaurant ?
Can you recommend a restaurant?

Pouvez-vous me conseiller un café ?
Can you recommend a cafe?

Servez-vous des plats végétariens ?
Do you have vegetarian food?

Y a-t-il un restaurant végétarien par ici ?
Is there a vegetarian restaurant near here?

Je voudrais une table pour (5) personnes, s'il vous plaît.
I'd like a table for (five), please.

Y a-t-il un espace fumeurs ?
Is there a smoking area?

Pouvez-vous me conseiller un bar ?
Can you recommend a bar?

Faire ses courses

Combien coûte (un kilo) ?
How much is (a kilo)?

J'en voudrais (200) grammes.
I'd like (two hundred) grams.

J'en voudrais (6) tranches.
I'd like (six) slices.

Quelle est la spécialité locale ?
What's the local speciality?

Commander à manger/à boire

Puis-je avoir la carte des boissons, s'il vous plaît ?
I'd like to see the drinks list, please.

Puis-je avoir le menu, s'il vous plaît ?
I'd like the menu, please.

Qu'est-ce que vous me conseillez ?
What would you recommend?

Un café (avec du lait).
Coffee (with milk).

Un thé (avec du lait).
Tea (with milk).

L'addition, s'il vous plaît.
The check, please.

Au bar

Qu'est-ce que vous désirez ?
What would you like?

Je vous offre un verre.
I'll buy you a drink.

Une bière.
A beer.

Un verre de vin blanc.
A glass of white wine.

Un verre de vin rouge.
A glass of red wine.

Champagne.
Champagne.

Santé !
Cheers!

Santé

Au secours ! Help!

J'ai besoin d'un médecin qui parle français.
I need a doctor who speaks French.

Est-ce que je peux voir une femme médecin ?
Could I see a female doctor?

Je n'ai plus de médicaments.
I've run out of my medicine.

Où y a-t-il un dentiste par ici ?
Where's the nearest dentist?

Où est l'hôpital le plus proche ?
Where's the nearest hospital?

Où y a-t-il une pharmacie de garde par ici ?
Where's a 24-hour pharmacy?

En coulisses

Remerciements

À nos lecteurs

Merci à tous les voyageurs qui ont utilisé la dernière édition de ce guide et qui nous ont écrit pour nous faire part de leurs conseils, de leurs suggestions et de leurs anecdotes :

A Aymeric et Charlotte **B** Françoise Ben Kemoun **K** Emilie Kaczmarek **L** Stephanie Lo **P** Stéphanie Poche **R** Sabrina Robier Guillerez

Crédits photographiques

Photo de couverture : Brooklyn Bridge, Antonino Bartuccio/4Corners ©

À propos de ce guide

Cette 5e édition française du guide *L'Essentiel de New York* est une traduction-adaptation de la 4e édition du guide Lonely Planet *Best of New York City* (en anglais) rédigé par Lorna Parkes, Hugh McNaughtan et Regis St Louis. La précédente édition était l'œuvre de Ali Lemer, Robert Balkovich, Ray Bartlett et Regis St Louis.

Traduction Antoine Thibault, Louise Cabannes et Sophie Lecoq

Direction éditoriale Didier Férat

Adaptation française Cécile Bertolissio

Responsable prépresse Jean-Noël Doan

Maquette Christian Deloye

Cartographie Cartes originales de Alison Lyall, adaptées en français par Eduardo Yanes-Blanch

Couverture Couverture originale de Brendan Dempsey-Spencer, adaptée en français par Laure Wilmot

Merci à Céline Raux-Samaan pour son travail sur le texte, à Sylvie Rabuel pour sa relecture attentive et à Olympe Richez pour sa préparation du manuscrit. Un grand merci à Dominique Spaety pour son soutien et à toute l'équipe du bureau de Paris. Merci à Clare Mercer et Imogen Harrison du bureau de Londres, et à Glenn van der Knijff, Jacqui Saunders et Brad Smith du bureau australien.

Vos réactions ?

Vos commentaires nous sont très précieux et nous permettent d'améliorer constamment nos guides. Notre équipe lit toutes vos lettres avec la plus grande attention. Nous ne pouvons pas répondre individuellement à tous ceux qui nous écrivent, mais vos commentaires sont transmis aux auteurs concernés. Tous les lecteurs qui prennent la peine de nous communiquer des informations sont remerciés dans l'édition suivante, et ceux qui nous fournissent les renseignements les plus utiles se voient offrir un guide.

Pour nous faire part de vos réactions, prendre connaissance de notre catalogue et vous abonner à notre newsletter, consultez notre site Internet : **www.lonelyplanet.fr**

Nous reprenons parfois des extraits de notre courrier pour les publier dans nos produits, guides ou sites Web. Si vous ne souhaitez pas que vos commentaires soient repris ou que votre nom apparaisse, merci de nous le préciser. Notre politique en matière de confidentialité est disponible sur notre site Internet.

Index

Comment utiliser ce guide

Ces symboles vous aideront à identifier les différentes rubriques :

- À voir
- Activités
- Cours
- Circuits organisés
- Fêtes et festivals
- Où se restaurer
- Où prendre un verre
- Où sortir
- Achats
- Renseignements et transports

Ces symboles vous donneront des informations essentielles au sein de chaque rubrique :

- Adresses écoresponsables
- GRATUIT Sites libres d'accès
- Numéro de téléphone
- Heures d'ouverture
- Parking
- Non-fumeur
- Climatisation
- Accès Internet
- Wi-Fi
- Piscine
- Bus
- Ferry
- Tramway
- Train
- Végétarien
- Familles bienvenues

Choisissez des lieux sur mesure grâce aux symboles suivants :

- Petits prix
- Gastronomie
- Prendre un verre
- Vélo
- Sports
- Art et culture
- Fêtes et festival
- Sites photogéniques
- Paysages
- En famille
- Excursion
- Détour
- Randonnée
- 100% local
- Histoire
- Sortir
- Plages
- Café
- Faune et flore
- Scène LGBT
- Hébergement
- Transports
- Activités aquatiques
- Infos pratiques

À voir

- Cave/vignoble
- Château
- Église
- Monument
- Mosquée
- Musée/galerie/édifice historique
- Plage
- Réserve ornithologique
- Ruines
- Synagogue
- Temple bouddhiste
- Temple confucéen
- Temple hindou
- Temple jaïn
- Temple shintoïste
- Temple sikh
- Temple taoïste
- Zoo/réserve animalière
- Autre site

Achats

- Magasin

Activités

- Bodysurfing
- Canoë/kayak
- Cours/circuits organisés
- Plongée/snorkelling
- Randonnée
- Sentō (bain public)
- Ski
- Snorkelling
- Surf
- Piscine/baignade
- Planche à voile
- Autres activités

Où se loger

- Camping
- Hébergement

Où se restaurer

- Restauration

Où prendre un verre

- Bar
- Café

Où sortir

- Salle de spectacle

Renseignements

- Accès Internet
- Ambassade/consulat
- Banque
- Bureau de poste
- Centre téléphonique
- Hôpital/centre médical
- Office du tourisme
- Police
- Toilettes
- Autre adresse pratique

Géographie

- Aire de pique-nique
- Cascade
- Col
- Montagne/volcan
- Oasis
- Parc
- Phare
- Plage
- Point de vue
- Portail
- Refuge/gîte

Transports

- Aéroport
- Bart
- Bus
- Ferry
- Gare/chemin de fer
- Métro/MRT/Tube Station
- Monorail
- Parking
- Piste cyclable
- Poste frontière
- Station-service
- Subway
- T/T-Bane
- Taxi
- Téléphérique/funiculaire
- Tramway
- U-Bahn
- Autre moyen de transport

Cyclistes à Central Park (p. 36)

Plans de New York

Lower Manhattan
SoHo, East et West Villages et Chinatown (p. 262)
Brooklyn (p. 272)
0,5 mile
1 km
One World Trade Center
National September 11 Memorial & Museum
Brooklyn Bridge
Statue de la Liberté
Ellis Island
(1,8 km)
(2,7 km)
Governors Island (400 m)
Ferry pour la statue de la Liberté et Ellis Island
Ferry pour Hoboken (New Jersey)
NYC Ferry from Dumbo
Hudson River
East River
New York Harbor
TWO BRIDGES
LOWER MANHATTAN
BATTERY PARK CITY
Nelson A Rockefeller Park
Battery Park City Esplanade
Washington Market Community Park
Robert F Wagner Jr Park
Bowling Green
Peter Minuit Plaza
Vietnam Veterans Plaza
Fulton Market Building
Pier A
Pier 4 Beach
Pier 6
Pier 11
Pier 15
Pier 16
West Side Hwy
Broadway
Park Row
South St
Chambers St
Church St
Warren St
Murray St
Park Pl
Park Place
Greenwich St
Vesey St
North End Ave
Albany St
Rector Pl
Rector St
Carlisle St
Thames St
W Thames St
3rd Pl
2nd Pl
1st Pl
Cedar St
Liberty St
Cortlandt St
World Trade Center
Fulton St
Ann St
Nassau St
John St
William St
Gold St
Beekman St
Pearl St
Water St
Front St
Dover St
Maiden La
Pine St
Wall St
Broad St
New St
Beaver St
Bridge St
State St
Whitehall St
Old Slip
Centre St
City Hall
Ave of the Finest
Chambers St/ Brooklyn Bridge-City Hall
South Ferry
1
2
3
4
5
6
7
8
9
10
11
12
13
14
15
16
17
18
19
20
A
B
C
D
E
F

Lower Manhattan

À voir
1 Battery Park C4
2 Brooklyn Bridge F2
3 Museum of Jewish Heritage C4
4 National Museum of the American Indian D3
5 National September 11 Memorial Museum C2
One World Observatory .... (voir 6)
6 One World Trade Center C2
7 South Street Seaport District E2
8 South Street Seaport Museum E2
9 St Paul's Chapel D2
10 Trinity Church C3
11 Woolworth Building D1

Activités
12 Staten Island Ferry D4

Shopping
13 Century 21 .... C2
14 Philip Williams Posters C1

Où se restaurer
15 Brookfield Place C2
Hudson Eats .... (voir 15)
Le District .... (voir 15)

Où prendre un verre et faire la fête
16 Bluestone Lane D3
17 Cowgirl SeaHorse E2
18 Dead Rabbit D3
19 Kaffe 1668 South C1
20 Pier A Harbor House C4

SoHo, East et West Villages et Chinatown

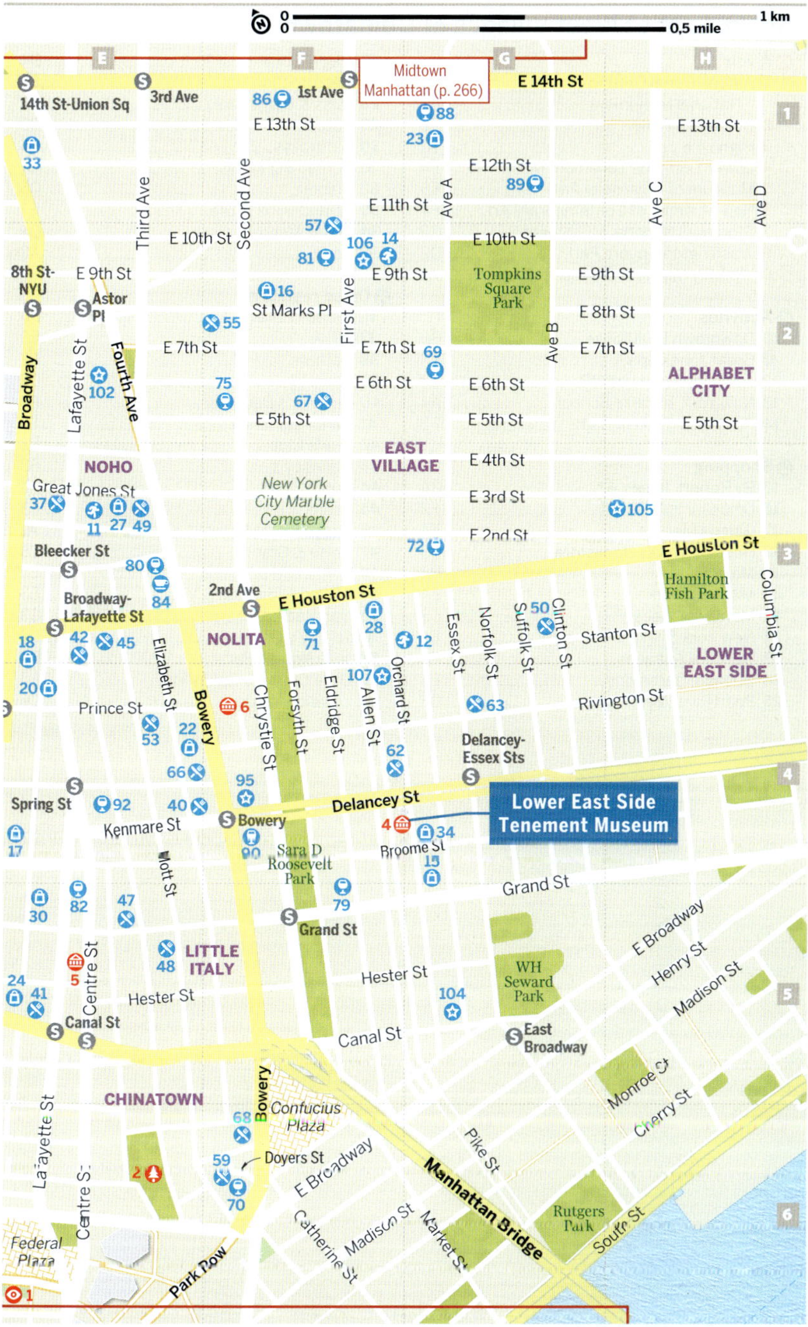
0
1 km
0
0,5 mile
E
F
G
H
1
2
3
4
5
6
Midtown Manhattan (p. 266)
E 14th St
14th St-Union Sq
3rd Ave
1st Ave
E 13th St
E 12th St
E 11th St
E 10th St
E 9th St
St Marks Pl
E 8th St
E 7th St
E 6th St
E 5th St
E 4th St
E 3rd St
E 2nd St
E Houston St
Third Ave
Second Ave
First Ave
Ave A
Ave B
Ave C
Ave D
8th St-NYU
Astor Pl
Broadway
Lafayette St
Fourth Ave
Tompkins Square Park
ALPHABET CITY
EAST VILLAGE
NOHO
Great Jones St
New York City Marble Cemetery
Bleecker St
Broadway-Lafayette St
2nd Ave
NOLITA
Hamilton Fish Park
Columbia St
Stanton St
LOWER EAST SIDE
Rivington St
Elizabeth St
Bowery
Chrystie St
Forsyth St
Eldridge St
Allen St
Orchard St
Essex St
Norfolk St
Suffolk St
Clinton St
Prince St
Delancey-Essex Sts
Delancey St
Spring St
Kenmare St
Mott St
Lower East Side Tenement Museum
Broome St
Sara D Roosevelt Park
Grand St
LITTLE ITALY
Centre St
Hester St
Canal St
WH Seward Park
East Broadway
E Broadway
Henry St
Madison St
CHINATOWN
Confucius Plaza
Doyers St
Monroe St
Cherry St
Pike St
Manhattan Bridge
Catherine St
Market St
Rutgers Park
South St
Federal Plaza
Park Row
1
2
4
5
6
11
12
14
15
16
17
18
20
22
23
24
27
28
30
33
34
37
40
41
42
45
47
48
49
50
53
55
57
59
62
63
66
67
68
69
70
71
72
75
79
80
81
82
84
86
88
89
90
92
95
102
104
105
106
107

SoHo, East et West Villages et Chinatown

À voir

1 African Burial Ground National Monument E6
2 Columbus Park E6
3 High Line A1
4 Lower East Side Tenement Museum F4
5 Museum of Chinese in America E5
6 New Museum of Contemporary Art F4
7 Stonewall National Monument C2
8 Washington Square Park D2
9 Whitney Museum of American Art A1

Activités

10 Downtown Boathouse B6
11 Great Jones Spa E3
12 Jump into the Light VR G3
13 New York Trapeze School A4
14 Russian & Turkish Baths F2

Shopping

15 By Robert James G4
16 Dinosaur Hill F2
17 Galeria Melissa E4
18 Housing Works Bookstore E3
19 Meadow B2
20 MiN New York E4
21 Murray's Cheese C3
22 New York Shaving Company E4
23 Obscura Antiques G1
24 Opening Ceremony E5
25 Pearl River Mart D5
26 Rag & Bone D4
27 Resurrection E3
28 Russ & Daughters F3
29 Saturdays B2
30 Saturdays E5
31 Screaming Mimis B1
32 Shinola C6
33 Strand Book Store E1
34 Tictail Market G4
35 Yoya A2

Où se restaurer

36 Arcade Bakery D6
37 ATLA E3
38 Barbuto A2
39 Blue Hill C2
40 Butcher's Daughter E4
41 Canal St Market E5
42 Chefs Club E3
43 Chumley's B3
44 Dutch D4
45 Estela E3
46 Gansevoort Market A1
47 Gelso & Grand E5
48 Golden Steamer E5
49 Il Buco Alimentari & Vineria E3
50 Ivan Ramen G3
51 Jeffrey's Grocery C2
52 JeJu Noodle Bar B3
53 Little Cupcake Bakeshop E4
54 Locanda Verde C6

55 Mamoun's F2
56 Marc Forgione C6
57 Momofuku Noodle Bar F2
58 Nix D1
59 Nom Wah Tea Parlor F6
60 RedFarm B2
61 Rosemary's C2
62 Russ & Daughters Cafe F4
63 Supermoon Bakehouse G4
64 Tiny's & the Bar Upstairs D6
65 Two Boots Pizza B1
66 Uncle Boons E4
67 Upstate F2
68 Xi'an Famous Foods F6

Où prendre un verre et faire la fête

69 Amor y Amargo G2
70 Apothéke F6
71 Bar Goto F3
72 Berlin G3
73 Brandy Library C5
74 Buvette B3
75 Cock F2
76 Cubbyhole B1
77 Ear Inn B4
78 Employees Only B2
79 Flower Shop F5
80 Ghost Donkey E3
81 Immigrant F2
82 La Compagnie des Vins Surnaturels E5
83 Le Bain A1
84 Mamacha E3
85 Marie's Crisis B2
86 Nowhere F1
87 Pegu Club D3
88 Phoenix G1
89 Rue B G1
90 Sel Rrose F4
91 Smith & Mills C6
92 Spring Lounge E4
93 Top of the Standard A1

Où sortir

94 Blue Note C3
95 Bowery Ballroom F4
96 Cherry Lane Theatre B3
97 Comedy Cellar C3
98 Duplex C2
99 Film Forum C3
100 Flea Theater D6
101 IFC Center C3
102 Joe's Pub E2
103 LGBT Community Center B1
104 Metrograph G5
105 Nuyorican Poets Café H3
106 Performance Space New York F2
107 Slipper Room F4
108 Smalls B2
109 Soho Rep D5
110 Village Vanguard B2

Midtown Manhattan

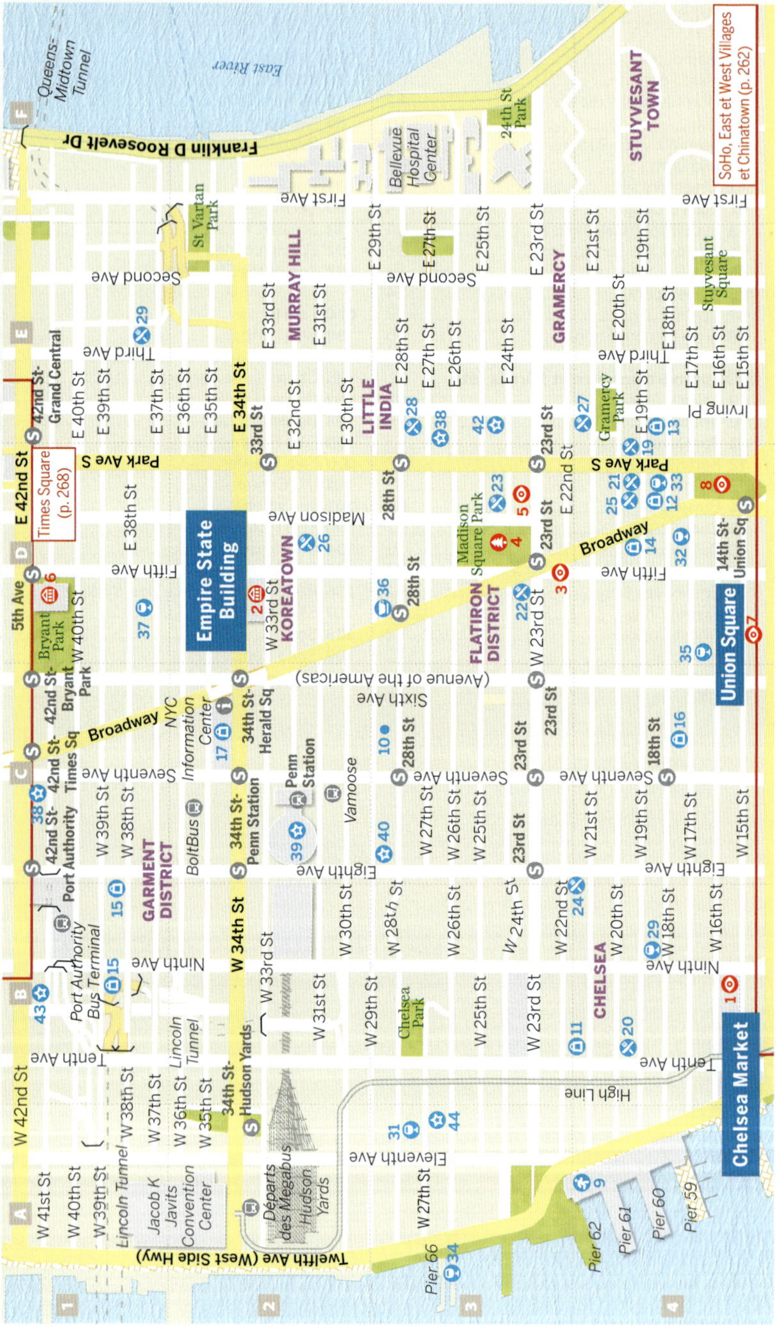

Midtown Manhattan

Times Square

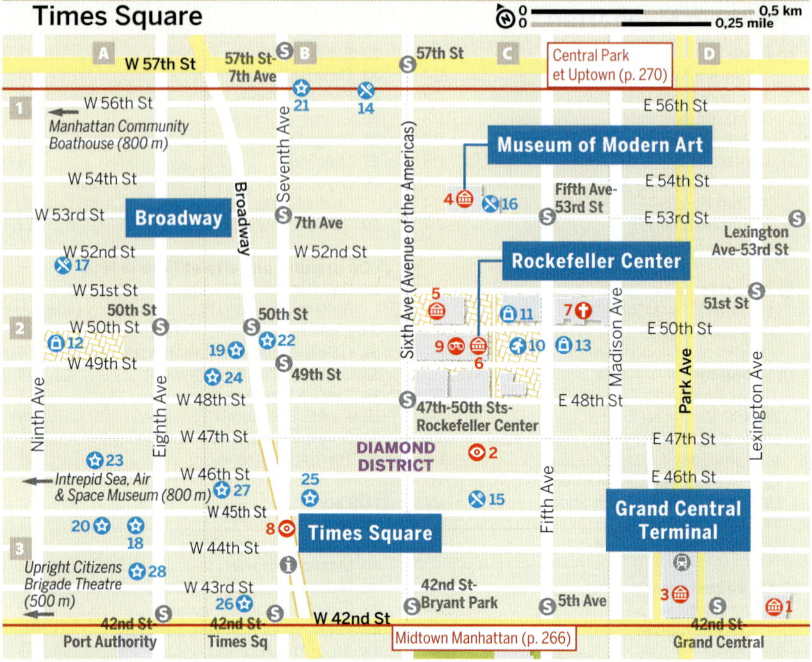

À voir

1 Chrysler Building D3
2 Diamond District C3
3 Grand Central Terminal D3
4 Museum of Modern Art C1
5 Radio City Music Hall C2
6 Rockefeller Center C2
7 St Patrick's Cathedral C2
8 Times Square B3
9 Top of the Rock C2

Activités

10 Rink at Rockefeller Center C2

Shopping

11 FAO Schwarz C2
12 Housing Works A2
MoMA Design & Book Store .... (voir 4)
13 Saks Fifth Ave C2

Où se restaurer

Agern .... (voir 3)
14 Burger Joint B1
15 Fournos Theophilos C3
Grand Central Oyster Bar & Restaurant .... (voir 3)
Great Northern Food Hall .... (voir 3)
16 Modern C1
17 Totto Ramen A2

Où prendre un verre et faire la fête

Bar SixtyFive .... (voir 9)
The Campbell .... (voir 3)

Où sortir

18 Al Hirschfeld Theatre A3
19 Ambassador Theatre B2
20 Birdland A3
21 Carnegie Hall B1
22 Caroline's on Broadway B2
23 Don't Tell Mama A3
24 Eugene O'Neill Theatre B2
25 Lyceum Theatre B3
26 New Victory Theater B3
27 Richard Rodgers Theatre B3
28 Second Stage Theater A3

Central Park et Uptown

Central Park et Uptown

0 1 km
0 0,5 mile
E
F
G
H
1
2
3
4
5
6
Harlem Haberdashery (2,4 km), Ginny's Supper Club (2,6 km), Red Rooster (2,6 km), Sylvia's (2,7 km)
Yankee Stadium (6 km)
Mill Rock Island
East River
Guggenheim Museum
Metropolitan Museum of Art
UPPER EAST SIDE
Carl Schurz Park
Franklin D Roosevelt Dr
Roosevelt Island
Rockefeller University
Roosevelt Island Tramway
Ed Koch Queensboro Bridge
Conservatory Water
The Mall
Literary Walk
The Dairy
The Pond
East Dr
West Rd
Fifth Ave
Madison Ave
Park Ave
Lexington Ave
Third Ave
Second Ave
First Ave
York Ave
E 96th St
96th St
E 95th St
E 94th St
E 93rd St
E 92nd St
E 91st St
E 89th St
E 87th St
E 86th St
86th St
E 85th St
E 84th St
E 83rd St
E 82nd St
E 81st St
E 80th St
E 79th St
E 78th St
77th St
E 77th St
E 76th St
E 75th St
E 74th St
E 73rd St
E 72nd St
72nd St
E 71st St
E 70th St
E 69th St
68th St-Hunter College
E 68th St
E 67th St
E 66th St
E 65th St
Lexington Ave-63rd St
5th Ave-59th St
Lexington Ave-59th St
E 59th St
59th St
E 58th St
57th St
E 57th St
Times Square (p. 268)
3
5
7
8
9
11
12
14
19
20
22
23
24
25
31
32
34
35
36
38
40
41
42
44

Brooklyn

À voir
1 Brooklyn Botanic Garden D2
2 Brooklyn Bridge Park A1
3 Brooklyn Heights Promenade A1
4 Brooklyn Museum D2
5 Empire Stores & Tobacco Warehouse A1
6 Jane's Carousel A1
7 Lefferts Historic House D3
8 Prospect Park C3
9 Prospect Park Zoo D3

Activités
10 LeFrak Center at Lakeside D3

Shopping
11 Brooklyn Flea A1
12 Dellapietras A2
13 Twisted Lily B2

Où se restaurer
14 Ample Hills Creamery B2
15 Berg'n D2
16 Fornino at Pier 6 ..... A2
17 Four & Twenty Blackbirds B3
18 Juliana's A1
19 Olmsted C2
20 One Girl Cookies A1

Où prendre un verre et faire la fête
21 Clover Club B2
22 June B2
23 Lavender Lake B3
24 Montero Bar & Grill A2

Où sortir
25 Barbès C3
26 Barclays Center C2
27 Bell House B3
28 Brooklyn Academy of Music B2
29 Jalopy A3
30 St Ann's Warehouse A1

Williamsburg

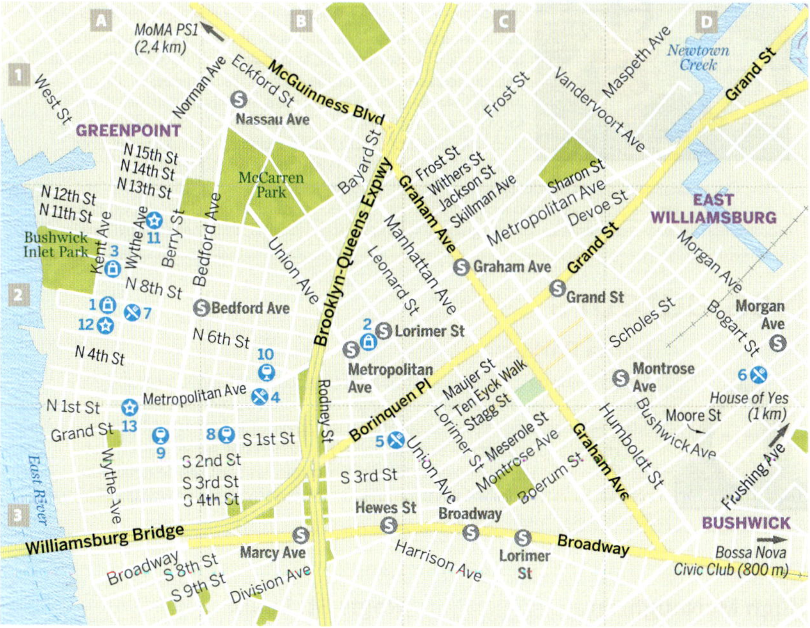

Activités
Brooklyn Bowl .... (voir 11)

Shopping
1 Artists & Fleas A2
2 Desert Island Comics B2
3 Rough Trade A2

Où se restaurer
4 Fette Sau B2
5 Modern Love B3
6 Roberta's D2
7 Zenkichi A2

Où prendre un verre et faire la fête
8 Desnuda B3
9 Maison Premiere A3
10 Spuyten Duyvil B2

Où sortir
11 Brooklyn Bowl A2
12 Music Hall of Williamsburg A2
National Sawdust .... (voir 12)
13 Nitehawk Cinema A3

Les guides lonely Planet

Une vieille voiture déglinguée, quelques dollars en poche et le goût de l'aventure, c'est tout ce dont Tony et Maureen Wheeler eurent besoin pour réaliser, en 1972, le voyage d'une vie : rallier l'Australie par voie terrestre via l'Europe et l'Asie. De retour après un périple harassant de plusieurs mois, et forts de cette expérience formatrice, ils rédigèrent sur un coin de table leur premier guide, *Across Asia on the Cheap*, qui se vendit à 1 500 exemplaires en l'espace d'une semaine. Ainsi naquit Lonely Planet.
Lonely Planet dispose aujourd'hui de bureaux à Franklin (Tennessee), Londres, Melbourne, Oakland, Dublin, Beijing, Delhi et Paris, et emploie plus de 600 personnes – auteurs et autres. Nous partageons la conviction de Tony selon laquelle "un bon guide doit remplir trois missions : informer, éduquer, amuser".

Nos auteurs

Lorna Parkes

Londonienne de naissance, Australienne (Melbourne) d'adoption et ancienne rédactrice Lonely Planet dans ces deux villes, Lorna a contribué à de nombreux guides et magazines de la maison. Elle a découvert que l'avion était son lieu de prédilection pour écrire et adore faire des recherches sur les cuisines et alcools locaux. Les vignobles et les régions tropicales sont ses destinations phares. Mais le Yorkshire est pour toujours dans son cœur. Suivez-la sur Twitter @ Lorna_Explorer.

Hugh McNaughtan

Ancien professeur d'anglais à l'université, Hugh a troqué la craie pour le passeport et transformé sa passion du voyage en job à plein temps. Après avoir été critique gastronomique dans sa ville de Melbourne, il s'est régalé (ou pas) sur un total de quatre continents. Il n'est jamais aussi heureux que sur les routes avec ses deux filles. Sauf peut-être sur un terrain de criquet…

Regis St. Louis

Regis a grandi dans une petite ville du Midwest américain. Pendant ses études, il a appris différentes langues qui lui ont été bien utiles dans ses pérégrinations à travers une bonne partie du globe. Regis a collaboré à plus de 50 titres de Lonely Planet et voyagé aux quatre coins du monde. Quand il n'est pas sur la route, il vit à La Nouvelle-Orléans.

L'essentiel de New York
5e édition
Traduit et adapté de l'ouvrage *Best of New York City, 4th edition, September 2019*

Dépôt légal Octobre 2019
ISBN 978-2-81617-965-1

Imprimé par ESTIMPRIM, Baume-les-Dames, France

En Voyage Éditions | un département édi8